Europäische Unternehmensbesteuerung I

AF173171

Lizenz zum Wissen.

Sichern Sie sich umfassendes Wirtschaftswissen mit Sofortzugriff auf tausende Fachbücher und Fachzeitschriften aus den Bereichen: Management, Finance & Controlling, Business IT, Marketing, Public Relations, Vertrieb und Banking.

Exklusiv für Leser von Springer-Fachbüchern: Testen Sie Springer für Professionals 30 Tage unverbindlich. Nutzen Sie dazu im Bestellverlauf Ihren persönlichen Aktionscode C0005407 auf *www.springerprofessional.de/buchkunden/*

Jetzt 30 Tage testen!

Springer für Professionals.
Digitale Fachbibliothek. Themen-Scout. Knowledge-Manager.

🔍 Zugriff auf tausende von Fachbüchern und Fachzeitschriften

🕐 Selektion, Komprimierung und Verknüpfung relevanter Themen durch Fachredaktionen

✎ Tools zur persönlichen Wissensorganisation und Vernetzung

www.entschieden-intelligenter.de

Springer für Professionals    Springer

Dietrich Kellersmann • Corinna Treisch
Steffen Lampert • Daniela Heinemann

Europäische Unternehmensbesteuerung I

Europarecht – Grundfreiheiten – Beihilfeproblematik

2., aktualisierte und überarbeitete Auflage

 Springer Gabler

Dr. iur. Dietrich Kellersmann
PricewaterhouseCoopers AG
Wirtschaftsprüfungsgesellschaft
Osnabrück, Deutschland

Univ.-Prof. Dr. rer. pol. habil. Corinna Treisch
Universität Innsbruck
Innsbruck, Österreich

Prof. Dr. iur. Steffen Lampert
Universität Osnabrück
Osnabrück, Deutschland

Dr. iur. Daniela Heinemann
Universität Osnabrück
Osnabrück, Deutschland

ISBN 978-3-8349-4401-6   ISBN 978-3-8349-4402-3 (eBook)
DOI 10.1007/978-3-8349-4402-3

Die Deutsche Nationalbibliothek verzeichnet diese Publikation in der Deutschen Nationalbibliografie;
detaillierte bibliografische Daten sind im Internet über http://dnb.d-nb.de abrufbar.

Springer Gabler
© Springer Fachmedien Wiesbaden 2002, 2013

Das Werk einschließlich aller seiner Teile ist urheberrechtlich geschützt. Jede Verwertung, die nicht ausdrücklich vom Urheberrechtsgesetz zugelassen ist, bedarf der vorherigen Zustimmung des Verlags. Das
gilt insbesondere für Vervielfältigungen, Bearbeitungen, Übersetzungen, Mikroverfilmungen und die Ein-
speicherung und Verarbeitung in elektronischen Systemen.

Die Wiedergabe von Gebrauchsnamen, Handelsnamen, Warenbezeichnungen usw. in diesem Werk berechtigt auch ohne besondere Kennzeichnung nicht zu der Annahme, dass solche Namen im Sinne der
Warenzeichen- und Markenschutz-Gesetzgebung als frei zu betrachten wären und daher von jedermann
benutzt werden dürften.

Lektorat: Anna Pietras, Renate Schilling

Gedruckt auf säurefreiem und chlorfrei gebleichtem Papier

Springer Gabler ist eine Marke von Springer DE. Springer DE ist Teil der Fachverlagsgruppe Springer
Science+Business Media.
www.springer-gabler.de

Vorwort

Mit der immer weiter voranschreitenden Internationalisierung des Wirtschaftsgeschehens gewinnt die steuerliche Behandlung grenzüberschreitender Betätigungen für immer mehr Unternehmen an Bedeutung. Ein wichtiger Teil der Regeln für die Besteuerung dieser Vorgänge ist europäischen Ursprungs. Bei in Europa verwirklichten Sachverhalten ist ohne Kenntnis der rechtlichen Voraussetzungen und Konsequenzen sowie der ökonomischen Folgen der Einwirkungen des Europäischen Rechts keine steuerliche Beratung mehr möglich. Da das Europäische Steuerrecht vielfach steuerliche Regeln untersagt, bietet sich dem Berater auch hier ein Ansatz zur Abwehr steuerlicher Nachteile.

Die Beschäftigung mit der Europäischen Unternehmensbesteuerung erfordert neben Kenntnissen des allgemeinen Europarechts, besonderer europäischer Steuerregeln des Internationalen Steuerrechts sowie des Zusammenwirkens dieser Rechtsgebiete auch Kenntnisse der Steuerwirkungslehre. Dieses Lehrbuch will den sich daraus ergebenden Bedarf nach einem einführenden Überblick decken, ohne die Details zu vernachlässigen. Es wendet sich an fortgeschrittene Studierende des Wahlfaches Steuerrecht und der Betriebswirtschaftlichen Steuerlehre, (angehende) Steuerberater sowie Rechtsanwälte. Wir haben deshalb auf steuerrechtliche und betriebswirtschaftliche Betrachtungen gleichermaßen Wert gelegt.

Band I behandelt das Europarecht, die Grundfreiheiten und die Beihilfeproblematik:

Das erste Kapitel vermittelt die Bedeutung des Europarechts für die Unternehmensbesteuerung. Nach einer Einführung in die Organisationsstruktur und die Struktureigenschaften der Europäischen Union werden die Rechtsquellen des Europarechts anhand steuerrechtlicher Beispiele und ihr Verhältnis zum nationalen Recht sowie Rechtsschutzfragen erörtert.

Das zweite Kapitel widmet sich der Bedeutung der Grundfreiheiten für die direkte Unternehmensbesteuerung. Hierbei wird zunächst die Bedeutung der Grundfreiheiten für die Fortentwicklung der Unternehmensbesteuerung innerhalb der EU erörtert. Es folgt eine Einführung in die Dogmatik der Grundfreiheiten, an die sich eine Analyse der Grundfreiheitenrechtsprechung des Europäischen Gerichtshofs in ausgewählten Bereichen der Unternehmensbesteuerung anschließt.

Im dritten Kapitel wird aufgezeigt, welche Grenzen das Verbot nationaler Beihilfen der Gewährung von Steuervergünstigungen setzt.

Band II behandelt die Harmonisierung der direkten Unternehmensbesteuerung:

Das erste Kapitel gibt einen Überblick über den Stand der Harmonisierung der Besteuerung von Dividenden, Zinsen und Lizenzgebühren, der mit der Mutter-Tochter-Richtlinie und der Zins- und Lizenzgebühren-Richtlinie erreicht wurde. Dabei wird insbesondere die Umsetzung der Richtlinien in Deutschland und Österreich analysiert.

Im zweiten Kapitel wird der noch bestehende Bedarf bezüglich der Harmonisierung der Gewinnermittlung und der Verlustverrechnung aufgezeigt. Dazu wird der mit dem EU-Schiedsübereinkommen erreichte Stand der Harmonisierung auf dem Gebiet der Gewinnberichtigungen und Verrechnungspreise aufgezeigt, die innerstaatliche Verlustverrechnung sowie die grenzüberschreitende Berücksichtigung der Verluste von ausländischen Betriebsstätten und Tochterkapitalgesellschaften nach deutschem und österreichischem Steuerrecht dargestellt und mit dem Richtlinienvorschlag zur Schaffung einer gemeinsamen konsolidierten Körperschaftsteuerbemessungsgrundlage das aktuell anspruchsvollste Reformvorhaben behandelt.

Das dritte Kapitel gibt einen Einblick in die Harmonisierung der Verlagerungen und Umstrukturierungen mittels der Fusionsrichtlinie.

Den Hilfskräften, die bei den Korrekturarbeiten mitgewirkt haben, möchten wir unseren Dank aussprechen. Für konstruktive Kritik und Anregungen sind wir dankbar.

Osnabrück und Innsbruck, im Mai 2013

Priv.-Doz. Dr. Dietrich Kellersmann

Univ.-Prof. Dr. habil. Corinna Treisch

Prof. Dr. Steffen Lampert

Akad. Rätin a.Z. Dr. Daniela Heinemann

Inhaltsverzeichnis

Abkürzungsverzeichnis

a.A.	anderer Ansicht
ABl.	Amtsblatt der Europäischen Gemeinschaften
Abs.	Absatz, Absätze
a.E.	am Ende
AEUV	Vertrag über die Arbeitsweise der Europäischen Union
a.F.	alte Fassung
AfA	Absetzung(en) für Abnutzung
Anm.	Anmerkung(en)
AO	Abgabenordnung
Art.	Artikel
AStG	Außensteuergesetz
Aufl	Auflage
BFH	Bundesfinanzhof
BFHE	Amtliche Sammlung der Entscheidungen des Bundesfinanzhofs
BFH/NV	Sammlung amtlich nicht veröffentlichter Entscheidungen des Bundesfinanzhofs
BGBl. I	Bundesgesetzblatt Teil I
BGBl. II	Bundesgesetzblatt Teil II
BMF	Bundesfinanzministerium
BR	Bundesrat
BR-Drucks.	Bundesrat-Drucksache
BStBl. I	Bundessteuerblatt Teil I
BStBl. II	Bundessteuerblatt Teil II
BT-Drucks.	Bundestag-Drucksache
BVerfG	Bundesverfassungsgericht
BVerfGE	Amtliche Sammlung der Entscheidungen des Bundesverfassungsgerichts
bzw.	beziehungsweise
corr.	Korrigiert
DBA	Doppelbesteuerungsabkommen
DDR	Deutsche Demokratische Republik
dEStG	(deutsches) Einkommensteuergesetz
d.h.	das heißt
Dok.	Dokument, Dokumentation
DÖV	Die öffentliche Verwaltung (Zeitschrift)
DStRE	Deutsches Steuerrecht Entscheidungsdienst (Zeitschrift)
EAG	Europäische Atomgemeinschaft
EAGV	Vertrag zur Gründung der Europäischen Atomgemeinschaft

ECOFIN-Rat	Rat in der Zusammensetzung der EG-Wirtschafts- und Finanzminister
EEA	Einheitliche Europäische Akte
EFG	Entscheidungen der Finanzgerichte (Zeitschrift)
EG	Europäische Gemeinschaft
EGKS	Europäische Gemeinschaft für Kohle und Stahl
EGKSV	Vetrag über die Gründung der Europäischen Gemeinschaft für Kohle und Stahl
EGV	Vertrag zur Gründung der Europäischen Gemeinschaft
EMRK	Konvention zum Schutz der Menschenrechte (= Europäische Menschenrechtskonvention)
endg.	endgültig
EStDV	(deutsche) Einkommensteuerdurchführungsverodnung
ESZB	Europäisches System der Zentralbanken
EU	Europäische Union
EuG	Europäisches Gericht (Gericht 1. Instanz)
EuGH	Europäischer Gerichtshof (Gerichtshof der EU)
EuGH-VerfO	Verfahrensordnung des Gerichtshofs der Europäischen Gemeinschaften
EUR	Euro
EUV	Vertrag über die Europäische Union
EuZW	Europäische Zeitschrift für Wirtschaftsrecht (Zeitschrift)
EWG	Europäische Wirtschaftsgemeinschaft
EWGV	Vertrag zur Gründung der Europäischen Wirtschaftsgemeinschaft
EWR	Europäischer Wirtschaftsraum
EZB	Europäische Zentralbank
f.	folgende (Seite)
ff.	folgende (Seiten)
FG	Finanzgericht
FGO	Finanzgerichtsordnung
Fn.	Fußnote
GASP	Gemeinsame Außen- und Sicherheitspolitik
gem.	gemäß
GewStG	Gewerbesteuergesetz
GG	Grundgesetz
ggf.	gegebenenfalls
GmbH	Gesellschaft mit beschränkter Haftung
GZT	Gemeinsamer Zolltarif
h.M.	herrschende Meinung
Hrsg	Herausgeber
i.d.F.	in der Fassung
i.d.R.	in der Regel

IdW	Institut der Wirtschaftsprüfer
IFSt	Institut für Finanzen und Steuern
i.e.S.	im engeren Sinne
i.H.v.	in Höhe von
insb.	insbesondere
i.S.	im Sinne
i.S.d.	im Sinne der/des
i.V.m.	in Verbindung mit
JStG	Jahressteuergesetz
KMU	Kleine und mittlere Unternehmen
KOM	Dokument(e) der Kommission der Europäischen Gemeinschaft
dKStG	(deutsches) Körperschaftsteuergesetz
m.a.W.	mit anderen Worten
Mio	Millionen
m.w.N.	mit weiteren Nennungen/Nachweisen
MWSt	Mehrwertsteuer
n.F.	neue Fassung
Nr.	Nummer
NWB	Neue Wirtschafts-Briefe (Zeitschrift)
OECD	Organisation of Economic Co-operation and Development
OECD-MA	OECD-Musterabkommen auf dem Gebiet der Steuern vom Einkommen und vom Vermögen
RIW	Recht der Internationalen Wirtschaft (Zeitschrift)
Rn.	Randnummer
Rs.	Rechtssache
S.	Seite(n)
sog.	sogenannt, sogenannte, sogenannter, sogenanntes
StAnpG	Steueranpassungsgesetz
u.a.	unter anderem
Unterabs.	Unterabsatz
UStG	Umsatzsteuergesetz
v.	von
v.a.	vor allem
Verf.	Verfasser
vgl.	vergleiche
VO	Verordnung
VwGO	Verwaltungsgerichtsordnung

VwVfG	Verwaltungsverfahrensgesetz
z.B.	zum Beispiel
ZKF	Zeitschrift für Kommunalfinanzen (Zeitschrift)
z.T.	zum Teil
z.Zt.	zur Zeit

1 Bedeutung des Europarechts für die Unternehmensbesteuerung

Daniela Heinemann

Im öffentlichen Recht gibt es kaum ein Rechtsgebiet, das nicht europarechtlich determiniert ist. Auch das Steuerrecht ist – trotz der grundsätzlichen Finanzhoheit der Mitgliedstaaten – stark durch das Europarecht geprägt. Demzufolge ist es für das Recht der Unternehmensbesteuerung unabdingbar, sich mit den Grundbegriffen des Europarechts zu befassen. Im Folgenden wird daher insbesondere anhand steuerrechtlicher Beispiele die Bedeutung des Europarechts für die Unternehmensbesteuerung dargestellt. Beginnend mit der historischen Entwicklung der Europäischen Union und ihren vertraglichen Grundlagen, werden die Organisationsstruktur und die Struktureigenschaften der Union erläutert. Ein besonderes Augenmerk wird dabei auf die Kompetenzverteilung zwischen Union und Mitgliedstaaten gelegt. Im Anschluss daran werden die Rechtsquellen des Unionsrechts anhand steuerrechtlicher Beispiele aufgezeigt. Das Verhältnis des Unionsrechts zum nationalen Recht bildet einen weiteren Schwerpunkt, der im Anschluss an die Rechtsquellen des Unionsrechts behandelt wird. Schließlich wird das Rechtsschutzsystem der Europäischen Union erläutert und somit die Durchsetzung des Unionsrechts durch den EuGH vertieft.

1.1 Die vertraglichen Grundlagen der EU

1.1.1 Historische Entwicklung

Die Idee einer Einigung Europas hat historisch verschiedene, heterogene Wurzeln wie etwa die Kaiseridee des Mittelalters oder das Konzert europäischer Mächte des 19ten Jahrhunderts. Für die heutige Bedeutung dieser Idee sind neben diesen Wurzeln v.a. die Erfahrungen des 2. Weltkrieges und der Niedergang der meisten europäischen Nationalstaaten als sein Ergebnis entscheidend. Der Wunsch nach dauerhaftem Frieden in Europa und die Erkenntnis, dass Europa nur vereint eine eigenständige Rolle in der Weltpolitik spielen konnte, schafften den notwendigen politischen Handlungswillen zu ersten Schritten einer europäischen Einigung. Ergebnis dieser Bemühungen sind eine Reihe von Organisationen unterschiedlicher Zielsetzung und Struktur. Für das europäische Unternehmenssteuerrecht wichtig ist die Einigung auf wirtschaftlichem Gebiet. Im Jahr 2012 wurde der EU als „erfolgreiches Friedensprojekt" sogar der Friedensnobelpreis verliehen.

Die Entwicklung nahm mit der Gründung der Europäischen Gemeinschaft für Kohle und Stahl (EGKS) am 18. April 1951 ihren sichtbaren Anfang[1]. Die EGKS sollte der Errichtung

---

[1] EGKS (1951), BGBl. II, S. 447.

eines gemeinsamen Marktes für Kohle und Stahl dienen (Art. 1 und 2 EGKSV), um den damaligen Mangel an diesen für die damaligen Volkswirtschaften zentralen Erzeugnissen zu bekämpfen. Dazu sieht der EGKSV u.a. eine Preispolitik (Art. 60, 64 EGKSV), eine Wettbewerbspolitik (Art. 67, 68 und 70 EGKSV) und Eingriffskompetenzen, wie z.B. die Festlegung von Produktionsquoten (Art. 58 EGKSV), vor. Für die Zwecke der Unternehmensbesteuerung enthält der EGKS keine wichtigen Vorschriften. Der Vertrag lief im Jahr 2002 aus (Art. 97 EGKSV).

Die Gründung der EGKS hatte gezeigt, dass auf wirtschaftlichem Gebiet Fortschritte eher als auf anderen Gebieten zu erreichen waren. Die Gründungsmitglieder der EGKS nahmen daher 1955 die Verhandlungen zur weiteren Zusammenarbeit im Bereich der Wirtschaftsintegration einschließlich der Kernenergie auf. Resultat dieser Verhandlungen war der Abschluss der Römischen Verträge am 25. März 1957. Belgien, Deutschland, Frankreich, Italien, Luxemburg und die Niederlande schlossen die Verträge zur Gründung der Europäischen Atomgemeinschaft (EAG)[2] und zur Europäischen Wirtschaftsgemeinschaft (EWG)[3]. Die EAG sollte die Voraussetzungen für die gemeinsame Erschließung der Atomenergie aus Gründen der europäischen Energiesicherheit schaffen. Aufgabe der EAG war v.a. die Versorgung der Nutzer der Kernenergie mit Brennstoffen (Art. 52–76 EAGV) und die Erforschung der friedlichen Nutzung der Kernenergie (Art. 4 ff. EAGV). Praktisch konzentrierte sich die EAG allerdings zunehmend auf den Schutz der Bevölkerung vor den Gefahren der Kernenergie. Der EAGV hatte steuerlich keine Bedeutung.

Während der EGKSV und der EAGV der wirtschaftlichen Integration bestimmter Teilmärkte galten, war der wirtschaftliche Integrationsansatz des EWGV umfassend. Die EWG sollte durch die Errichtung eines gemeinsamen Marktes und die schrittweise Annäherung der Wirtschaftspolitik der Mitgliedstaaten eine harmonische Entwicklung des Wirtschaftslebens innerhalb der Gemeinschaft, eine beständige und ausgewogene Wirtschaftsausweitung, eine größere Stabilität, eine beschleunigte Hebung der Lebenshaltung und engere Beziehungen zwischen den Staaten fördern, die in dieser Gemeinschaft zusammengeschlossen waren (Art. 2 EWGV). Dazu sah der Vertrag eine schrittweise Einführung einer Zollunion, die schrittweise Gewährung von wirtschaftlichen Grundfreiheiten innerhalb der EWG und Interventionskompetenzen v.a. in den Bereichen Landwirtschaft und Verkehr, eine Wettbewerbspolitik, eine Koordinierung der Wirtschafts- und Währungspolitik und die Möglichkeit der Rechtsangleichung zur Verwirklichung des Gemeinsamen Marktes vor. Auf diesen Vertrag gehen die Regelungen zurück, deren Auswirkungen auf das nationale Unternehmenssteuerrecht hier als Europäisches Unternehmenssteuerrecht dargestellt werden.

Die bis zum 30.11.2009 bestehende EG war mit der EWG von 1957 identisch, ihre Aufgaben und Kompetenzen waren aber erheblich gewachsen. Außerdem wurden mehr und mehr Politikbereiche vom Einigungsprozess erfasst, was in der Gründung der EU sehr deutlich zum Ausdruck kam und sich nicht immer auf den EGV auswirkte. Für die Entwicklung der

---

[2]   EURATOM (1957), BGBl. II, S. 1014.
[3]   EWG (1957), BGBl. II, S. 766.

Gemeinschaften, insbesondere der EWG, waren insbesondere drei Vertragswerke entscheidend, die Einheitliche Europäische Akte (EEA) von 1986, der Vertrag von Maastricht von 1992 und der Vertrag von Amsterdam von 1997.

Die EEA[4] brachte zum einen eine umfangreiche Revision der Verträge der drei Gemeinschaften durch die Einführung neuer Politikbereiche, die Errichtung eines neben den EuGH tretenden Gerichts erster Instanz (EuG), die Ausweitung des Mehrstimmigkeitsprinzips, die Erweiterung der Kompetenzen des Europäischen Parlaments und die Verpflichtung zur schrittweisen Errichtung eines Binnenmarktes bis zum 31. Dezember 1992. Zum anderen wurde die bis dahin faktisch bestehende Europäische Politische Zusammenarbeit auf den Gebieten der Außen- und Sicherheitspolitik (EPZ) völkerrechtlich geregelt. Organisatorisch wurde diese EPZ mit den Gemeinschaften zu einer „confoederatio sine nomine" verklammert, indem als gemeinsames Organ der schon vorher bestehende Europäische Rat durch vertragliche Regelungen institutionalisiert wurde.

Der Vertrag von Maastricht[5] vertiefte den Ansatz der EEA durch Gründung einer Europäischen Union, die eine neue Stufe der Verwirklichung einer engeren Union der Völker Europas darstellte, in der die Entscheidungen möglichst bürgernah getroffen wurden (Art. 1 Abs. 2 EUV a.F.). Damit wurde die Europäische Union (EU), ein besonders intensiver, staatsnaher Verbund ihrer Mitgliedstaaten, geschaffen. Die EU fasste die drei Gemeinschaften, die gemeinsame Außen- und Sicherheitspolitik (GASP) und die Zusammenarbeit in den Bereichen Justiz und Inneres (ZBJI) zusammen. Ihren Kern bildete die Europäische Gemeinschaft (EG), vorher Europäische Wirtschaftsgemeinschaft. Das so entstandene Regelungsgeflecht wurde meist durch das Bild eines Tempels erklärt. Als Säulen des Tempels wurden drei Gebiete mit unterschiedlicher Rechtsqualität bezeichnet:

- **Das Gemeinschaftsrecht.** Die Gemeinschaftsverträge (EGKSV, EAGV, EWGV) wurden revidiert. Es wurden die Vorschriften zur Wirtschafts- und Währungsunion eingeführt. Die EWG wurde in EG umbenannt. Die drei Gemeinschaften sind selbstständige Völkerrechtssubjekte (vgl. Art. 300 EGV a.F.). Weil sie sich durch das Vorhandensein einer eigenen, auf dem Territorium ihrer Mitgliedstaaten geltenden Rechtsordnung von herkömmlichen internationalen Organisationen unterscheiden, bezeichnet man sie als Supranationale Organisationen.

- **Die gemeinsame Außen- und Sicherheitspolitik (GASP)**, ein Bereich der Zusammenarbeit der Mitgliedstaaten auf völkerrechtlicher Basis ohne Schaffung eines neuen Völkerrechtssubjekts.

- **Die Zusammenarbeit in den Bereichen Justiz und Inneres (ZBJI)**, ebenfalls eine Zusammenarbeit auf völkerrechtlicher Basis.

Diese drei Säulen trugen ein gemeinsames Dach, die Art. 1 ff. EUV a.F. Die Bezeichnung „Dach" resultierte daraus, dass diese Vorschriften die gemeinsame Zielsetzung der Mit-

---

4   EEA (1986), ABl. 1987, L 169/1.
5   EUV (1992), BGBl. II 1992, S. 1253.

gliedstaaten der Union und ihre Verfolgung auf Basis der drei Säulen enthielten. Die Bezeichnung „Dach" bedeutete nicht eine Vor- oder Höherrangigkeit der Vorschriften des EUV vor den Gemeinschaftsverträgen (vgl. Art. 47 EUV a.F.). Das Bild eines Tempels wurde vervollständigt durch die Schlussbestimmungen des EUV a.F., die den Sockel des Gebäudes bildeten. Auch diese Bezeichnung sollte man nicht missverstehen. Es handelte sich dabei keinesfalls um grundlegende Vorschriften, auf denen das ganze Vertragsgebäude ruht, sondern um einige zwar wichtige, aber inhaltlich heterogene Regeln (z.B. über die Zuständigkeit des EuGH, die Ratifikation des Vertrages und die Möglichkeit zum Beitritt zur Union).

Mit dem Vertrag von Maastricht hatten die Mitgliedstaaten den bisherigen Weg einer auf spezifische Sachmaterien beschränkten Integration verlassen und eine umfassende Integration begonnen. Es handelte sich nicht mehr nur um einen Zweckverband, sondern eine Zusammenarbeit auf fast allen Gebieten der vitalen Interessen der Mitgliedstaaten[6].

Die grundsätzliche Konzeption des Vertrages von Maastricht wurde auch im Vertrag von Amsterdam[7] nicht verändert. Wesentliche Inhalte dieses Vertrages waren die Regelung der Bereiche Asyl-, Visa- und Einwanderungspolitik im EGV (Art. 61 ff., bisher ZBJI) und im Hinblick auf das Schengener Abkommen die Ersetzung des Bereiches ZBJI durch „Bestimmungen über die polizeiliche und justizielle Zusammenarbeit" in Art. 29–42 EUV a.F. Art. 43 ff. EUV a.F. sahen außerdem vor, dass einzelne Mitgliedstaaten verstärkt zusammenarbeiten und sich dabei der im EUV und EGV vorgesehenen Verfahren und Organe bedienen können (Europa der zwei Geschwindigkeiten). Zudem wurden die Kompetenzen des Europäischen Parlaments erweitert. Die angestrebte Reform der Institutionen der Gemeinschaften war dagegen weitgehend vertagt worden. Praktisch wichtig war die durch den Vertrag von Amsterdam vorgenommene **Neunummerierung** des EGV und des EUV. Zudem wurden die Verweise auf die längst abgelaufene Übergangzeit aus zahlreichen Vorschriften des Vertrages gestrichen, ohne dass damit eine inhaltliche Änderung verbunden war.

Der Vertrag von Nizza vom 26.2.2001[8], der durch die im Amsterdamer Vertrag vertagten Strukturreformen, insbesondere durch die Regelung der Stimmengewichtung im Rat, die Festlegung der Größe und Zusammensetzung der Kommission und die Ausweitung von Mehrheitsentscheidungen im Rat, die EU und die Gemeinschaften für die Aufnahme zahlreicher neuer Mitglieder vorbereiten sollte, hatte dieses Ziel nicht erreicht. Die Änderungen im uns hier interessierenden Bereich des EGV waren eher marginal. Die Abstimmungsregeln waren als Folge eines Kompromisses im Rat weiter kompliziert worden und die Einstimmigkeit wurde im Wesentlichen bei der Besetzung von Organen beseitigt. Im Bereich der Harmonisierung des Steuerrechts blieb es dagegen beim Einstimmigkeitserfordernis. Erheblich verändert wurden die Regeln über die Gemeinschaftsgerichtsbarkeit. In Art. 220

---

6   Aus diesem Grund wurde auch mit Art. 23 GG eine neue Befugnisnorm zur Übertragung von Hoheitsrechten in das Grundgesetz aufgenommen. Mit dem Begriff „zwischenstaatliche Einrichtung" in Art. 24 GG kann man die EU nicht mehr fassen.

7   Vertrag von Amsterdam (1997), ABl. 1997, C 340/1.

8   Vertrag von Nizza (2001), ABl. 2001, C 80/1.

EGV a.F. wurde neben dem EuGH nun auch das EuG genannt und damit dem EuGH statusrechtlich gleichgestellt, nach Art. 221 a.F. war die Entscheidung in Kammern nunmehr auch vertraglich die Regel, nach Art. 222 EGV a.F. konnte durch einstimmigen Ratsbeschluss die Zahl der Generalanwälte erhöht werden, beim EuG war die Zahl der Richter nicht auf die Anzahl der Mitgliedstaaten begrenzt (Art. 224 Abs. 1 EGV a.F.). Wichtigste Neuregelung in diesem Bereich war aber, dass der Rat einstimmig Kammern errichten konnte, die dem Gericht erster Instanz beigeordnet wurden und die in einigen besonderen Bereichen im Vertrag vorgesehene gerichtliche Zuständigkeiten ausüben (Art. 220 Abs. 2, 225a EGV a.F.). Gedacht war hier v.a. an Streitigkeiten über Gemeinschaftsmarken, gewerbliche Muster und das Dienstrecht der Beamten der Gemeinschaften. Außerdem eröffnete der Vertrag die Möglichkeit, die Zuständigkeiten des EuGH und des EuG durch Ratsbeschluss oder in der Satzung des EuGH neu auszugestalten. Der Vertrag trat am 1.2.2003 nach Hinterlegung der letzten Ratifikationsurkunde in Kraft.

Die Reformen durch die Verträge von Amsterdam und Nizza stellten lediglich notwendigste Anpassungen an bestehende Strukturen dar. Um den Grundstein für den weiteren Reformprozess und eine Union von 27 Mitgliedstaaten zu legen, wurde ein Konvent geschaffen, dessen Aufgabe in der Ausarbeitung eines Abschlussdokuments für die Zukunft der Europäischen Union bestand. Der vom Konvent ausgearbeitete **Entwurf eines Vertrages über eine Verfassung für Europa**[9] wurde am 29.10.2004 als Kompromiss von den Staats- und Regierungschefs unterzeichnet. Der auf der Regierungskonferenz unterzeichnete sog. Verfassungsvertrag[10] sollte die bisherigen Verträge EUV und EGV ersetzen und deren Inhalte zusammenfassen. Der Verfassungsvertrag bedurfte allerdings der Ratifikation durch alle 27 Mitgliedstaaten (Art. 48 Abs. 3 EUV a.F.). Nach gescheiterten Volksabstimmungen in Frankreich und den Niederlanden beschloss der Europäische Rat am 16./17.6.2005 eine „Reflexionsphase"[11] von zunächst einem Jahr, welche verlängert wurde. Insbesondere der Begriff der „Verfassung" führte im Ergebnis zunächst zu einem Scheitern des mit dem Verfassungsvertrag unternommenen Reformprozesses.

Wesentliche Fortschritte im Reformprozess konnten unter der turnusmäßigen deutschen Ratspräsidentschaft in der ersten Hälfte des Jahres 2007 erzielt werden. Unter Aufgabe des Verfassungsbegriffes wurde versucht, den Inhalt des Verfassungsvertrages möglichst weitgehend zu erhalten. Vom 23.7. bis 15.10.2007 fanden die Beratungen für den neu ausgearbeiteten Vertragsentwurf statt, welche am 13.12.2007 als **Vertrag von Lissabon**[12] unter portugiesischer Ratspräsidentschaft feierlich unterzeichnet wurde. Nach 4 erfolgten Ratifikationen in den Mitgliedstaaten scheiterte der Vertrag von Lissabon zunächst am ablehnenden Referendum in Irland am 12.6.2008. Dennoch wurde der Ratifikationsprozess fortgesetzt. In Tschechien und Deutschland bemühten einige Europakritiker die Verfassungsgerichte. Aber sowohl das tschechische Verfassungsgericht als auch das deutsche Bundesverfas-

---

[9] Schlussfolgerungen des Vorsitzes, EU-Nachrichten Dokumentation Nr. 2/2003, S. 3, Nr. 2, 5. Überarbeiteter Entwurf ABl. 2003, C 169/1.
[10] Entwurf Verfassungsvertrag, ABl. 2004, C 310/1.
[11] Vereinbarung einer Reflexionsphase. EU-Nachrichten Dokumentation Nr. 2/2005, S. 28.
[12] EUV und AEUV (2010), ABl. 2010, C 83/13.

sungsgericht[13] verwarfen die Beschwerden gegen den Vertrag. Als nun die Iren in einem zweiten Referendum am 2.10.2009 dem Vertrag von Lissabon zustimmten, konnte er am 1.12.2009 in Kraft treten.

1.1.2 Der Vertrag von Lissabon

Der Vertrag von Lissabon hat zahlreiche Neuerungen gebracht. Diese Neuerungen wurden nicht – wie ursprünglich im Verfassungsvertrag vorgesehen – in einem Text niedergelegt, sondern in dem geänderten EU-Vertrag und dem in Vertrag über die Arbeitsweise der Europäischen Union (AEUV) umbenannten EG-Vertrag. Beide Verträge haben nach Art. 1 Abs. 3 S. 2 EUV den gleichen rechtlichen Stellenwert. Die Drei-Säulen-Struktur wurde aufgegeben. Die einheitliche Union ist gemäß Art. 1 Abs. 3 S. 2 EUV Rechtsnachfolgerin der Europäischen Gemeinschaft, so dass das Wort „Gemeinschaft" durch das Wort „Union" ersetzt wird. Die Union erhält nach Art. 47 EUV Rechtspersönlichkeit und kann somit als Völkerrechtssubjekt auftreten. Ein Austritt aus der EU ist nach einem einzuhaltenden Verfahren nun ausdrücklich vorgesehen (Art. 50 EUV). Es wird ein Hoher Vertreter für Außen- und Sicherheitspolitik eingeführt, der die Aufgaben des bisherigen Kommissars für die Außenbeziehungen der EG übernimmt (Art. 27, Art. 15 Abs. 2 und 3 EUV). Es wurden Vorschriften über die Kompetenzverteilung zwischen der Union und den Mitgliedstaaten in die Verträge aufgenommen (Art. 5 EUV, Art. 2-6 AEUV), die auch weiterhin dem Grundsatz der begrenzten Einzelermächtigung folgt. Die Charta der Grundrechte der Europäischen Union wird zwar nicht direkt in die Verträge aufgenommen, aber durch Art. 6 Abs. 1 EUV diesen rechtlich gleichgestellt. Außerdem soll die EU der Europäischen Menschenrechtskonvention beitreten (Art. 6 Abs. 2 EUV) und erkennt die Verfassungsgrundlagen der Mitgliedstaaten an (Art. 6 Abs. 3 EUV). Die Polizeiliche und Justizielle Zusammenarbeit heißt nunmehr „Raum der Sicherheit, der Freiheit und des Rechts" und wird aus ihrer bis dato überwiegend intergouvernementalen Struktur entlassen. Die Sicherheits- und Verteidigungspolitik soll durch verschiedene Elemente gestärkt werden. Es soll dort beispielsweise eine ständige strukturierte Zusammenarbeit stattfinden (Art. 42 EUV) und die Mitgliedstaaten sollen sich im Falle terroristischer Angriffe gegenseitig Beistand leisten und unterstützen. Zum Gerichtshof der Europäischen Union gehören der Gerichtshof und das Gericht Erster Instanz und die durch den Vertrag von Nizza geschaffenen Kammern, welche nun Fachgerichte genannt werden (Art. 19 Abs. 1 EUV). Durch den Vertrag von Lissabon wurde die Handlungsfähigkeit der Union nach deren umfangreicher Osterweiterung auf eine solide Grundlage gestellt, auch wenn der EUV und AEUV ausdrücklich auf alles verzichtet (z.B. Bezeichnung „Verfassung", Symbole wie Hymne, Flagge, Leitspruch etc.), was nach einer „Verfassung" aussehen könnte.

---

[13] Vgl. das Urteil des BVerfG vom 30.06.2009, 2 BvE 2/08 u.a., NJW 2009, 2267.

1.1.3   Der Europäische Wirtschaftsraum

Zwischen der EU einerseits und Island, Liechtenstein und Norwegen (Mitgliedstaaten der Europäischen Freihandelsassoziation = EFTA) andererseits besteht eine vertiefe Freihandelszone, der **Europäische Wirtschaftsraum (EWR)**. In diesem Wirtschaftsraum soll weitgehend EU-Recht gelten. Von besonderer Bedeutung für das Unternehmenssteuerrecht ist, dass auch die Grundfreiheiten des AEUV, die einen erheblichen Einfluss auf das Steuerrecht ausüben[14], Anwendung finden.

1.2   Organisationsstruktur der EU

Die Union verfügt über Organe, deren Aufgaben und Kompetenzen ihre Struktur bestimmen und die für steuerliche Zwecke relevant sein können.

1.2.1   Organe der EU

Die Organe der EU werden in Art. 13 Abs. 1 EUV aufgezählt. Es sind das Europäische Parlament, der Europäische Rat, der Rat, die Europäische Kommission, der Gerichtshof der Europäischen Union, die Europäische Zentralbank und der Rechnungshof.

1.2.1.1   Das Europäische Parlament

Das Europäische Parlament hat seinen Sitz in Straßburg. Seine Mitglieder werden von den Bürgern der Mitgliedstaaten direkt gewählt. Seit 2011 besteht es übergangsweise aus 754 Abgeordneten, davon 99 aus Deutschland. Ab der Europawahl 2014 sind für Deutschland nur noch 96 Sitze vorgesehen, bei insgesamt 751 Parlamentariern.

Die Aufgaben des Europäischen Parlaments lassen sich in Rechtsetzungs-, Kreations- und Kontrollbefugnisse unterteilen. Die Rechtsetzungsbefugnisse wurden im Vertrag von Lissabon erneut gestärkt, so dass das Europäische Parlament heute (fast) als gleichberechtigter Gesetzgeber mit dem Rat (und der Kommission) genannt werden kann (Art. 14 Abs. 1 EUV). Im Regelfall werden die Gesetzgebungsakte im ordentlichen Gesetzgebungsverfahren gemäß Art. 289 Abs. 1, 294 AEUV erlassen, in welchem das Parlament tatsächlich gleichberechtigter Gesetzgebungspartner des Rates ist. Im besonderen Gesetzgebungsverfahren ist hingegen der Einfluss des Parlaments geringer, weil es z.B. nur angehört wird (Art. 21 Abs. 3 AEUV).

Das Europäische Parlament hat zahlreiche Kontrollbefugnisse insbesondere gegenüber der Kommission (vgl. Art. 234 AEUV, Misstrauensantrag gegen die Kommission) und ernennt als Kreationsbefugnis beispielsweise einen Bürgerbeauftragten (Art. 228 Abs. 1 AEUV). Für das Steuerrecht bedeutend sind seine Kompetenzen bei der Rechtsangleichung. Der Vertrag

---

[14]   Vgl. dazu unten.

sieht hier gemäß Art. 113 AEUV nur die schwächste Form der Mitwirkung, die Anhörung, vor (vgl. auch Art. 115, 192 Abs. 2 AEUV). Unterbleibt die zwingend vorgesehene Anhörung, ist der Rechtsakt nichtig[15].

Dagegen hat das Parlament keine Kontrollbefugnisse gegenüber dem Rat. Der Rat hat sich allerdings zur Beantwortung von Anfragen der Abgeordneten verpflichtet. Auch fehlen dem Parlament Initiativbefugnisse für Unionsakte. Es kann hier nur die Kommission zum Tätigwerden auffordern (Art. 225 AEUV).

Das Parlament fasst seine Beschlüsse grundsätzlich mit der Mehrheit der abgegebenen Stimmen (Art. 231 AEUV). Es ist beschlussfähig bei Anwesenheit von einem Drittel der Abgeordneten. In einigen Fällen sind qualifizierte Mehrheiten vorgesehen.

1.2.1.2   Der Rat

Der Rat hat seinen Sitz in Brüssel, tagt aber – als Folge eines der vielen das Unionsrecht kennzeichnenden politischen Kompromisse – im April, Juni und Oktober in Luxemburg. Er besteht aus je einem Vertreter jedes Mitgliedstaates auf Ministerebene, der befugt ist, für die Regierung des Mitgliedstaates verbindlich zu handeln und das Stimmrecht auszuüben (Art. 16 Abs. 2 EUV). Je nach den Gegenständen, die im Rat behandelt werden, wechseln die entsandten Minister und die Bezeichnung des Rates. Für den Bereich Steuern ist z.B. der Rat der Wirtschafts- und Finanzminister, der ECOFIN-Rat, zuständig[16].

Abzugrenzen ist der Rat

- vom **Europäischen Rat**, der sich aus den Staats- und Regierungschefs der Mitgliedstaaten zusammensetzt. Dieser ist ein Organ der EU (vgl. Art. 15 Abs. 1 EUV), obwohl ihm auch nach Art. 121 Abs. 2 AEUV über die Grundzüge der Wirtschaftspolitik Bericht erstattet wird und er eine Schlussfolgerung zu den Grundzügen abgibt. Seine Aufgabe ist es, der Union die für ihre Entwicklung notwendigen Impulse zu geben und die politischen Zielvorstellungen für diese Entwicklung festzulegen (Art. 15 Abs. 1 EUV).

- von den **im Rat vereinigten Vertretern der Regierungen der Mitgliedstaaten**. Diese treten zusammen, wenn das Unionsrecht es vorsieht (z.B. bei der Ernennung der Richter des EuGH, Art. 19 Abs. 2 EUV) oder wenn die Vertreter außerhalb des Unionsrechts tagen. Die gefassten Beschlüsse sind nicht Beschlüsse eines Organs der Union, sondern völkerrechtliche Vereinbarungen.

Der Rat ist trotz erweiterter Mitwirkungsrechte des Parlaments weiterhin das bedeutendste Rechtsetzungsorgan der EU. Da hier die nur mittelbar demokratisch legitimierten Regierungsvertreter der Mitgliedstaaten entscheiden, begründet das den Vorwurf eines demokratischen Defizits der EU.

---

[15]   Vgl. EuGH vom 29.10.1980, Rs. 139/79, Maizena, Rn. 33 ff.
[16]   Der Terminkalender des Rates findet sich im Internet unter
        http://www.consilium.europa.eu/council/calendar-of-meetings?lang=de.

Weitere wichtige Kompetenzen des Rates sind die Koordinierung der Wirtschaftspolitik von Kommission und Mitgliedstaaten (Art. 5 Abs. 1 AEUV), die Wahrnehmung der Außenbeziehungen (Art. 218 AEUV), die Ernennung der Mitglieder des Wirtschafts- und Sozialausschusses (Art. 301 Abs. 2 AEUV), des Ausschusses der Regionen (Art. 305 Abs. 2 AEUV) und der Mitglieder des Rechnungshofes (Art. 286 Abs. 2 AEUV), die Aufstellung eines Haushaltsplanes (Art. 314 AEUV) und die Bestimmung des Systems der Eigenmittel der Union (Art. 311 Abs. 3 AEUV).

Die Beschlussfassung des Rates ist je nach Gegenstand sehr unterschiedlich geregelt. Nach Art. 238 Abs. 1 AEUV beschließt der Rat, sofern vom Vertrag die einfache Mehrheit vorgesehen ist, mit der Mehrheit seiner Stimmen (wobei jedes Land eine Stimme hat). Im Regelfall setzt jedoch ein Ratsbeschluss eine qualifizierte Mehrheit (wobei die Stimmen der Mitgliedstaaten gewichtet werden) voraus (vgl. Art. 16 Abs. 3 EUV). Im steuerlichen Bereich sehen Art. 113 und 115 AEUV die Einstimmigkeit vor.

1.2.1.3   Die Kommission

Die Kommission hat ihren Sitz in Brüssel. Sie setzt sich aus 27 Mitgliedern mit allgemeiner Befähigung zusammen. Aus jedem Mitgliedstaat stammt ein Kommissionsmitglied. Die Amtszeit beträgt fünf Jahre (vgl. Art. 17 Abs. 3 EUV). Die Kommissionsmitglieder sind **nicht Vertreter eines Staates, sondern unabhängig und dem Wohl der Union verpflichtet.** Das macht sie im Gegensatz zum Rat, in dem Mitgliedstaaten ihre Interessen vertreten, zu einem genuin europäischen Organ der Union.

Das Verfahren zur Bestimmung der Kommissionsmitglieder ist etwas umständlich, weil in der Kommission die Gewichtungen der Mitgliedstaaten austariert sein müssen und gleichzeitig auch die Verantwortlichkeit der Kommission gegenüber dem Parlament ihren Niederschlag finden soll. Der Europäische Rat schlägt dem Europäischen Parlament zunächst die Person, die zum Kommissionspräsidenten ernannt werden soll, vor (vgl. Art. 17 Abs. 7 EUV). Dieser Benennung muss das Parlament zustimmen. Der Rat benennt dann im Einvernehmen mit dem designierten Kommissionspräsidenten die übrigen Mitglieder der Kommission. Dann stellt sich die so benannte Kommission als Ganzes, einschließlich des Präsidenten und des Hohen Vertreters für Außen- und Sicherheitspolitik, dem Zustimmungsvotum des Europäischen Parlaments. Liegt das vor, wird die Kommission vom Europäischen Rat mit qualifizierter Mehrheit ernannt (Art. 17 Abs. 7 EUV).

Die Kommission hat eine Reihe wichtiger Kompetenzen. Hervorzuheben ist ihr Initiativmonopol im Bereich der Rechtsetzung (Art. 17 Abs. 2 EUV). Der Rat kann i.d.R. erst nach einem Vorschlag der Kommission beschließen. Die Kommission ist daher das Organ, das die Unionsentwicklung in Gang hält. Allerdings kann das Parlament die Kommission zum Tätigwerden auffordern (Art. 225 AEUV). Dies gilt auch für den Rat, der die Kommission gemäß Art. 241 AEUV ebenfalls zum Tätigwerden auffordern kann. Für das Steuerrecht bedeutet das, dass alle Vorschläge zur Rechtsangleichung im Bereich der direkten und indirekten Steuern von der Kommission vorgelegt werden.

Der zweite wichtige Aufgabenbereich der Kommission betrifft die Kontrolle der Einhaltung des primären und sekundären Unionsrechts. Sie überwacht die Umsetzung des Unionsrechts in den Mitgliedstaaten und hat die Möglichkeit nach Art. 258 AEUV vermeintliche Verstöße im Wege des Vertragsverletzungsverfahrens vor dem EuGH zu rügen. Aus diesem Grund wird die Kommission auch als „Hüterin der Verträge" bezeichnet. Solchen Überwachungshandlungen begegnen wir auch im Bereich des Unternehmenssteuerrechts.

> **Beispiel:**
>
> So geht das erste Urteil des EuGH im Bereich der direkten Besteuerung auf ein von der Kommission eingeleitetes Vertragsverletzungsverfahren gegen Frankreich zurück[17]. In anderen Fällen hat die Kommission Vertragsverletzungsverfahren eingeleitet, weil ein Mitgliedstaat Urteile des EuGH nicht umgesetzt hatte[18].

Die Kommission ist außerdem auch für die Durchsetzung des Beihilfeverbots des Art. 107 AEUV zuständig. Da auch steuerliche Maßnahmen Beihilfen i.S.d. Vorschrift sein können, ist diese Zuständigkeit auch für unsere Zwecke relevant. Politisch bedeutsam ist die Zuständigkeit der Kommission für die Haushaltsführung einschließlich der Verwaltung der ihr angegliederten Fonds.

Die Kommission entscheidet nach Art. 250 AEUV mit der Mehrheit ihrer Mitglieder. Erforderlich sind derzeit also 14 Stimmen. Im Kontrast dazu steht die Zahl der Kommissionsmitarbeiter, die inzwischen ca. 30.000 erreicht hat. Die Organisation der Kommission erfolgt nach Sachbereichen, sogenannten Generaldirektionen (derzeit gibt es 9). An der Spitze der Generaldirektionen steht jeweils ein Generaldirektor. Für den Bereich der direkten und indirekten Steuern ist die Generaldirektion Steuern und Zollunion zuständig.

1.2.1.4 Der Gerichtshof

Das letzte der zentralen Organe der Union, die hier kurz vorgestellt werden sollen, ist der Gerichtshof. Er hat seinen Sitz in Luxemburg und ist mit 27 Richtern besetzt, von denen aus jedem Mitgliedstaat einer entsandt wird. Die Amtszeit der Richter beträgt sechs Jahre. Alle drei Jahre werden neue Richter bestimmt. Die Richter werden von den Regierungen der Mitgliedstaaten vorgeschlagen und in gegenseitigem Einvernehmen bestimmt (Art. 253 AEUV).

Der Vertrag umschreibt die Aufgabe des EuGH mit Sicherung der Wahrung des Rechts bei der Auslegung und Anwendung der Verträge (Art. 19 Abs. 1 EUV). Der Gerichtshof entscheidet in den im Unionsrecht abschließend aufgezählten Fällen (Art. 256 ff. AEUV), eine Generalklausel (vgl. Art. 19 Abs. 4 GG) gibt es nicht.

Die Tätigkeit des Gerichtshofs wird unterstützt durch acht Generalanwälte, welche die gleiche persönliche Qualifikation wie die Richter haben müssen. Sie werden von den Mit-

---

[17] Vgl. EuGH vom 28.01.1986, Rs. C-270/83, avoir fiscal, Rn. 1 ff.
[18] Z.B. EuGH vom 26.10.1995, Rs. C-151/94, Kommission/Luxemburg, Rn. 1 ff.

gliedstaaten einvernehmlich auf sechs Jahre ernannt. Die Generalanwälte stellen zu den anhängigen Rechtssachen öffentlich, unparteiisch und unabhängig Schlussanträge, in denen sie die Rechtssache beurteilen und eine bestimmte Entscheidung vorschlagen (Art. 252 AEUV). I.d.R. folgt der EuGH den Schlussanträgen.

Neben dem Gerichtshof gibt es ein Gericht der Europäischen Union (EuG), vormals Gericht erster Instanz, (Art. 255 AEUV) und Fachgerichte, (Art. 257 AEUV; derzeit besteht nur das Gericht für den Öffentlichen Dienst der Europäischen Union), die aber im Bereich des Steuerrechts keine Kompetenzen besitzen.

1.2.2   Sonstige Institutionen

Mit den kurz vorgestellten Organen hat es im Unionsrecht nicht sein Bewenden. Die Verträge kennen als weitere Organe den Rechnungshof (Art. 13 Abs. 1 EUV, 285 ff. AEUV), der aber wegen seiner Bedeutungslosigkeit für das Steuerrecht hier nicht vorgestellt wird. Daneben sind die Europäische Zentralbank (Art. 13 Abs. 1 EUV, 282 ff. AEUV) und die Europäische Investitionsbank (Art. 308 ff. AEUV) zu erwähnen. Außerdem existieren noch zahlreiche Neben- und Hilfsinstitutionen, die teilweise im primären Unionsrecht geregelt sind (Art. 300 Abs. 2 AEUV: Wirtschafts- und Sozialausschuss, Art. 300 Abs. 3 AEUV: Ausschuss der Regionen), teilweise auch ohne vertragliche Grundlage gebildet werden. Gerade in diesem Bereich gibt es eine Fülle von Ausschüssen, Agenturen, Kommissionen und Gruppen, welche die Arbeit der Union unterstützen, die aber die konkrete Organisationsstruktur äußerst unübersichtlich machen.

Beschwerden der Unionsbürger über Missstände der Tätigkeit der Organe können dem durch das Europäische Parlament gemäß Art. 228 AEUV ernannten Bürgerbeauftragten entgegengebracht werden. Auf diese Weise sollen die Beziehungen der Bürger zu den Institutionen der Union verbessert werden.

1.2.3   Zusammenfassung

1. Die EU ist ein besonders intensiver, staatsnaher Verbund ihrer Mitgliedstaaten. Aus dem EUV und AEUV ergeben sich die für das Unternehmenssteuerrecht relevanten Einflüsse des europäischen Rechts. Die anderen Bereiche der EU haben keine steuerliche Relevanz. Ergänzt wird der EUV und AEUV durch die Regelungen über den Europäischen Wirtschaftsraum (EWR).

2. Die Organe der Union sind das Europäische Parlament, der Europäische Rat, der Rat, die Kommission, der Gerichtshof, die Europäische Zentralbank und der Rechnungshof.

   – Der Rat erlässt die Richtlinien, mit denen das Unternehmenssteuerrecht harmonisiert werden soll.

   – Die Kommission hat die Initiative für neue Rechtsakte inne. Außerdem überwacht sie die Einhaltung des Unionsrechts durch die Mitgliedstaaten und kontrolliert die Gewährung nationaler Beihilfen.

– Der EuGH ist für die Auslegung des Unionsrechts zuständig. Er übt insbesondere über seine Rechtsprechung zu den Grundfreiheiten großen Einfluss auf das Unternehmenssteuerrecht aus.

1.3   Struktureigenschaften der EU

1.3.1   Kompetenzverteilung zwischen Union und Mitgliedstaaten

1.3.1.1   Prinzip der begrenzten Einzelermächtigung

Die Europäische Union kann nur dann als supranationale Organisation Handlungsbefugnisse in Anspruch nehmen, soweit sie von den Mitgliedstaaten als „Herren der Verträge" übertragen wurden. Durch den Vertrag von Lissabon wurde die Kompetenzverteilung zwischen den Mitgliedstaaten und der Union neu geordnet und in Art. 2-6 AEUV kodifiziert.

Da Ziele, Aufgaben und Tätigkeiten der Union nicht allumfassend, sondern durch die Kompetenzverteilung der Art. 2-6 AEUV bestimmt sind, hat die Union auch keine allumfassenden Kompetenzen. Im Bereich des Steuerrechts sind die Art. 110-113 AEUV bedeutsam. Die Kompetenzen für verbindliche Rechtshandlungen sind im Vertrag vielmehr nach dem Prinzip der begrenzten Einzelermächtigung geregelt (Art. 5 Abs. 1 EUV). Das bedeutet, dass es für die unterschiedlichen Sachbereiche in ihren Voraussetzungen, dem anzuwendenden Verfahren, der zulässigen Rechtshandlung und den ermächtigten Organen je einzeln geregelte Kompetenzen gibt. Rechtshandlungen sind nur zulässig, wenn eine Kompetenz explizit eingeräumt wird und nur in der Form, die vorgesehen ist.

■ So kann die Union keine Regelung auf dem Gebiet der Staatsangehörigkeit oder der Eigentumsordnung treffen, weil die EU hier nicht zuständig ist (Art. 345 AEUV).

■ So darf keine Verordnung oder Richtlinie erlassen werden, wenn nur Beschlüsse zulässig sind.

Weil keine allumfassende Kompetenz besteht, sondern es nur einzelne Ermächtigungen zu unterschiedlichen Rechtshandlungen mit unterschiedlichen Verfahren gibt, muss für jeden Rechtsakt die richtige Kompetenzgrundlage angegeben werden. Maßnahmen, für die keine Kompetenzgrundlage besteht, sind nichtig. Gleiches gilt für Maßnahmen, die auf eine unzutreffende Grundlage gestützt wurden, wenn die zutreffende ein anderes Verfahren oder andere Mehrheiten im Rat fordert.

Allerdings hat der EuGH dieses strenge Prinzip verschiedentlich aufgeweicht. Das betrifft zum einen die **implied-powers-Lehre.** Der EuGH vertritt die Ansicht, dass dort, wo keine ausdrückliche Kompetenz für eine bestimmte Handlung besteht, die Union aber Kompetenzen in Anspruch nehmen kann, deren Ausübung ohne weitere Kompetenzen sinnlos wäre oder die nicht in vernünftiger und zweckmäßiger Weise zur Anwendung kommen könnten, die Union auch die Kompetenz zur Vornahme der erforderlichen Rechtshandlungen hat[19]. Kompetenznormen werden hier über den Wortlaut hinaus ausgelegt. So werden viele Hilfsorgane ohne ausdrückliche Ermächtigung gegründet.

Auch der Vertrag selbst sieht im Übrigen eine Aufweichung des Prinzips der begrenzten Einzelermächtigung in engen Grenzen vor. Es handelt sich dabei um die **Kompetenzergänzungsklausel** des Art. 352 AEUV. Art. 352 AEUV ermächtigt den Rat nach Zustimmung des Parlaments, wenn keine Einzelermächtigung vorhanden ist, ein Handeln aber zur Erreichung der Ziele der Union erforderlich ist, die geeigneten Vorschriften zu erlassen. Es handelt sich aber um keine Kompetenz-Kompetenz, sondern nur um eine im Einzelfall anwendbare Ermächtigung, die außerdem subsidiär zu den anderen Kompetenzvorschriften ist. Während die implied-powers-Lehre von einem engen Sachzusammenhang mit bereits bestehenden Kompetenzen ausgeht, fehlen für die Kompetenzergänzungsklausel solche Kompetenzen, es gibt nur eine Aufgabenzuweisung.

Schließlich vertritt der EuGH, dass über den Grundsatz des **effet utile** dem Unionsinteresse auch über den ausdrücklichen Wortlaut von Kompetenzzuweisungen hinaus die größtmögliche Geltung verschafft werden müsse.

1.3.1.2 Subsidiarität

Mit dem Prinzip der begrenzten Einzelermächtigung in engem Zusammenhang steht das Subsidiaritätsprinzip (Art. 5 Abs. 3 EUV, Protokoll Nr. 2 über die Anwendung der Grundsätze der Subsidiarität und der Verhältnismäßigkeit, AB1EU, C 83/206), das die Kompetenzen der Union zugunsten der Mitgliedstaaten beschränkt.

Das Subsidiaritätsprinzip besagt, dass in den Bereichen, in denen nicht ausschließliche Kompetenzen der EU bestehen, diese nur tätig werden darf, sofern und soweit die Ziele der in Betracht gezogenen Maßnahmen von den Mitgliedstaaten weder auf zentraler noch auf regionaler oder lokaler Ebene ausreichend verwirklicht werden können und daher wegen ihres Umfanges oder ihrer Wirkungen besser auf Unionsebene zu verwirklichen sind. Dieses Prinzip wurde durch den Vertrag von Maastricht in den Vertrag aufgenommen. Es ist von besonderer politischer Bedeutung, weil es den Befürchtungen der Entstehung einer bürgerfernen, die nationalen Identitäten nicht achtenden Union entgegenwirken soll. Das Prinzip ist ein justiziables Rechtsprinzip, kein bloßer Programmsatz. Gleichwohl ist es in seinen Auswirkungen nur schwer zu fassen. Das hängt vor allem mit zwei Struktureigenschaften zusammen. Der Begriff der Subsidiarität ist ein Relationsbegriff, seine näheren Konturen sind nur mit Blick auf das normative Umfeld zu erschließen. Das Prinzip der Subsidiarität steht zudem in einem Spannungsverhältnis zum Solidaritätsprinzip, das die Mitgliedstaaten der EU im Hinblick auf die gemeinsamen Ziele zur Solidarität verpflichtet[20]. Im Protokoll über die Anwendung der Grundsätze der Subsidiarität und Verhältnis-

---

[19] Vgl. bereits EuGH vom 15.07.1960, Rs. 20-59, Italien./.Hohe Behörde, Slg. 1960, 681 (708).
[20] Vgl. *Calliess* (2011), Rn. 23.

mäßigkeit, das nach Art. 51 EUV Bestandteil des Vertrages ist, wird versucht, die Anwendung des Prinzips zu konkretisieren. Durch Art. 8 des Protokolls wird den nationalen Parlamenten mit der Subsidiaritätsklage, einer besonderen Form der Nichtigkeitsklage, die Möglichkeit eingeräumt, einen Verstoß gegen das Subsidiaritätsprinzip vor dem Gerichtshof zu rügen.

Seine besondere Bedeutung für das Steuerrecht besteht darin, dass mit seiner Einführung möglicherweise erhebliche Auswirkungen auf die Steuerkonzeption der Verträge verbunden sind. Das Streben nach der Förderung von Wettbewerbs- und Investitionsneutralität innerhalb der Union durch Harmonisierung des materiellen Steuerrechts soll nun auf Vertragsebene einem Konzept des Wettbewerbs der Steuersysteme gewichen sein[21]. Dieses Konzept wird aber dadurch durchbrochen, dass europarechtliche Neuregelungen trotz fehlender Harmonisierungskompetenz zu erheblichen Auswirkungen bei nationalen Steuerregelungen führen[22].

1.3.1.3   Verhältnismäßigkeit

Art. 5 Abs. 4 EUV fordert für die Maßnahmen der Union als weitere Voraussetzung die Erforderlichkeit des Handelns. Das ist Ausdruck des allgemeinen unionsrechtlichen Prinzips der Verhältnismäßigkeit, das uns noch in einigen Entscheidungen des EuGH begegnen wird. Die Struktur des Prinzips in der Rechtsprechung des EuGH entspricht im Wesentlichen der uns vertrauten, die aus den Elementen Geeignetheit, Erforderlichkeit und Verhältnismäßigkeit im engeren Sinn besteht. Das Erfordernis der Verhältnismäßigkeit besteht anders als das Subsidiaritätsprinzip nicht nur gegenüber den Mitgliedstaaten, sondern v.a. auch gegenüber Privaten. Zu fragen ist, ob eine Maßnahme der Union tauglich ist, das erstrebte Ziel zu erreichen. Hier hat der EuGH bisher nur einige Fälle extremer Zweckverfehlung als ungeeignet angesehen. Das Kriterium der Erforderlichkeit fragt danach, ob ein die Kompetenz der Mitgliedstaaten oder die Rechte Privater weniger beschränkendes Mittel zur Erreichung des Zwecks vorhanden ist. Die h.M. geht schließlich davon aus, dass Art. 5 Abs. 4 EUV auch die Frage nach Verhältnismäßigkeit i.e.S. stellt, d.h. danach, ob Proportionalität zwischen dem Zweck der Maßnahme und der Kompetenzeinbuße der Mitgliedstaaten bzw. der Rechtseinbuße Privater besteht.

1.3.1.4   Die Europäische Union als Rechtsgemeinschaft

Das Unionsrecht ähnelt unserem Verfassungsrecht darin, dass sich die Kompetenzen in den Bereichen Rechtsetzung, Verwaltung und Rechtsprechung nicht decken. Die EU hat weitgehende Rechtsetzungskompetenzen, aber ist für die Durchsetzung dieses Rechts meist nicht zuständig. Im Bereich der Rechtsprechung ist der Gerichtshof nur bei den abschließend aufgezählten Verfahrensarten zuständig. Bei der wichtigsten Verfahrensart, dem Vorabentscheidungsersuchen, legt der EuGH zwar das Unionsrecht aus, die Anwendung des Unionsrechts und damit die eigentliche Streitentscheidung obliegt aber den nationalen

---

[21]   So *Dautzenberg* (1997), S. 34 ff.
[22]   *Hobe* (2010), § 20 Rn. 299.

Gerichten. Korrespondierend mit den wenigen Verwaltungskompetenzen der Union gibt es auch keine originären Kompetenzen zum Erlass eines Unionsverwaltungsrechts. Verwaltungsregelungen findet man nur als Annex zu einzelnen Sachbereichen. Man kann daher sagen, „die EU bezieht ihre Legitimation, ihren politischen Rang und ihren Zukunftsanspruch aus ihrer Eigenschaft als Rechtsgemeinschaft, ja sie ist eigentlich nur eine solche. ... Deshalb kommt der normativen Kraft der Rechtsakte von Unionsorganen, ihrer einheitlichen Geltung und identischen Anwendung für die Funktionsfähigkeit der Union schlechthin existentielle Bedeutung zu."[23]

1.3.1.5   Kompetenz-Kontrolle durch nationale Behörden und Gerichte?

Für das Verhältnis von Mitgliedstaaten und Union von besonderer Bedeutung ist die Frage, wer kontrolliert, ob die Union nicht über ihre Kompetenzen hinausgeht und welche Folgen etwaige Kompetenzüberschreitungen haben. Dazu hat das Bundesverfassungsgericht im Maastricht-Urteil Feststellungen getroffen, die zu erheblichem Konfliktpotential zwischen der Union und den Mitgliedstaaten führten.

Ausgangspunkt war die Feststellung, dass Rechtsakte der Union, die deren Kompetenzen überschreiten, innerstaatlich nicht verbindlich sind. Das Bundesverfassungsgericht begründete das damit, dass das Zustimmungsgesetz zum EU-Vertrag nur die darin angelegten Entwicklungen und Kompetenzen decke. Würden die Organe der EU den Vertrag in einer Weise handhaben oder fortbilden, der von dem Vertrag, wie er dem Zustimmungsgesetz zugrunde liege, nicht mehr gedeckt sei, wären die sich daraus ergebenden Hoheitsakte im deutschen Bereich nicht mehr verbindlich. Ob dies vorliege, prüfe das BVerfG[24]. Hinzu kommt aber, dass die Kompetenzen der Union vom Bundesverfassungsgericht sehr restriktiv verstanden wurden. In der Anfangszeit der EU sei eine dynamische Interpretation des Unionsrechts unter dem Gesichtspunkt des **effet utile** (d.h. dem Bemühen, dem Unionsrecht größtmögliche Wirksamkeit zu verschaffen) noch angängig gewesen. Nach der Erweiterung der Kompetenzen durch den Vertrag von Maastricht sei das nun aber nicht mehr der Fall. Eine so gewonnene Auslegung überschreite die Kompetenzen der Gemeinschaft und sei daher innerstaatlich nicht verbindlich. Ebenso unzulässig sei die großzügige Handhabung des Art. 352 AEUV i.S.e. Vertragsabrundungskompetenz und die Vertragserweiterung durch die implied-powers-Lehre[25].

Vor diesem Hintergrund gewinnt es besondere Bedeutung, wenn das Bundesverfassungsgericht die Befugnis reklamiert zu bestimmen, ob sich das Unionsrecht noch im Rahmen seiner ihm im Zustimmungsgesetz eingeräumten Kompetenzen hielt[26]. Die Kompetenz zur (Mit)kontrolle der Ausübung der Unionskompetenzen ergebe sich daraus, dass in einem Streit zwischen Mitgliedstaat und Union sonst einer der Beteiligten, nämlich die Union, das Letztentscheidungsrecht hat. Die grundsätzliche Kompetenzbehauptung des Bundesverfas-

---

[23]   *Hirsch* (1996), S. 2463.
[24]   Vgl. BVerfG vom 12.10.1993, 2 BvR 2134, 2159/92, Maastricht, BVerfGE 89, 155 (174 f.).
[25]   Vgl. BVerfG vom 12.10.1993, 2 BvR 2134, 2159/92, Maastricht, BVerfGE 89, 155 (210).
[26]   Vgl. BVerfG vom 12.10.1993, 2 BvR 2134, 2159/92, Maastricht, BVerfGE 89, 155 (171 ff.).

sungsgerichts in seiner „Maastricht"-Entscheidung, wiederholte es in den Rechtssachen „Lissabon" und „Honeywell"[27]. Das hat nicht nur enorme politische, sondern auch für die Rechtsanwendung im Einzelfall bedeutsame Konsequenzen. Es hat daher nicht an Kritik an diesen Aussagen des Bundesverfassungsgerichts gefehlt. Es werde in unzulässiger Weise von der begrenzten Übertragung von Hoheitsrechten im Bereich der Normsetzung auch auf eine Begrenzung des EuGH und seiner Gerichtsbarkeit über die Reichweite der Übertragung geschlossen. Die EU sei in erster Linie Rechtsgemeinschaft. Als solche sei sie existentiell auf Rechtseinheit angewiesen. Sie könne daher mit begrenzten Normsetzungskompetenzen, nicht aber mit einer Begrenzung ihrer Norminterpretationskompetenz leben. Den Mitgliedstaaten räume das Unionsrecht mit der Nichtigkeitsklage ein Instrument ein, Kompetenzüberschreitungen zu bekämpfen. Sie hätten sich somit auch einer Letztentscheidung durch den EuGH unterworfen[28].

1.3.2   Prozesshafter Charakter

Die europäische Einigung, der die Union dient, ist ein Prozess. Die Prozesshaftigkeit wird durch mehrere Umstände bedingt. So ist es offensichtlich weder wünschenswert noch möglich, dass man in einem Schritt von selbstständigen Nationalstaaten zu einem umfassenden Zusammenschluss dieser Staaten kommt. Es ist aber auch so, dass vielfach erst die Fortschritte des Prozesses die Notwendigkeit seiner Vertiefung erkennbar werden lassen. So lassen z.B. Fortschritte bei der Verwirklichung des Binnenmarktzieles auf einem Gebiet die Hindernisse für einen Binnenmarkt in anderen Bereichen umso deutlicher hervortreten. Deshalb wächst der Druck, auch diese Hindernisse zu beseitigen.

Eine Schlüsselrolle für die Entwicklung des Unionsrechts innerhalb dieses Prozesses spielt das Bemühen des EuGH, in seinen Entscheidungen die Auslegung des Unionsrechts zu wählen, die ihm zu größtmöglicher Wirksamkeit verhilft (**effet utile**). Das hat zu einer Reihe praktisch bedeutsamer Fortentwicklungen des Unionsrechts geführt. So lässt sich zum Beispiel beim Verständnis der Grundfreiheiten des Unionsrechts (Warenverkehrsfreiheit, Personenverkehrsfreiheit, Dienstleistungsfreiheit, Kapitalverkehrsfreiheit) eine Entwicklung feststellen, die vom Diskriminierungs- zum Beschränkungsverbot, vom Bestimmungsland- zum Herkunftslandprinzip und von der Produzenten- zur Verbraucherfreiheit führt.

- ■ Vom **Diskriminierungsverbot (Inländerbehandlung) zum Beschränkungsverbot**: Unter diesem Schlagwort wird eine Erweiterung der Schutzrichtung der Grundfreiheiten zusammengefasst, die in ihrer exakten Herleitung und Reichweite nach wie vor umstritten ist. Was hiermit gemeint ist, lässt sich am Beispiel der Warenverkehrsfreiheit verdeutlichen. Art. 34 AEUV verbietet mengenmäßige Einfuhrbeschränkungen und Maßnahmen gleicher Wirkung. Als Diskriminierungsverbot verstanden, bedeutet das

---

[27]   Vgl. BVerfG vom 30.06.2009, 2 BvE 2/08 u.a., Lissabon, NJW 2009, 2267 (2272); BVerfG vom 06.07.2010, 2 BvR 2661/06, Honeywell, NZA 2010, 995 (997 f.).
[28]   Vgl. zu den vertretenen Argumenten z.B. *Dörr* (2003), S. 130 m.w.N., *Heinemann*, NdsVBl 2012, 38 (41).

z.B., dass ein Mitgliedstaat für ausländische Waren keine strengeren Sicherheitsnormen anwenden darf als für heimische. Da sich so aber solche Hindernisse für grenzüberschreitendes Wirtschaften, die sich aus der bloßen Existenz von unterschiedlichen Anforderungen in den einzelnen Staaten ergeben (ein Produkt muss Sicherheitsstandard A in Deutschland, Standard B in den Niederlanden, Standard C in Frankreich erfüllen), nicht beseitigen lassen, hatte der EWGV hier auf die Harmonisierung gesetzt. Da dies nicht wie gehofft funktionierte, entwickelte der EuGH die Grundfreiheiten entsprechend weiter. Eine Maßnahme gleicher Wirkung wurde als jede Maßnahme, die geeignet ist, den innerstaatlichen Handel unmittelbar oder mittelbar, tatsächlich oder potentiell zu behindern, definiert (**Dassonville-Formel**)[29]. Damit waren auch Regeln, die nicht an die Herkunft der Waren anknüpften, an Art. 34 AEUV zu messen. Im Gegenzug wurde die Einschränkungsmöglichkeit des Art. 36 AEUV erweitert. Über die dort genannten Gründe hinaus können alle zwingenden Erfordernisse Beschränkungen des freien Warenverkehrs rechtfertigen (**Cassis de Dijon-Entscheidung**)[30]. Der Abbau dieser gerechtfertigten Beschränkungen muss dann durch Harmonisierung erfolgen.

- **Vom Bestimmungsland- zum Herkunftslandprinzip:** Diese Entwicklung ist eng mit der ersten verknüpft. Die Rechtfertigung für Beschränkungen durch das Bestimmungsland entfällt, wenn im Herkunftsland gleichwertige Regeln bestehen, die dem Zweck der Beschränkung dienen. Deutschland kann sich also nicht auf die Notwendigkeit eigener Sicherheitsstandards für niederländische Waren berufen, wenn dort gleichwertige Regeln bestehen. Diese Gleichwertigkeit wird bei der Warenverkehrs- und Dienstleistungsfreiheit vermutet, während im Bereich der Personenverkehrsfreiheiten die Gleichwertigkeit im Einzelfall zu prüfen ist (Webb, Vlassopoulou)[31].

- **Von der Produzenten- zur Verbraucherfreiheit:** Hier geht es um eine subjektive Erweiterung des Anwendungsbereichs der Freiheiten. Auch die Abnehmer von Leistungen können sich auf die Freiheiten für diese Leistungen berufen. Ein Arbeitgeber kann sich auf die Freizügigkeit des Arbeitnehmers berufen, ein Versicherter auf die Dienstleistungsfreiheit des Versicherers[32].

Weitere wichtige Ausprägungen der Entwicklung sind der Anwendungsvorrang des Unionsrechts und die unter bestimmten Umständen mögliche unmittelbare Anwendbarkeit von Richtlinien, die nicht oder nicht rechtzeitig umgesetzt wurden. Der EuGH hat außerdem Haftungs- und Erstattungsansprüche aus dem Unionsrecht hergeleitet, die bei Verstößen der Mitgliedstaaten gegen Unionsrecht den durch das Unionsrecht Begünstigten zustehen können. Auch die Einwirkung des Unionsrechts auf das nationale Verwaltungsverfahrens- und Prozessrecht dient der Sicherung der größtmöglichen Wirksamkeit des Unionsrechts. Die Einzelheiten dieser Entwicklung werden uns in den folgenden Abschnitten beschäftigen.

---

[29] Vgl. EuGH vom 11.07.1974, Rs. 8-74, Dassonville, Rn. 5.
[30] Vgl. EuGH vom 20.02.1979, Rs. 120/78, REWE, Rn. 8.
[31] Vgl. EuGH vom 17.12.1981, Rs. C-279/80, Webb, Rn. 12 ff.; EuGH vom 07.05.1991 Rs. C-340/89, Vlassopoulou, Rn. 16 ff.
[32] Vgl. EuGH vom 28.04.1998, Rs. C-118/96, Safir, Rn. 20 ff.

1.3.3   Währungsunion

Durch die Währungsunion haben die ihr beigetretenen Mitgliedstaaten eine gemeinsame Währung bekommen. Zentrale Kompetenzen auf dem Gebiet der Wirtschaftspolitik werden jetzt auf Unionsebene durch das **unabhängige** und dem Grundsatz der **Preisstabilität** als oberster Richtschnur verpflichtete Europäische System der Zentralbanken (ESZB) festgelegt (Art. 127 AEUV). Zu diesem System gehören die Europäische Zentralbank (EZB) und die nationalen Zentralbanken. Aufgaben des ESZB sind die Festlegung und Ausführung der Geldpolitik der Union, das Halten der Währungsreserven der Mitgliedstaaten und die Förderung des Funktionierens der Zahlungssysteme (Art. 127 Abs. 2 AEUV). Nur die EZB hat das Recht, die Ausgabe von Banknoten zu genehmigen, die dann die EZB und die nationalen Zentralbanken ausgeben (Art. 128 Abs. 1 AEUV).

Der Übergang zur Währungsunion hatte unmittelbar steuerliche Auswirkungen, weil die steuerlichen Folgen der Euroumstellung geregelt werden mussten. Langfristig wichtiger ist aber die Frage, welche Auswirkungen die Währungsunion auf die Steuersysteme der Mitgliedstaaten hat. Kommt es zu einem verstärkten Harmonisierungsdruck und damit auch weiteren Harmonisierungsfortschritten, weil mit der Einheit der Währung steuerliche Unterschiede noch stärker zu Tage treten, oder nimmt das Beharrungsvermögen der Staaten noch zu, weil sie die Währungspolitik als Steuerungsinstrument verloren haben und daher die Beeinflussung der Wirtschaft über die Steuerpolitik noch größere Bedeutung erlangt? Die Frage kann inzwischen zugunsten von Harmonisierungsfortschritten beantwortet werden. Insbesondere der Harmonisierungsprozess im Bereich der Umsatzsteuer stellt einen Erfolg europäischer Rechtsangleichung dar, der allerdings zu wichtigen Erkenntnissen führte[33]: Zum einen wurde ersichtlich, dass eine Angleichung von Steuern aufgrund der weiterhin bei den Mitgliedstaaten liegenden Finanzhoheit stets problematisch ist. Zum anderen zeigte sich, dass nur systematisch fundierte Lösungen wie die Richtlinie zur Besteuerung elektronischer Dienstleistungen[34] sowie zur Rechnungsausstellung[35] Erfolg versprechend sind.

1.3.4   Zusammenfassung

1. Das Kompetenzgefüge der EU ist durch das Prinzip der begrenzten Einzelermächtigung gekennzeichnet. Die EU darf nur dann und in dem Umfang tätig werden, in dem ihr die Verträge eine Kompetenz ausdrücklich einräumen. Sie hat nicht die Möglichkeit, den Umfang ihrer Kompetenzen zu erweitern. Dies kann nur durch Vertragsänderung geschehen.

2. Hat die EU eine Kompetenz, muss sie bei ihrer Ausübung die Grundsätze der Subsidiarität und Verhältnismäßigkeit beachten.

---

[33] *Jacobs* (2011), 2. Teil, 3. Kapitel.
[34] Mehrwertsteuerrichtlinie (2002) Abl. 2002 L 128/41 und Verordnung auf dem Gebiet der indirekten Besteuerung (2002), Abl. 2002, L 128/1.
[35] Richtlinie über Rechnungsausstellung (2001), ABl. 2002, L 15/24.

3. Ob sich ein Rechtsakt innerhalb der Kompetenzen der EU bewegt, entscheidet der EuGH. Das Bundesverfassungsgericht nimmt aber für Deutschland in Anspruch festzustellen, ob ein kompetenzüberschreitender, sog. ausbrechender Rechtsakt vorliegt. Solchen Rechtsakte sind nach seiner Rechtsprechung nicht bindend.

4. Wer sich mit dem Unionsrecht befasst, muss stets dessen dynamischen Charakter beachten. Der Integrationsprozess führt dazu, dass Handlungsspielräume der Mitgliedstaaten immer stärker eingeschränkt werden. Was heute noch zulässig ist, kann in einigen Jahren schon gegen Unionsrecht verstoßen.

5. Die wirtschaftliche Integration der Union kommt besonders in der Währungsunion zum Ausdruck. Diese hat unmittelbaren Einfluss auf das Unternehmenssteuerrecht in Bezug auf einige Steuerregeln zur Währungsumstellung.

1.4 Rechtsquellen des Unionsrechts

1.4.1 Primäres Recht

1.4.1.1 Überblick

Zum primären Unionsrecht gehören folgende Rechtsquellen:

- Vertragsrecht

- Die Charta der Grundrechte

- Allgemeine Rechtsgrundsätze

- Gewohnheitsrecht

Das Vertragsrecht umfasst die Verträge einschließlich ihrer Änderungen und die zu den Verträgen gehörenden Anhänge und Protokolle. Die Charta der Grundrechte ist seit dem Vertrag von Lissabon ebenfalls nach Art. 6 Abs. 1 EUV rechtsverbindliches Primärrecht der Union. Allgemeine Rechtsgrundsätze gewinnt der EuGH aus einer wertenden Rechtsvergleichung der nationalen Rechtsordnungen. Der bedeutendste Anwendungsbereich dieser Rechtsprechung war die Entwicklung von Unionsgrundrechten. Grundrechte gelten als allgemeine Rechtsgrundsätze, die abzuleiten sind aus den gemeinsamen Verfassungsüberlieferungen der Mitgliedstaaten sowie den von den Mitgliedstaaten abgeschlossenen völkerrechtlichen Menschenrechtsverträgen, speziell der Europäischen Menschenrechtskonvention (EMRK)[36]. Der EUV a.F. hatte diese Rechtsprechung in Art. 6 Abs. 2 a.F. positiviert. Weitergeführt wurde diese Entwicklung durch die feierliche Proklamation der EU-Grundrechtscharta durch Parlament, Rat und Kommission am 07.12.2000 in Nizza, die

---

[36] Grundlegend EuGH vom 12.11.1969, Rs. 29-69, Stauder, Rn. 7; EuGH vom 14.05.1974, Rs. 4-73, Nold, Rn. 13 ff.; EuGH vom 13.12.1979, Rs. 44/79, Hauer, Rn. 15.

zunächst allerdings unverbindlich war. Sie „bekräftigt unter Achtung der Zuständigkeiten und Aufgaben der Union und des Subsidiaritätsprinzips die Rechte, die sich vor allem aus den gemeinsamen Verfassungstraditionen und den gemeinsamen internationalen Verpflichtungen der Mitgliedstaaten, aus der Europäischen Konvention zum Schutze der Menschenrechte und Grundfreiheiten, aus den von der Union und dem Europarat beschlossenen Sozialchartas sowie aus der Rechtsprechung des Gerichtshofs der Europäischen Union und des Europäischen Gerichtshofs für Menschenrechte ergeben" (Abs. 5 der Präambel). Erst durch den Vertrag von Lissabon wurde die EU-Grundrechtecharta über Art. 6 Abs. 1 EUV rechtsverbindliches Primärrecht.

Die Grundrechte gelten für Unionsbürger und für von Unionsrecht betroffene Dritte und richten sich gegen die Mitgliedstaaten und die Unionsorgane. Der EuGH hat beispielsweise die Eigentumsgarantie, das Recht auf Achtung der Privatsphäre, die Unverletzlichkeit der Wohnung, die Berufsfreiheit und das Recht auf freie wirtschaftliche Betätigung, die Meinungs- und Veröffentlichungsfreiheit, die Vereinigungsfreiheit, das Willkürverbot, die Religionsfreiheit, den Schutz der Familie und den allgemeinen Gleichheitssatz als allgemeine Rechtsgrundsätze anerkannt. Andere allgemeine Rechtsgrundsätze, die der EuGH anerkannt hat, sind das Verhältnismäßigkeitsprinzip, die Grundsätze der Gleichbehandlung, der Gesetzmäßigkeit der Verwaltung, der Rechtssicherheit, des Vertrauensschutzes[37] und des Schutzes des guten Glaubens, der Schutz wohlerworbener Rechte, der Grundsatz des rechtlichen Gehörs und das Verbot ne bis in idem. Teilweise sind diese allgemeinen Rechtsgrundsätze auch in der inzwischen verbindlichen Grundrechtecharta normiert.

Innerhalb des Unionsrechts geht das primäre dem sekundären vor. Deshalb können Regeln des sekundären Unionsrechts wegen Verstoßes gegen das primäre unwirksam sein. Das sekundäre Unionsrecht ist so auszulegen, dass es dem primären nicht widerspricht, eine Argumentationsfigur die unserer verfassungskonformen Auslegung entspricht. Bei der Umsetzung sekundären Unionsrechts müssen die Mitgliedstaaten einen ihnen verbleibenden Gestaltungsspielraum so ausnutzen, dass ein Verstoß gegen primäres Unionsrecht ausscheidet.

Beispiel:

Dass das Unionsrecht für Alkoholsteuern den Mindestsatz 0 je hl ECU vorsieht, für Biersteuern aber mindestens 0,748 ECU je Grad Alkohol pro hl stellt keine unionsrechtliche Diskriminierung von Bier dar, weil die Mitgliedstaaten die Möglichkeit haben, auf jeden Alkohol mehr als 0 ECU Steuern zu erheben[38].

Das primäre Recht geht auch dem Völkerrecht vor, doch steht dieses im Rang über dem sekundären Recht, weil die Unionsorgane an das Völkerrecht gebunden sind (vgl. Art. 218 AEUV).

---

[37]   Vgl. EuGH vom 03.05.1978, Rs. 112/77, Töpfer, Rn. 18 f. zum Vertrauensschutz; EuGH vom 03.12.1998, Rs. C-381/97, Belgokodex, Rn. 26 zur Rechtssicherheit und zum Vertrauensschutz.
[38]   Vgl. EuGH vom 17.06.1999, Rs. C-166/98, Socridis, Rn. 19 f.

1.4.1.2 Unmittelbare Anwendbarkeit des primären Unionsrechts

Seit der grundlegenden Entscheidung van Gend & Loos, einer Entscheidung zum Verbot von Zöllen im innergemeinschaftlichen Warenverkehr, steht fest, dass das primäre Unionsrecht, auch wenn es sich seiner Formulierung nach nur an die Organe und Mitgliedstaaten wendet, gleichwohl unmittelbare Wirkung zugunsten der Unionsbürger erzeugen kann[39]. „Ziel des EWG-Vertrages ist die Schaffung eines gemeinsamen Marktes, dessen Funktionieren die der Gemeinschaft angehörigen einzelnen unmittelbar betrifft; damit ist zugleich gesagt, dass dieser Vertrag mehr ist als ein Abkommen, das nur wechselseitige Verpflichtungen zwischen den vertragsschließenden Staaten begründet. Die Gemeinschaft stellt eine neue Rechtsordnung dar, zu deren Gunsten die Staaten, wenn auch in begrenztem Rahmen, ihre Souveränitätsrechte eingeschränkt haben, eine Rechtsordnung, deren Rechtssubjekte nicht nur die Mitgliedstaaten, sondern auch die einzelnen sind. Das von der Gesetzgebung der Mitgliedstaaten unabhängige Gemeinschaftsrecht soll daher den einzelnen, ebenso wie es ihnen Pflichten auferlegt, auch Rechte verleihen."[40] So misst der EuGH namentlich den Grundfreiheiten diese Wirkung zu. Voraussetzung für eine unmittelbare Geltung ist,

- dass die Vorschriften ohne jede weitere Konkretisierung anwendbar sind,

- unbedingt sind,

- in einer Handlungs- oder Unterlassungspflicht für die Mitgliedstaaten bestehen, die keine weiteren Vollzugsmaßnahmen erfordert,

- den Mitgliedstaaten keinen Ermessensspielraum lassen.

Eine gewisse Begrenzung findet die unmittelbare Anwendbarkeit aber im Grundsatz der Verfahrensautonomie der Mitgliedstaaten. Sind z.B. aufgrund einer gegen unmittelbares Unionsrecht verstoßenden Steuervorschrift Steuerbescheide ergangen, die bestandskräftig sind, so führt die unmittelbare Anwendbarkeit nicht dazu, dass die Regelungen der Bescheide nicht mehr anwendbar sind. Allerdings hat der EuGH dieses Prinzip aufgeweicht. Jedenfalls wenn es darum geht, ob aufgrund der Nichtbeachtung eines solchen Verwaltungsaktes Bußgeldbescheide ergehen dürfen, ist der unionswidrige Verwaltungsakt unanwendbar[41].

Die unmittelbare Anwendbarkeit des Unionsrechts spielt wegen der unmittelbaren Anwendbarkeit der Grundfreiheiten für das Unternehmenssteuerrecht eine große Rolle und wird ausführlich in Abschnitt 1.5.3 dargestellt.

---

[39] Vgl. EuGH vom 05.02.1963, Rs. 26-62, van Gend & Loos, Slg. 1963, 1 (25).

[40] EuGH vom 03.04.1968, Rs. 28-67, Molkerei Zentrale Westfalen-Lippe, Slg. 1968, 211 (230). Die Entscheidung erging, weil der Bundesfinanzhof sich mit dieser Ansicht nicht anfreunden mochte und dem EuGH daher die Frage vorgelegt hat, ob er dabei bleibe, dass Art. 110 AEUV (ex-Art. 90 EGV) unmittelbar anwendbar sei und Anwendungsvorrang vor entgegenstehendem nationalen Recht habe.

[41] Vgl. EuGH vom 29.04.1999, Rs. C-224/97, Ciola, Rn. 25 ff.

1.4.1.3 Regelungsgegenstände mit steuerlichem Bezug

Für unsere weitere Untersuchung besonders wichtig ist, welche Vorschriften des primären Unionsrechts einen besonderen Bezug zum Steuerrecht aufweisen. Der folgende Überblick enthält insoweit auch die Vorschriften, welche die indirekten Steuern betreffen, die dann aber nicht weiter vertieft werden.

- **Zollunion und das Verbot von Zöllen und Abgaben mit zollgleicher Wirkung (Art. 28 und 30 AEUV).** Im Bereich der Zölle hat die EU die weitgehende Rechtsvereinheitlichung erreicht. Das materielle Zollrecht und das Zollverfahrensrecht ist heute fast ausschließlich Unionsrecht. Es ist in einer einheitlichen Verordnung, dem sog. Zollkodex und im gemeinsamen Zolltarif (GZT) geregelt. Der Zollkodex erfährt aktuell eine Modernisierung[42]. Ergänzt wird dieses Recht durch das Verbot von Zöllen und Abgaben mit zollgleicher Wirkung (Art. 30 AEUV). Da Zölle und die Abgaben gleicher Wirkung indirekte Steuern sind, werden wir uns mit diesem Gebiet nicht weiter beschäftigen.

- Eine wesentliche Errungenschaft und ein wesentlicher Bestandteil des Unionsrechts ist die Gewährung von **Grundfreiheiten** für die Unionsbürger. Bei diesen Grundfreiheiten handelt es sich um die Warenverkehrs-, die Personenverkehrs-, die Dienstleistungs- und die Kapitalverkehrsfreiheit. Die Auswirkungen der letzten drei Freiheiten auf die direkten Steuern werden wir eingehend darstellen. Denkbar ist grundsätzlich auch ein Eingreifen der Warenverkehrsfreiheit, die ein Verbot mengenmäßiger Einfuhrbeschränkungen sowie Maßnahmen mit gleicher Wirkung vorsieht. Sie erfasst allerdings nicht solche Beeinträchtigungen, für die sonstige spezifische Vorschriften gelten. Im Bereich des Steuerrechts sind dabei Art. 30 und 110 AEUV zu nennen, die in ihrem Anwendungsbereich Art. 34 AEUV vorgehen. Steuerlich hat die Warenverkehrsfreiheit daher keine Bedeutung.

- **Beihilfen und Steuern**: Art. 107 AEUV enthält ein Verbot nationaler Beihilfen, von dem aber Ausnahmen zugelassen sind. Art. 108 AEUV sieht ein bestimmtes Verfahren vor, das eingehalten werden muss, damit staatliche Beihilfen zulässig sind. Auch steuerliche Vergünstigungen, wie wir sie im Bereich der Unternehmensbesteuerung häufig antreffen, können Beihilfen i.S.d. Vorschriften sein. Mit dieser Problematik werden wir uns vertieft beschäftigen.

- **Vorschriften über Steuern, Art. 110 - 113 AEUV.** Darin sind enthalten verschiedene Verbote der Abgabenerhebung. Sie betreffen allerdings fast ausschließlich die indirekten Steuern. Von besonderer Bedeutung ist Art. 113 AEUV, der für die indirekten Steuern einen Harmonisierungs**auftrag** enthält. Anders als die Rechtsgrundlage zur Harmonisierung der direkten Steuern (Art. 115 AEUV) spricht die Vorschrift nur von "Bestimmungen", so dass nicht nur Richtlinien, sondern auch Verordnungen zulässig sind. Wegen der Beschränkung dieses Teil des Vertrages auf die indirekten Steuern wird uns auch diese Vorschrift wenig beschäftigen.

---

[42] Vorschlag Zollkodexverordnung (2012), COM(2012) 64 final.

■ **Die Harmonisierungsermächtigungen der Art. 115 und 116 AEUV.** Harmonisierungs-maßnahmen können auch im Bereich der direkten Steuern ergehen und sind auch er-gangen. Sowohl die Kompetenz zum Erlass solcher Maßnahmen als auch bereits ver-wirklichte und geplante Maßnahmen werden vorgestellt. In diesen Zusammenhang ge-hört zudem noch Art. 192 Abs. 2 AEUV, der eine Ermächtigung zum Erlass von Maß-nahmen steuerlicher Art zu Zwecken des Umweltschutzes enthält.

1.4.2   Sekundäres Recht

Das sekundäre Unionsrecht umfasst Verordnungen, Richtlinien, Beschlüsse, Empfehlungen und Stellungnahmen (Art. 288 AEUV). Zu ihm gehören weiter alle sonstigen Rechtshand-lungen der Unionsorgane. Diese atypischen Rechtsakte spielen v.a. dann eine Rolle, wenn sich Unionsorgane nach innen wenden, d.h. aneinander, an dritte Organe, an Hilfsorgane oder an die Regierungen der Mitgliedstaaten in ihrer Eigenschaft als Mitglieder des Rates. Zum sekundären Unionsrecht gehören auch die von der Union mit dritten Staaten ge-schlossenen Verträge. Das Verhältnis dieser unterschiedlichen Rechtsakte zueinander ist zwar kompliziert, für das Steuerrecht haben damit zusammenhängende Fragen aber bisher keine Rolle gespielt.

1.4.2.1   Formen der Rechtshandlungen der Union

■ Verordnungen (Art. 288 Abs. 2 AEUV)

■ Richtlinien (Art. 288 Abs. 3 AEUV)

■ Beschlüsse (Art. 288 Abs. 4 AEUV).

■ Empfehlungen und Stellungnahmen (Art. 288 Abs. 5 AEUV)

■ Ungekennzeichnete Rechtshandlungen wie Leitlinien (Art. 171 AEUV). Diese Handlun-gen zielen teilweise auf verbindliche Regelungen von Sachverhalten (häufig im Binnen-recht der Union), teilweise handelt es sich um Handlungen, die lediglich eine politische Verhaltenserwartung begründen („soft law"). Soft law tritt unter den verschiedensten Bezeichnungen auf, z.B. Programm, Aktionsprogramm, Übereinkommen, Feststellung oder Entschließung. Steuerlich bedeutsam ist der Verhaltenskodex gegen schädlichen Steuerwettbewerb, den die Mitgliedstaaten 1997 abgeschlossen haben[43].

1.4.2.2   Verordnungen

Verordnungen haben allgemeine Geltung in allen Teilen. Sie binden Mitgliedstaaten und Bürger unmittelbar.

■ Allgemeine Geltung bedeutet Geltung in einer Vielzahl von generell und abstrakt gere-gelten Sachverhalten. Es handelt sich mithin um Rechtsnormen.

---

[43]   Verhaltenskodex Unternehmensbesteuerung (1997), ABl. 1997, C 2/2.

■ Geltung in allen Teilen grenzt Verordnungen von Richtlinien ab, die grundsätzlich nur hinsichtlich ihrer Zielsetzung verbindlich sind.

■ Unmittelbarkeit bedeutet, dass die Mitgliedstaaten keine Umsetzungsakte vornehmen müssen. Eine Ausnahme gilt, wenn die Verordnung ihrem Inhalt nach nicht auf unmittelbare Anwendung zielt, sondern Umsetzungsakte voraussetzt.

Die unmittelbare Wirkung der Verordnungen macht gerade die Supranationalität des Unionsrechts aus. Als Verordnungen auf steuerlichem Gebiet sind zu nennen der Zollkodex, der Zolltarif und die Verordnung über die Zusammenarbeit der Verwaltungsbehörden auf dem Gebiet der Mehrwertsteuer[44]. Sie regelt den datenverarbeitungsanlagengestützten Austausch von für die Mehrwertsteuer relevanten Informationen.

1.4.2.3 Richtlinien

Eine Richtlinie ist ein vom Rat und dem Parlament (oder in seltenen Fällen von der Kommission) erlassener Rechtsakt, der an die Mitgliedstaaten adressiert ist und auf die Herbeiführung eines in ihm bezeichneten rechtlichen oder tatsächlichen Zustandes, i.d.R. durch Erlass geeigneter Rechtsvorschriften, zielt.

Beispiel:

So verpflichtet z.B. Art. 5 der Fusionsrichtlinie[45] die Mitgliedstaaten, die notwendigen Regelungen zu treffen, die sicherstellen, dass bei einer grenzüberschreitenden Fusion oder Spaltung einer Kapitalgesellschaft ganz oder teilweise steuerfrei gebildete Rückstellungen und Rücklagen der einbringenden Kapitalgesellschaft bei ihrer Einbringung in die inländische Betriebsstätte einer übernehmenden ausländischen Gesellschaft von dieser weitergeführt werden können.

Richtlinien sind dem Unionsrecht eigentümliche Rechtsnormen, für die es in den Rechtsordnungen der Mitgliedstaaten keine Parallele gibt. Sie dienen der Rechtsangleichung in der Union durch Festlegung von verbindlichen Zielen[46], lassen den Mitgliedstaaten aber nach ihrer ursprünglichen Konzeption die Wahl der Form zur Erreichung des Ziels und ein inhaltliches Ermessen bei der Ausgestaltung ihrer Umsetzungsmaßnahmen (Wahl der Mittel). Zielvorstellung der Verträge ist es, mit Richtlinien ein Instrument zur Verfügung zu haben, das einerseits eine Rechtsangleichung ermöglicht, andererseits aber auch dem nationalen Gesetzgeber Raum lässt, die Vorgaben des Unionsrechts unter Anpassung an die Besonderheiten seines nationalen Rechts umzusetzen. Es wird nicht eine vollständige Gleichschaltung angestrebt, sondern eine funktionelle Äquivalenz der Normensysteme. Auf diese Weise soll zudem das Primat der nationalen Parlamente erhalten bleiben.

---

[44] Durchführungsverordnung Mehrwertsteuer (2004), ABl. 2004, L 331/13 mit Verweis auf Mehrwertsteuerverordnung (2003), ABl. 2003, L 264/1.

[45] Fusionsrichtlinie (2009), ABl. 2009, L 310/34.

[46] Eigentlich „Ergebnissen", wie ein Vergleich der Sprachfassungen des EGV zeigt (*Ipsen* [1972], S. 58).

Die Rechtswirklichkeit hat sich sowohl in Bezug auf die Wahl der Form als auch auf die Intensität inhaltlicher Vorgaben anders entwickelt. Man findet häufig detaillierte Regelungen in Richtlinien, weil sich herausgestellt hat, dass gleichwertige Regeln häufig nur so erreicht werden können.

Beispiel:

So enthält die Regelung der Steuerfreiheit von Umsätzen in der 6. Mehrwertsteuer-Richtlinie einen Katalog von 30 zwingenden Befreiungstatbeständen.

Die Form der Umsetzung ist durch den EuGH so eingeschränkt worden, dass **praktisch nur noch Gesetze als Umsetzungsmaßnahmen in Betracht** kommen. Umsetzungsspielraum verbleibt in solchen Fällen nur noch bei der Bestimmung der für den Vollzug zuständigen Behörden oder bei der Wahl zwischen formellem Gesetz und Verordnung als Umsetzungsmaßnahme.

Trotzdem wird die Geeignetheit des Mittels Richtlinie zur Rechtsangleichung durchaus auch negativ beurteilt. Der vermeintlich goldene Mittelweg zwischen der internationalen Rechtsvereinheitlichung einerseits und der nationalen Souveränität andererseits sei in Wirklichkeit ein fauler politischer Kompromiss. Denn mit dem Erfordernis der Umsetzung in nationales Recht sei eine entscheidende Strukturschwäche verbunden: die unionsrechtliche Herkunft von Regeln sei nicht erkennbar. Insbesondere, wenn die unionsrechtlichen Begriffe durch traditionelle nationale Begriffe umgesetzt würden, besteht die Gefahr, dass sich schnell mehr nationales Gedankengut in die Rechtsanwendung einschleicht, als die Richtlinienvorgaben vorsehen.

Beispiel:

Die Fusionsrichtlinie sieht in Art. 2 Buchstabe j) eine Definition des Begriffs „Teilbetrieb" für Zwecke der Anwendung der Richtlinie vor. Dieser stimmt nach teilweise vertretener Ansicht nicht mit dem des Teilbetriebs in § 16 EStG überein. Das umsetzende Gesetz, § 23 UmwStG, verwendet auch den Begriff Teilbetrieb. Unterstellt, die Bedeutungen sind unterschiedlich, liegt die Gefahr einer nicht der Richtlinie entsprechenden Auslegung auf der Hand.

Richtlinien betreffen alle Bereiche nationalen Rechts. Insbesondere in den Bereichen Wirtschafts- und Sozialrecht sowie bei den indirekten Steuern beruhen weite Bereiche auf Unionsrecht. Teilweise wird geschätzt, dass etwa 80% der deutschen Wirtschaftsgesetzgebung in irgendeiner Form Berührungspunkte zu Richtlinien aufweisen[47]. Inhaltlich sind sie aber häufig nicht das, was in ihrer Konzeption angelegt ist, nämlich Angleichungsschritte aufgrund einer eigenen europäischen Rechtspolitik. Häufig handelt es sich um den kleinsten gemeinsamen Nenner, auf den sich die Vertreter der Fachverwaltungen einigen konnten.

---

[47]   Vgl. *Hoppe* (2009), EuZW 2009, 168.

Der Erlass einer Richtlinie führt zu einem zweistufigen Rechtsetzungsvorgang. Auf der ersten Stufe legt das Unionsrecht den Mitgliedstaaten eine Umsetzungsverpflichtung auf, auf der zweiten Stufe treffen die Mitgliedstaaten die Durchführungsmaßnahmen, die die Rechtsstellung des Bürgers verändern. Auch hier ist der EuGH aber inzwischen von der Konzeption des Vertrages abgewichen und hat Richtlinien unter bestimmten Umständen und Voraussetzungen **unmittelbare Wirkung für die Unionsbürger** zugesprochen. Typischer Inhalt einer Richtlinie ist, dass den Mitgliedstaaten vorgeschrieben wird, bis zu einem bestimmten Datum einen bestimmten Rechtszustand herzustellen.

Beispiel:

Bis zum 18.1.2012 mussten alle Mitgliedstaaten Quellensteuern auf grenzüberschreitende Dividendenzahlungen von Tochter- an Muttergesellschaften abschaffen (Art. 5 Abs. 1, 8 Abs. 1 Mutter-Tochter-Richtlinie)[48].

Kommt ein Mitgliedstaat einer solchen Verpflichtung nicht nach, besteht zwar die Möglichkeit, dass die Kommission oder ein anderer Mitgliedstaat ein Vertragsverletzungsverfahren gegen ihn einleiten (Art. 258, 259 AEUV). Dieses Verfahren ist aber nicht sehr effektiv, weil die Sanktionierung einer Nichtumsetzung durch ein Zwangsmittel eine zweimalige Verurteilung des Mitgliedstaates durch den EuGH voraussetzt (vgl. Art. 260 AEUV). Ein Unionsbürger, für den eine solche Richtlinie günstig ist, hat nicht einmal die Möglichkeit, ein Vertragsverletzungsverfahren einzuleiten. Deshalb hat der EuGH beginnend mit der Ratti-Entscheidung die unmittelbare Wirkung von Richtlinien als Sanktion der Verletzung der Umsetzungspflicht und als Mittel zur Gewährung effektiven Rechtsschutzes für die Unionsbürger entwickelt. Voraussetzung ist[49], dass die Richtlinie

- nicht fristgerecht umgesetzt wurde. In diesem Sinn ist nicht nur eine Richtlinie, die gar nicht umgesetzt wurde, sondern auch eine, die fehlerhaft umgesetzt wurde, nicht fristgerecht umgesetzt[50].

- begünstigend ist. Es ist ausgeschlossen, dass nicht umgesetzte Richtlinien für den Bürger Pflichten begründen[51].

- inhaltlich unbedingt ist.

- hinreichend genau ist. Das bedeutet nicht, dass Ermessensspielräume bei der Umsetzung die unmittelbare Anwendung in jedem Fall ausschließen. Richtlinien können auch Mindeststandards gewähren. Das bedeutet, dass sie mit dem Inhalt, den der Mitgliedstaat mindestens gewähren muss, unmittelbar anwendbar sind.

Konsequenz der unmittelbaren Anwendbarkeit der Richtlinie ist dann z.B., dass sich ein Unternehmen gegen die Erhebung von Quellensteuer auf Dividenden wehren kann, wenn

---

[48] Richtlinie über gemeinsames Steuersystem (2011), ABl. 2011, L 345/8. Diese geht zurück auf die Richtlinie vom 23.07.1990 (90/435/EWG). ABl. 1990, L 225/6.
[49] Vgl. EuGH vom 05.04.1979, Rs. 148/78, Ratti, Rn. 22; EuGH vom 19.01.1982, Rs. 8/81, Becker, Rn. 25.
[50] Vgl. EuGH vom 17.10.1996, Rs. C-283, 291, 292/94, Denkavit u.a., Rn. 40.
[51] Vgl. EuGH vom 26.02.1986, Rs. 152/84, Marshall, Rn. 43, 47.

das nationale Recht dafür Bedingungen vorsieht, die nach der Richtlinie unzulässig sind.

Beispiel:

§ 44d Abs. 2 S. 2 EStG a.F. machte die Quellensteuerfreiheit einer Dividendenzahlung einer inländischen Tochtergesellschaft an ihre EU-Muttergesellschaft von einer Mindestbesitzdauer für das Halten der Beteiligung vor Bezug der Dividende abhängig. Die entsprechende nationale Vorschrift ist unanwendbar, weil sie gegen den Anspruch auf Quellensteuerfreiheit aus der Mutter-Tochter-Richtlinie verstößt[52].

Auch wenn der EuGH teilweise davon spricht, die Bürger könnten sich auf eine unmittelbar anwendbare Richtlinie „berufen", ist von Amts wegen über die unmittelbare Anwendung zu entscheiden. Ein Antrag oder ein entsprechendes Vorbringen ist nicht notwendig.

Die unmittelbare Anwendbarkeit gehörte lange zu den umstrittensten Fragen des Unionsrechts. Der Bundesfinanzhof hatte aus dem Wortlaut des Art. 288 Abs. 3 AEUV geschlossen, dass ohne jeden ernsthaften Zweifel feststehe, dass eine Richtlinie, die nicht fristgerecht umgesetzt sei, keine unmittelbare Wirkung erzeugen könne[53]. Dies, obwohl der EuGH auch zur Umsatzsteuer schon entgegengesetzt entschieden hatte[54]. Einige Finanzgerichte folgten dem Bundesfinanzhof nicht; ihre Urteile hob der Bundesfinanzhof auf, ohne die Frage dem EuGH vorzulegen. Daraufhin erhoben die Kläger erfolgreich Verfassungsbeschwerde, die wegen Verstoßes gegen das Gebot des gesetzlichen Richters (Art. 101 Abs. 1 S. 2 GG) Erfolg hatte. Das Bundesverfassungsgericht akzeptierte die Rechtsfortbildung durch den EuGH ausdrücklich als in der Übertragung von Hoheitsrechten auf die EU gemäß Art. 24 GG a.F. angelegt[55]. Für die Praxis kann die grundsätzliche Zulässigkeit der unmittelbaren Anwendung von Richtlinien somit als geklärt gelten.

Die Umsetzungsverpflichtung bei Richtlinien wirkt aber nicht erst mit dem Ablauf der Umsetzungsfrist auf das nationale Recht ein. Schon vor Ablauf der Frist wird der Gestaltungsspielraum des nationalen Gesetzgebers beschränkt. Dazu hat der EuGH in der Entscheidung Inter-Environnement Wallonie eine Art Frustrationsverbot entwickelt. Der Entscheidung ist zu entnehmen, dass es in der Zeit bis zum Ablauf der Umsetzungsfrist kein „stand-still" gibt, d.h. auch andere Maßnahmen als die Umsetzung zulässig sind. Aus Art. 4 Abs. 3 UAbs. 3 HS. 2 EUV i.V.m. Art. 288 Abs. 3 AEUV und der jeweiligen Richtlinie selbst ergebe sich aber, dass ein Staat während der Frist den Erlass von Vorschriften zu unterlassen habe, die geeignet seien, das in der Richtlinie vorgeschriebene Ziel ernstlich in Frage zu stellen. Ob das der Fall sei, unterliege der Prüfung des nationalen Gerichts. Seien z.B. Vorschriften zur Umsetzung einer Richtlinie vor Ablauf der Umsetzungsfrist ergangen, setzten sie diese aber falsch um, sei davon auszugehen, dass das in der Richtlinie vorgeschriebene Ziel nicht mehr fristgerecht erreicht werde. Anders, wenn sich der Mitgliedstaat zu einer

---

[52] Vgl. EuGH vom 17.10.1996, Rs. C-283, 291, 292/94, Denkavit u.a., Rn. 37 ff.; EuGH vom 21.09.1999, Rs. C-307/97, Saint-Gobain, Rn. 48 ff.
[53] Vgl. BFH vom 25.04.1985, V R 123/84, BFHE 143, 383 (386 ff.).
[54] Vgl. EuGH vom 19.01.1982, Rs. 8/81, Becker, Slg. 1982, 53 (71).
[55] Vgl. BVerfG vom 08.04.1987, 2 BvR 687/85, BVerfGE 75, 223 (233 ff.).

schrittweisen Umsetzung einer Richtlinie entschlossen habe[56].

1.4.2.4   Beschlüsse

Es handelt sich um einen an Mitgliedstaaten, natürliche oder juristische Personen gerichteten Akt, der in allen Teilen unmittelbar verbindlich ist.

Beispiele:

Im Beschluss der Kommission über die von Dänemark geplante Maßnahme C 35/10 in Form von Steuern auf Online-Glücksspiele nach dem dänischen Glücksspielsteuergesetz[57] wurde für Dänemark festgestellt, dass die geplante Maßnahme in Form einer Besteuerung des Online-Glücksspiels nach Art. 107 Abs. 3 c) AEUV mit dem Binnenmarkt vereinbar ist. Sie hat individuelle Geltung, d.h. der Adressat ist genau bezeichnet oder so umschrieben, dass der Adressatenkreis individualisierbar ist.

Das FISCALIS-Programm zur Ausbildung nationaler Beamter auf dem Gebiet des Steuerrechts richtet sich nur an die Mitgliedstaaten[58]. Sind Beschlüsse an Mitgliedstaaten gerichtet, ergibt sich wie bei Richtlinien das Problem, ob sich der Einzelne unmittelbar auf sie berufen kann oder, wenn sie für ihn nachteilig sind, unmittelbar gegen sie vorgehen kann.

Die Kommission entscheidet nach Art. 108 Abs. 3 AEUV, dass eine steuerliche Beihilfe mit dem Binnenmarkt unvereinbar ist, und fordert den Mitgliedstaat auf, ihre Einführung zu unterlassen. Kann ein Steuerpflichtiger, der die Beihilfe in Anspruch nehmen möchte, gegen den Beschluss der Kommission vorgehen[59]?

Bei Beschlüssen, die Rechte Einzelner begründen, hat der EuGH die unmittelbare Berufung auf den Beschluss unter Anforderungen zugelassen, die den Voraussetzungen der unmittelbaren Anwendbarkeit von Richtlinien entsprechen[60]. Das Vorgehen gegen nachteilige Beschlüsse ist, weil sie keine unmittelbare Wirkung gegen Nichtadressaten entfalten, eine verfahrensrechtliche Frage, die Art. 263 Abs. 4 AEUV regelt. Danach ist erforderlich, dass die Rechtshandlung entweder an den Kläger gerichtet ist oder ihn unmittelbar und individuell betrifft. Daran hat es bei steuerlichen Beihilfen bisher gefehlt[61].

Beschlüsse sind, vergleichbar den Verwaltungsakten des nationalen Rechts, der Bestandskraft fähig[62]. Natürliche und juristische Personen, die klagebefugt sind, müssen daher innerhalb der zweimonatigen Frist des Art. 263 Abs. 5 AEUV gegen den Beschluss vor dem Gericht klagen. Fechten sie den Beschluss nicht an, ist er bestandskräftig.

---

[56]   Vgl. EuGH vom 18.12.1997, Rs. C-129/96, Inter-Environnement Wallonie, Rn. 43 ff.
[57]   Steuerbeschluss auf Online-Glücksspiele, ABl. 2012, L 68/3.
[58]   FISCALIS, Entscheidung des Europäischen Parlamentes und des Rates, ABl. 1998, L 126/1.
[59]   Vgl. EuGH vom 10.11.1992, Rs. C-156/91, Hansa Fleisch, Rn. 13.
[60]   Vgl. EuGH vom 06.10.1970, Rs. 9-70, Grad, Slg. 1970, 825 (837 ff.).
[61]   Z.B. EuG vom 11.02.1999, Rs. T-86/96, Arbeitsgemeinschaft Deutscher Luftfahrt-Unternehmen, Rn. 96 ff.; EuG vom 27.09.2006, Rs. T-117/04, Vereniging Werkgroep Commerciele, Rn. 69.
[62]   Vgl. EuGH vom 14.09.1999, Rs. C-310/97 P, AssiDomän Kraft Products AB u.a., Rn. 57.

Beispiel:

Die deutschen Finanzbehörden erlassen einem Unternehmen Steuern, um dessen Insolvenz abzuwehren. Die Kommission sieht darin eine unzulässige Beihilfe und erlässt gegen Deutschland einen Beschluss, den Erlass aufzuheben und die Steuern zu erheben. Gegen diesen Beschluss muss das Unternehmen vorgehen, um die Verpflichtung Deutschlands zur Steuerrückforderung nicht bestandskräftig werden zu lassen[63].

1.4.3   Hinweise zur Auslegung des Unionsrechts

Fragen der Auslegung des Unionsrechts stellen sich im Unternehmenssteuerrecht, wenn es um die unmittelbare Anwendbarkeit von primärem Unionsrecht und von Richtlinien geht, wenn Verordnungen anzuwenden sind oder wenn nationales Recht unionsrechtskonform ausgelegt werden muss. In der Auslegung des Unionsrechts durch den EuGH sind drei Methoden besonders wichtig:

- die wörtliche Auslegung,

- die systematische Auslegung

- und die teleologische Auslegung.

Die dem deutschen Verständnis geläufige Unterscheidung in Auslegung, die ihre Grenze im Wortsinn findet, und Rechtsfortbildung kennt der EuGH so nicht. Er sieht beide Vorgänge als Interpretation an.

1.4.3.1   Wortlaut

Auch der EuGH beginnt seine Auslegung mit einer Ermittlung des Wortlautes. Anders als im nationalen Recht beginnt die Wortlautauslegung mit einer Textkritik, die zum Ziel hat, angesichts des in allen Amtssprachen verbindlichen Textes den Wortlaut der Richtlinie festzustellen. Das macht dann besondere Schwierigkeiten, wenn die Bedeutung der in einzelnen Sprachfassungen verwendeten Begriffe nicht übereinstimmt. Es ist erforderlich, alle Sprachfassungen einheitlich auszulegen. Wenn diese voneinander abweichen, ist die fragliche Bestimmung anhand der allgemeinen Systematik und dem Zweck der Regelung auszulegen.

Beispiel:

Die Amtshilferichtlinie[64] regelt im Bereich der direkten Steuern den Auskunftsverkehr zwischen den Mitgliedstaaten. Diese erteilen sich gegenseitig alle Auskünfte, die für die zutreffende Festsetzung der Steuern vom Einkommen und Vermögen geeignet sein können (Art. 1). Dabei sieht die Richtlinie nicht nur vor, dass Auskunftsersuchen anderer

---

[63] Vgl. EuGH vom 09.03.1994, Rs. C-188/92, Textilwerke Deggendorf, Rn. 14.
[64] Richtlinie über gegenseitige Amtshilfe (1977), ABl. 1977, L 336/15.

Mitgliedstaaten beantwortet werden müssen, sondern auch, dass solche Auskünfte auch unverlangt gegeben werden können (sog. Spontanauskunft). Die Niederlande wollten Spanien eine solche Spontanauskunft erteilen. Dagegen wandte sich der vorher angehörte Steuerpflichtige, weil er meinte, dass Gründe für die Annahme einer „außergewöhnlichen Befreiung oder Ermäßigung" in Spanien, die nach der niederländischen Fassung der Richtlinie Voraussetzung für eine Spontanauskunft seien, nicht vorlägen. Die streitigen Unterhaltszahlungen seien nicht besonders hoch, eine außergewöhnliche Ersparnis liege nicht vor. Das sei in richtlinienkonformer Auslegung des niederländischen Ausführungsgesetzes zu berücksichtigen. Der EuGH stellte fest, dass einige Sprachfassungen von außergewöhnlichen Befreiungen oder Ermäßigungen sprechen, andere dagegen von Steuerverkürzung. Nach Sinn und Zweck der Richtlinie gehe es darum, nicht gerechtfertigte Steuerersparnisse zu verhindern. Auf die Höhe der Ersparnis komme es nicht an.

Keinesfalls kann man quantitative Betrachtungen nach der Größe der Mitgliedstaaten (die dänische Fassung ist genauso zu beachten wie die deutsche) oder der Anzahl der übereinstimmenden Sprachfassungen anstellen. Häufig kommt sogar Sprachfassungen, die zahlenmäßig in der Minderheit sind, besonderes Gewicht zu, z.B. wenn einige Sprachfassungen eine Frage eindeutig beantworten[65].

Beispiel:

Ein erbbiologisches Gutachten eines Arztes ist keine nach Art. 13 Teil A Abs. 1 Buchstabe c) der 6. Mehrwertsteuer-Richtlinie befreite Leistung, weil einige Sprachfassungen ganz deutlich machen, dass eine Heilbehandlung vorliegen muss.

Die Existenz unterschiedlicher Sprachfassungen bewirkt auch, dass es keine eindeutige Wortlautgrenze für die Auslegung gibt. Ein möglicher Wortsinn ist erst dann überschritten, wenn er mit keiner der Sprachfassungen in Übereinstimmung steht.

I.d.R. fasst der EuGH die in den Verordnungen und Richtlinien verwendeten Begriffe als autonomes Unionsrecht auf, die nicht die Bedeutung haben müssen, die sie im nationalen Recht haben. So soll ein unterschiedliches Verständnis der Regelungen in den Mitgliedstaaten vermieden werden[66]. Nicht einmal, wenn Begriffe dem nationalen Recht eines Mitgliedstaates entnommen sind, kann ohne weiteres davon ausgegangen werden, dass sie so wie in der betreffenden Rechtsordnung zu verstehen sind. Etwas anderes gilt nur, wenn auf nationales Recht verwiesen wird[67]. Nur so kann die Einheit und Effektivität des Unionsrechts gesichert werden, kann dem Grundsatz der Gleichheit der Mitgliedstaaten und der Verhinderung von Wettbewerbsverzerrungen Rechnung getragen werden. Das bedeutet aber nicht, dass das nationale Recht für die Feststellung des Wortlauts ganz ohne Bedeutung ist. Der EuGH stellt vielmehr umfangreiche Rechtsvergleiche an, die er allerdings in seiner Entscheidung in wenigen Sätzen zusammenfasst.

---

[65]   Vgl. EuGH vom 14.09.2000, Rs. C-384/98, Vaterschaftstest, Rn. 16 ff.
[66]   Vgl. EuGH vom 25.02.1999, Rs. C-349/96, Card Protection Plan, Rn. 15.
[67]   Vgl. EuGH vom 02.04.1998, Rs. C-296/95, EMU, Rn. 30.

1.4.3.2   Systematische Auslegung

Hier untersucht der EuGH den ganzen Rechtsakt einschließlich der **Begründungserwägungen**. Diese Begründungserwägungen sind nach Art. 296 Abs. 2 AEUV bei den Rechtsakten erforderlich. Sie geben entscheidende Hinweise auf die Zielsetzung der Rechtsakte und sind daher für die Auslegung von erheblicher Bedeutung. Fehlt eine Begründung, ist der Rechtsakt nichtig. Zur systematischen Auslegung gehört auch, dass der EuGH Richtlinien unionsrechtskonform auslegt. Die Auslegung muss insbesondere mit den Grundfreiheiten des AEUV und den unionsrechtlich geltenden Grundrechten und allgemeinen Rechtsprinzipien wie z.B. dem Vertrauensschutz und Rechtsstaatsprinzip, übereinstimmen. Schließlich ist die Auslegung auch in Übereinstimmung mit den völkerrechtlichen Pflichten der Union vorzunehmen.

1.4.3.3   Teleologische Auslegung

In der Rechtsprechung des EuGH kommt angesichts des zweckrational gestalteten Unionsrechts der an den Zielen der Union allgemein und den Zielen des konkreten Rechtsaktes orientierten Auslegung zentrale Bedeutung zu. Die teleologische Auslegung kann sich zudem dem jeweiligen Integrationsstand anpassen und so dem dynamischen Charakter des Unionsrechts Rechnung tragen. Sie zielt aufgrund von Eigenschaften auf die Ermittlung der **objektiven** Zwecke und Ziele einer Unionsrechtsnorm, die Ermittlung der subjektiven Zielrichtung des historischen Gesetzgebers spielt keine Rolle. Untersucht werden objektive Ziele und Zwecke der Regelung, ihre Sachgemäßheit sowie die Übereinstimmung mit objektiven Zwecken des Rechts und dem Grundsatz der optimalen Wirksamkeit des Unionsrechts (effet utile). Bei der Ermittlung des Regelungszwecks des anzuwendenden Unionsrechts sind die Begründungserwägungen von Rechtsakten von besonderer Bedeutung.

1.4.3.4   Historische Auslegung

Diese Methode hat in der Rechtsprechung des EuGH nur untergeordnete Bedeutung. Er hat sie in einigen Entscheidungen als Hilfsargument zur Stützung des teleologisch ermittelten Auslegungsergebnisses herangezogen[68]. Dies hängt in erster Linie damit zusammen, dass die Materialien weniger übersichtlich sind als im nationalen Recht und nur zum Teil überhaupt veröffentlicht werden.

Bedeutung für die historische Auslegung haben v.a. die bereits angesprochenen Begründungserwägungen. Bedeutung kann weiter veröffentlichten Protokollerklärungen des Rates zukommen, wenn sie von ihm einstimmig gebilligt worden sind. Dagegen haben die Begründung der Kommission für eine Richtlinie, die Arbeitsmaterialien der Kommission, Protokollerklärungen der Kommission oder einzelner Mitgliedstaaten, Stellungnahmen des Europäischen Parlaments und des Wirtschafts- und Sozialausschusses in der Rechtsprechung des EuGH keine Bedeutung.

---

[68]   Vgl. EuGH vom 08.11.1977, Rs. 36-77, AIMA, Rn. 7, 12; EuGH vom 12.07.1979, Rs. 260/78, Maggi, Rn. 5; EuGH vom 10.12.1985, Rs. 290/84, Mainfrucht Obstverwertung, Rn. 27.

Beispiel:

Epson Europe besitzt eine Tochtergesellschaft in Portugal. Auf die Ausschüttungen dieser Gesellschaft wurde in Portugal eine bestimmte Quellensteuer erhoben, worin Epson Europe einen Verstoß gegen die Mutter-Tochter-Richtlinie sah. Portugal bestritt, dass diese fragliche Steuer überhaupt unter die Richtlinie falle, und berief sich dazu auf Schriftstücke, in denen es während der Ausarbeitung der Richtlinie einen entsprechenden Wunsch zum Ausdruck gebracht habe. Der EuGH wies das Vorbringen zurück. Erklärungen, die bei der Vorbereitung einer Richtlinie abgegeben worden seien, könnten nur berücksichtigt werden, wenn sie im Wortlaut der fraglichen Regelung Ausdruck gefunden hätten. Das sei nicht der Fall[69].

1.4.3.5   Unbestimmte Rechtsbegriffe

Der EuGH ist auch zuständig, wenn es um die Auslegung unbestimmter Rechtsbegriffe geht. Die Weite solcher Begriffe impliziert kein Mitgliedstaatenwahlrecht, das seine Zuständigkeit ausschließt. In seiner Auslegung beschränkt er sich aber auf die Festlegung eines Auslegungsrahmens, den das nationale Gericht weiter zu konkretisieren hat[70].

1.4.4   Zusammenfassung

1. Das primäre Unionsrecht umfasst den EUV, den AEUV, die EU-Grundrechte-Charta, allgemeine Rechtsgrundsätze und Gewohnheitsrecht. Es kann Rechte verleihen, auf die man sich gegenüber den Mitgliedstaaten und der Union unmittelbar berufen kann. Voraussetzung dafür ist,

   – dass die Vorschriften ohne jede weitere Konkretisierung anwendbar sind,

   – unbedingt sind,

   – in einer Handlungs- oder Unterlassungspflicht für die Mitgliedstaaten bestehen, die keine weiteren Vollzugsmaßnahmen erfordert, und

   – den Mitgliedstaaten keinen Ermessensspielraum lassen.

2. .Regelungsgegenstände des Unionsrechts mit steuerlichem Bezug sind die Zollunion (Art. 28, 30 AEUV), die Grundfreiheiten (Art. 34, 45, 49, 56, 63 AEUV), das Verbot nationaler Beihilfen (Art. 107-109 AEUV), die Vorschriften über (indirekte) Steuern (Art. 110-113 AEUV) und die Harmonisierungsermächtigungen der Art. 115 und 116 AEUV.

3. Zum sekundären Unionsrecht gehören Verordnungen, Richtlinien und Beschlüsse. Verordnungen haben für das Unternehmenssteuerrecht derzeit keine wesentliche Be-

---

[69]   Vgl. EuGH vom 08.06.2000, Rs. C-375/98, Epson Europe, Rn. 26.
[70]   Vgl. EuGH vom 16.12.1980, Rs. 27/80, Fietje, Slg. 1980, 3839 (3854); EuGH vom 22.06.1982, Rs. C-220/81, Robertson, Rn. 13; EuGH vom 17.03.1983, Rs. 94/82, De Kikvorsch, Slg. 1983, 947 (958).

deutung. Richtlinien sind unionsspezifische Rechtsakte, die auf eine Angleichung des nationalen Rechts der Mitgliedstaaten zielen. Obwohl sie sich an die Mitgliedstaaten wenden, die sie umsetzen müssen, können sie zugunsten der Unionsbürger unmittelbar anwendbar sein. Voraussetzung dafür ist, dass die Richtlinie

- nicht fristgerecht umgesetzt wurde,
- begünstigend ist,
- inhaltlich unbedingt ist und
- hinreichend genau ist.

4. Beschlüsse sind an Mitgliedstaaten, natürliche oder juristische Personen gerichtete Akte, die in allen ihren Teilen unmittelbar verbindlich sind. Sie haben im Unternehmenssteuerrecht v.a. bei der Kontrolle nationaler Beihilfen Bedeutung.

5. Die Auslegung des Unionsrechts weist gegenüber der Auslegung innerstaatlichen Rechts einige Besonderheiten auf. Dazu gehören das besondere Gewicht der teleologischen Auslegung, das Bestreben, dem Unionsrecht die größtmögliche Wirksamkeit zu verleihen (effet utile), die Heranziehung der den Rechtsakten vorangestellten Begründungserwägungen und die geringe Bedeutung der historischen Auslegung. Zudem ist bei der Wortlautauslegung zu bedenken, dass alle Sprachfassungen eines Rechtsaktes gleichberechtigt sind und dass die verwendeten Begriffe, auch wenn sie solchen des nationalen Rechts gleichen, autonome Begriffe des Unionsrechts sind.

1.5 Verhältnis des Unionsrechts zum nationalen Recht

Die Frage des Verhältnisses von Unionsrecht und nationalem Recht ist von großer Bedeutung für das Verständnis des Unionsrechts. Die Klärung dieses Verhältnisses ist keineswegs nur von theoretischem Interesse, sondern hat auch erhebliche praktische Konsequenzen. Mit der ständig steigenden Zahl von Unionsrechtsakten stellt sich das Problem immer häufiger und in immer mehr Rechtsbereichen. Die folgenden Ausführungen gehören daher zum Grundwerkzeug aller, die mit Fragen des europäischen Steuerrechts zu tun haben.

1.5.1 Die Entscheidung des Grundgesetzes für die europäische Einigung

Das Grundgesetz ist seit jeher integrationsfreundlich. Dies kommt insbesondere in Art. 24 GG zum Ausdruck, der zur Übertragung von Hoheitsrechten auf zwischenstaatliche Einrichtungen ermächtigt.

Bis zum 24.12.1992 ergab sich die Kompetenz zum Abschluss der Unionsverträge mit der in ihnen enthaltenen Hoheitsrechtsübertragung aus Art. 24 GG a.F. Jetzt findet sich eine ausführliche Regelung in Art. 23 GG, der sich ausschließlich mit der Verwirklichung eines vereinten Europas und der Weiterentwicklung der Europäischen Union befasst. Er regelt die Übertragung von Hoheitsrechten zum Zwecke der Verwirklichung eines vereinten Europas, die Mitwirkung der Länder an der Übertragung von Hoheitsrechten und ihre Beteiligung bei der Mitwirkung der Bundesrepublik an Rechtsetzungsakten der Union.

Die Präambel des Grundgesetzes und Art. 23 GG bekennen sich zum Ziel eines vereinten Europas. Damit ist das Grundgesetz in dieser Frage eindeutig final geprägt. Es besteht insoweit ein struktureller Gleichklang mit dem ebenfalls final geprägten Unionsrecht.

1.5.2   Rechtsnatur des Unionsrechts

Angesichts der Tatsache, dass die Union rechtlich ein relativ neuartiger Zusammenschluss ist und sie mit der Richtlinie über eine ihr eigentümliche neue Handlungsform verfügt, für die es in den Rechtsordnungen der Mitgliedstaaten kein Gegenstück gibt, kann es wenig verwundern, dass umstritten ist, wie die Rechtsnatur und das Verhältnis zum nationalen Recht genau zu beschreiben ist. Die Erklärungen verfahren teils nach bekannten Mustern unter Anpassung an Besonderheiten des Unionsrechts (völkerrechtliche Theorie, bundesstaatliche Theorie), teils wählen sie originär europäische Ansätze. Diese Erklärungen lassen sich in drei Gruppen einteilen, wobei allerdings im Detail viele Abweichungen bestehen:[71]

■ Nach der europarechtlichen Theorie ist Geltungsgrund des Unionsrechts die Autonomie der Union, ihre Kompetenz zur Rechtsetzung. Das Unionsrecht gilt gegenüber seinen Adressaten, ohne dass es regelmäßig einer Umsetzung ins nationale Recht bedarf. Die Mitgliedstaaten übertragen nicht Kompetenzen an die Union, sondern sie haben die Union mit Hoheitsbefugnissen konstitutiv errichtet. Geltungsgrund des Unionsrechts ist die autonome Unionsgewalt[72]. Dieser Theorie folgt auch der EuGH[73].

■ Nach der völkerrechtlichen Theorie ist das Verhältnis so zu beschreiben, dass die Verträge aufgrund ihrer Transformation in das innerstaatliche Recht durch das Zustimmungsgesetz im innerstaatlichen Bereich als objektives Recht gelten. Davon zu unterscheiden ist die Fähigkeit der Vertragsnormen, unmittelbar innerstaatliche Sachverhalte zu regeln, also die innerstaatliche Anwendbarkeit der Verträge. Sie kommt einigen, nicht allen Vertragsvorschriften zu. Das sekundäre Unionsrecht wird dagegen ohne Transformation Bestandteil der nationalen Rechtsordnung. Geltungsgrund für das Unionsrecht ist aber letztlich immer das innerstaatliche Recht, d.h. das Zustimmungsgesetz zu den Unionsverträgen.

■ Die bundesstaatliche Theorie geht von einer föderalen Struktur der Union aus und wendet daher den Grundsatz „Bundesrecht bricht Landesrecht" entsprechend an.

Trotz dieser unterschiedlichen Erklärungen besteht hinsichtlich der wichtigsten Eckpunkte im Verhältnis von Unionsrecht zum nationalen Recht Übereinstimmung im Grundsätzlichen. Es handelt sich dabei um

---

[71]   Vgl. dazu *Hobe* (2010), § 10 Rn. 91 ff.
[72]   Vgl. *Oppermann* (2011), § 11 Rn. 5 ff.
[73]   Vgl. EuGH vom 15.07.1964, Rs. 6-64, Costa, Slg. 1964, 1253 (1269).

- die schon angesprochene unmittelbare Anwendbarkeit des primären Unionsrechts und von Richtlinien mit dem damit verbundenen Vorrang des Unionsrechts,

- die Pflicht, nationales Recht unionsrechtskonform auszulegen und

- die Sperrwirkung des Unionsrechts mit dem Frustrationsverbot.

In wichtigen Einzelfragen bestehen aber praktisch bedeutsame Meinungsunterschiede, die sogleich näher beleuchtet werden. Darüber hinaus ist im Zusammenhang mit dem Verhältnis von nationalem Recht und Unionsrecht die Frage zu untersuchen, welche Folgen es hat, wenn sich nationales Recht und Unionsrecht widersprechen. Hier sind Fragen

- der Unanwendbarkeit des nationalen Rechts,

- der unionsrechtliche Fristhemmung,

- des unionsrechtlichen Haftungs- und

- des unionsrechtlichen Erstattungsanspruchs

zu erörtern.

1.5.3 Vorrang des Unionsrechts

In ihrer Beschreibung des Verhältnisses von Unionsrecht und nationalem Recht gehen der EuGH und das BVerfG von einem Nebeneinander zweier Rechtsordnungen aus. Das wirft die Frage auf, welche Rechtsordnung anwendbar ist, wenn es zu Konflikten zwischen Unionsrecht und nationalem Recht kommt. Hinsichtlich solcher Konflikte kann man zwei Situationen unterscheiden, die unmittelbare und die mittelbare Kollision.

1.5.3.1 Unmittelbare Kollision

Von unmittelbarer Kollision spricht man, wenn eine Regel des Unionsrechts und eine des nationalen Rechts auf einen Sachverhalt unmittelbar anwendbar sind und sie unterschiedliche Rechtsfolgen anordnen. Hier muss entschieden werden, welche Norm anwendbar ist. EuGH und BVerfG gehen in solchen Fällen von einem **Anwendungsvorrang** des unmittelbar anwendbaren Unionsrechts aus[74].

- Der EuGH begründet den Anwendungsvorrang damit, dass mit der Gründung der Union eine eigenständige, von ihren völkerrechtlichen Grundlagen gelöste Rechtsordnung mit eigenen Hoheitsrechten geschaffen worden sei, die den Vorrang der Anwendung ihres Rechts beanspruchen müsse, wenn nicht die Rechtsgrundlagen der Gemeinschaft in Frage gestellt werden sollten[75].

---

[74] Grundlegend EuGH vom 15.07.1964, Rs. 6-64, Costa, Slg. 1964, 1253 (1269).
[75] Vgl. EuGH vom 15.07.1964, Rs. 6-64, Costa, Slg. 1964, 1253 (1268 ff.).

■ Das BVerfG war zunächst in der Formulierung dem EuGH gefolgt[76]. In neueren Entscheidungen begründet es den Anwendungsvorrang aber – anders als der EuGH – nicht
mit einer Eigenständigkeit der Unionsrechtsordnung, sondern leitet ihn aus dem nationalen Recht ab. Rechtsakten der Union komme im Falle des Widerspruchs zu inner-
staatlichem Gesetzesrecht auch vor deutschen Gerichten der Anwendungsvorrang zu.
Dieser Anwendungsvorrang gegenüber späterem wie früherem nationalen Gesetzesrecht beruhe auf einer ungeschriebenen Norm des primären Unionsrechts, der durch
die Zustimmungsgesetze zu den Unionsverträgen in Verbindung mit Art. 24 Abs. 1 GG
(a.F., die Verf.) der **innerstaatliche Rechtsanwendungsbefehl** erteilt worden sei[77].

Der Anwendungsvorrang des Unionsrechts besteht unstreitig gegenüber einfachem nationalem Recht. Ob aber auch gegenüber dem Verfassungsrecht ein solcher Vorrang gegeben
ist, muss differenziert beurteilt werden. Das Bundesverfassungsgericht geht von einem
Anwendungsvorrang der Grundprinzipien des Art. 79 Abs. 3 GG und des Art. 38 GG
i.V.m. dem Demokratieprinzip gegenüber Unionsrecht aus[78]. Besonders umstritten und
praktisch bedeutsamer war lange die Frage, ob auch die Grundrechte den Anwendungsvorrang einschränken oder ob unmittelbar anwendbares einfaches Unionsrecht in Gestalt
einer Richtlinie oder eines Beschlusses Anwendungsvorrang vor den Grundrechten ge-
nießt.

Der EuGH geht von einer Anwendbarkeit des Unionsrechts aus, auch wenn nationale
Grundrechte dem entgegenstehen. So hat er beispielsweise gestützt auf die Gleichstellungs-
richtlinie[79] der EU zugelassen, dass Frauen entgegen Art. 12a Abs. 4 S. 4 GG a.F. in der
Bundeswehr Wehrdienst in Kampfeinheiten ableisten können[80]. Damit ist zwar streng ge-
nommen nicht ein Grundrecht durch Unionsrecht eingeschränkt worden, sondern die
Rechte der Frauen sind erweitert worden. Es wird aber deutlich, dass der EuGH von einem
Anwendungsvorrang gegenüber Verfassungsrecht ausgeht.

Die Rechtsprechung des Bundesverfassungsgerichts ist schwankend, behält sich aber im
Ergebnis nur eine Art „Rettungsanker"-Funktion in Bezug auf die Anwendung der Grundrechte auf unionsrechtlich geregelte Sachverhalte vor.

■ In der Solange I-Entscheidung nahm es an, dass beim damaligen Stand des Unionsrech-
tes die Grundrechte sich im Falle eines Normenkonfliktes gegen das sekundäre Unionsrecht durchsetzen. Dies beruhte auf einer Auslegung des Art. 24 GG a.F. Er gestatte eine
Übertragung von Hoheitsrechten nur unter Wahrung des Grundgefüges der Verfas-

---

[76] Vgl. BVerfG vom 21.05.1974, 1 BvL 22/71 und 21/72, Solange I, BVerfGE 37, 217 (277 f.).
[77] Vgl. BVerfG vom 08.04.1987, 2 BvR 687/85, BVerfGE 75, 223 (244). Ähnlich schon BVerfG vom
      25.07.1979, 2 BvL 6/77, BVerfGE 52, 187 (199); BVerfG vom 22.10.1986, 2 BvR 197/83, Solange II,
      BVerfGE 73, 339 (375) zu Art. 24 GG a.F. In seiner Entscheidung vom 18.10.1967, 1 BvR 248/63 und
      216/67, BVerfGE 22, 293 hatte das BVerfG sich noch nicht auf das Unionsrecht als autonome Rechtsquelle
      berufen (S. 296), andererseits aber schon angedeutet, dass bei der Übertragung von Hoheitsrechten
      nach Art. 24 a.F. GG Einschränkungen bestehen können (S. 299).
[78] Vgl. BVerfG vom 12.10.1993, 2 BvR 2134, 2159/92, Maastricht, BVerfGE 89, 155 (181 ff.).
[79] Vgl. Gleichbehandlungsrichtlinie (1976), ABl. 1976, L 39/40.
[80] Vgl. EuGH vom 11.01.2000, Rs. C-285/98, Kreil, Rn. 32.

sung, zu dem auch die Rechtsprinzipien gehören, die dem Grundrechtsteil zugrunde liegen[81].

■ In der Solange II-Entscheidung bestätigte es diesen Ansatz, ging aber davon aus, dass beim nunmehr erreichten Stand des Unionsrechts im Hoheitsbereich der europäischen Union ein Maß an Grundrechtsschutz erwachsen sei, das nach Konzeption, Inhalt und Wirkungsweise dem Grundrechtsstandard des Grundgesetzes im wesentlichen gleich zu achten sei. Solange dies so sei, werde das BVerfG nicht über die Vereinbarkeit von abgeleitetem Unionsrecht mit den Grundrechten entscheiden[82].

■ In der Maastricht-Entscheidung ging das BVerfG ebenfalls davon aus, dass die Grundrechte auch gegenüber Akten der EU Anwendung finden. Allerdings übe das BVerfG seine Gerichtsbarkeit über die Anwendung von **abgeleitetem** Unionsrecht in Deutschland in einem Kooperationsverhältnis zum EuGH aus, bei dem es sich auf eine Gewährleistung des unabdingbaren Grundrechtsstandards beschränken könne[83]. Die Interpretation dieser Entscheidung war höchst umstritten.

■ In der Lissabon-Entscheidung stellte das Bundesverfassungsgericht ausführliche Voraussetzungen für den weiteren Integrationsfortschritt auf. Danach prüft das Bundesverfassungsgericht in erster Linie, ob sich Rechtsakte der europäischen Organe und Einrichtungen in den Grenzen der ihnen im Wege der begrenzten Einzelermächtigung eingeräumten Hoheitsrechte halten und ob der unantastbare Kerngehalt der Verfassungsidentität gewahrt ist[84].

■ In seiner Honeywell-Entscheidung räumte das Bundesverfassungsgericht dem EuGH sogar einen Anspruch auf Fehlertoleranz ein. Es entschied, das Handlungen der europäischen Organe nur dann außerhalb der übertragenen Kompetenzen ergangen seien, wenn der Kompetenzverstoß hinreichend qualifiziert, also „offensichtlich" sei und im Kompetenzgefüge „erheblich ins Gewicht" falle[85].

Eine Überprüfung von Rechtshandlungen der Union am Maßstab der Grundrechte erfolgt von Seiten des Bundesverfassungsgerichts grundsätzlich nicht. Etwas anderes gilt nur, wenn dargelegt wird, dass auf europäischer Ebene ein ausreichender Grundrechtsschutz nicht nur im Einzelfall, sondern **generell** nicht mehr gewährleistet ist[86]. Damit besteht ein Anwendungsvorrang des Unionsrechts auch gegenüber nationalen Grundrechtsgewährleistungen.

Anwendungsvorrang bedeutet nicht, dass die Norm des innerstaatlichen Rechts nichtig oder nicht existent ist. Der Anwendungsvorrang ist nicht mit der Regel des Art. 31 GG (Bundesrecht bricht Landesrecht) vergleichbar. Das hat verschiedene Wirkungen:

---

[81]   Vgl. BVerfG vom 21.05.1974, 1 BvL 22/71 und 21/72, Solange I, BVerfGE 37, 217 (281).
[82]   Vgl. BVerfG vom 22.10.1986, 2 BvR 197/83, Solange II, BVerfGE 73, 339 (378, 387).
[83]   Vgl. BVerfG vom 12.10.1993, 2 BvR 2134, 2159/92, Maastricht, BVerfGE 89, 155 (174 f.).
[84]   Vgl. BVerfG vom 30.06.2009, 2 BvE 2/08 u.a., Lissabon, NJW 2009, 2267 (2272).
[85]   Vgl. BVerfG vom 06.07.2010, 2 BvR 2661/06, Honeywell, NZA 2010, 995 (997 f.).
[86]   Vgl. BVerfG vom 17.02.2000, 2 BvR 1210/98, IStR 2000, 253 (254); EuGH vom 07.06.2000, 2 BvL 1/97, BVerfGE 102, 147 (164); BVerfG vom 09.01.2001 1 BvR 1036/99, DÖV 2001, 379 (379).

■ Bei einem Verstoß gegen Unionsrecht kann eine Norm, soweit ihre Anwendung keinen Unionsbezug hat, weiter angewendet werden[87].

■ Das unanwendbare Recht bestimmt den Charakter der Rechtsakte, die fälschlich darauf gestützt wurden. Verstößt z.B. eine Abgabennorm gegen Unionsrecht, so bleibt das Abgabenschuldverhältnis ein abgabenrechtliches und wird nicht zu einem allgemeinen des Zivilrechts. Das heißt, dass sich der Rechtsweg nach § 33 FGO bestimmt.

1.5.3.2   Mittelbare Kollision

Zu Konflikten zwischen Unionsrecht und nationalem Recht kann es auch kommen, wenn eine Regel des nationalen Rechts mit nicht unmittelbar anwendbaren Regeln des Unionsrechts nicht übereinstimmt. Der häufigste Fall ist, dass Richtlinienvorschriften, die nicht unmittelbar anwendbar sind, nicht korrekt umgesetzt wurden. Wenn die Möglichkeiten zur Konfliktentschärfung, wie unionsrechtskonforme Auslegung oder sogar Rechtsfortbildung nicht eingreifen, bleibt letztlich das nationale Recht anwendbar.

Eine andere Fallgestaltung mittelbarer Kollision tritt zwischen materiellem Unionsrecht und nationalem Verfahrensrecht auf. Wie wir bereits gesehen haben, verfügt die Union nur sehr begrenzt über eigene Verwaltungskompetenzen. Es gibt auch **kein einheitliches EU-Verfahrensrecht,** wie wir es etwa durch das VwVfG oder die AO kennen. Die Durchführung des Unionsrechts obliegt daher den nationalen Behörden, die dabei, wenn nicht im Einzelfall verfahrensrechtliche Regeln des Unionsrechts existieren, nationales Verfahrensrecht anwenden. Das nationale Verfahrensrecht enthält nun aber Regeln, die im Ergebnis dazu führen, dass Ansprüche des Unionsrechts beschränkt werden. Es handelt sich dabei v.a. um Rechtsbehelfs- und Antragsfristen. Der EuGH hat schon in seiner Rewe-Entscheidung diese Beschränkungen von Ansprüchen aus dem Unionsrecht akzeptiert, sie aber unter einen doppelten Vorbehalt gestellt. Das Unionsrecht fordere, dass das nationale Verfahrensrecht für Ansprüche aus dem Unionsrecht keine geringeren Rechte gewährleiste als Verfahren bei vergleichbaren innerstaatlichen Sachverhalten und dass sie nicht so ausgestaltet seien, dass sie die Ausübung der Rechte, die die Unionsrechtsordnung einräume, praktisch unmöglich mache[88]. Man bezeichnet dies als den **Äquivalenzgrundsatz** und den **Effektivitätsgrundsatz** des Unionsrechts. Diese Grundsätze sind Ausgangspunkt für eine zunehmende Europäisierung auch des nationalen Verwaltungsrechts.

Damit ist aber das Thema der mittelbaren Kollision noch nicht erschöpft. Einige Entscheidungen des BVerfG u.a. zu Umsatzsteuerbefreiungsvorschriften werfen die Frage auf, welche Auswirkungen die Tatsache, dass nationales Recht eine Richtlinie umsetzt, auf die Überprüfung der Verfassungskonformität dieses nationalen Rechts hat. Kann das BVerfG ein Ausführungsgesetz, das die Richtlinie korrekt umsetzt, für verfassungswidrig erklären?

---

[87]   Vgl. EuGH vom 16.07.1998, Rs. C-264/96, ICI , Rn. 34 f.
[88]   Vgl. EuGH vom 16.12.1976, Rs. 33-76, Rewe, Rn. 5; EuGH vom 09.11.1983, Rs. 199/82, San Giorgio, Rn. 12; EuGH vom 25.07.1991, Rs. C-208/90, Emmott, Rn. 16.

> **Beispiel:**
>
> Könnte das Bundesverfassungsgericht entscheiden, die Verweigerung der Umsatzsteuerfreiheit für die Umsätze medizinischer Fußpfleger stelle im Vergleich zu steuerbefreiten Heilberufen einen Verstoß gegen Art. 3 Abs. 1 GG dar, wenn sich die Umsatzsteuerpflicht der Umsätze aus der 6. Mehrwertsteuer-Richtlinie ergibt?

Während das Bundesverfassungsgericht in den angeführten Umsatzsteuerentscheidungen die Frage nicht problematisiert hat, hat es im Anschluss an die h.M. im Schrifttum klargestellt, dass danach zu differenzieren ist, ob der Gesetzgeber bei der Umsetzung einer Richtlinie einen Spielraum hat oder nicht. Besteht ein Entscheidungsspielraum, ist dessen Ausfüllung anhand der nationalen Grundrechte überprüfbar. Gibt eine Richtlinie eine Regelung ohne Abweichungsmöglichkeit vor, greift die nationale Grundrechtsgewährleistung nicht ein. In Betracht kommt aber ein Verstoß der Richtlinie gegen die Grundrechte des Unionsrechts[89].

1.5.4 Unionsrechtskonforme Auslegung

Nationales Recht hat, selbst wenn es der Umsetzung von Richtlinien dient, seine Grundlage immer in der Rechts- und Verfassungsordnung der Mitgliedstaaten. Deshalb richtet sich seine Auslegung im Ausgangspunkt nach denselben Grundsätzen, die auch sonst für die Auslegung maßgeblich sind. Der Bezug zum Unionsrecht bleibt aber nicht folgenlos. Es ist vielmehr allgemein anerkannt, dass nationale Vorschriften in Übereinstimmung mit dem Unionsrecht auszulegen sind. Diese unionsrechtskonforme Auslegung kann im Hinblick auf alle Vorschriften des Unionsrechts in Betracht kommen. Gewöhnlich unterscheidet man nach den berücksichtigten Vorschriften zwischen der unionsrechtskonformen Auslegung im Allgemeinen und ihrem wichtigsten Anwendungsfall, der richtlinienkonformen Auslegung.

1.5.4.1 Unionsrechtskonforme Auslegung im Allgemeinen

Ihren Grund hat die Verpflichtung zur unionsrechtskonformen Auslegung in der Verpflichtung des Art. 4 Abs. 3 EUV, alle geeigneten Maßnahmen zur Erfüllung der sich aus den Verträgen oder den Handlungen der Organe der EU ergebenden Verpflichtungen zu treffen. Diese Verpflichtung richtet sich nicht nur an die Mitgliedstaaten als solche, sondern unmittelbar an jedes ihrer Organe innerhalb ihrer nach nationalem Recht bestehenden Kompetenzen, so auch an die Rechtsprechung und Verwaltung[90]. Die Verpflichtung ist auf den Anwendungsbereich des Unionsrechts beschränkt.

---

[89] Vgl. BVerfG vom 09.01.2001, 1 BvR 1036/99, DÖV 2001, 379 (379).
[90] Vgl. EuGH vom 08.10.1987, Rs. C-80/86, Kolpinghuis Nijmegen, Rn. 12; EuGH vom 13.11.1990, Rs. C-106/89, Marleasing, Rn. 8.

Beispiel:

Das britische Steuerrecht macht die Verlustkonsolidierung in bestimmten Fällen davon abhängig, dass eine Holding überwiegend britische Töchter hat. Darin sieht der EuGH im Hinblick auf das Vorhandensein von EU-Töchtern einen Verstoß gegen Art. 54 AEUV[91]. Die Vorschrift bleibt aber im Hinblick auf Nicht-EU-Töchter anwendbar und ist auch nicht unionsrechtskonform auszulegen. Das Vorhandensein von Nicht-EU-Tochtergesellschaften kann somit zum Versagen der Verlustkonsolidierung führen, das Vorhandensein von EU-Tochtergesellschaften hingegen nicht.

Untersuchungen zur weiteren Bestimmung der unionsrechtskonformen Auslegung, soweit es sich nicht um richtlinienkonforme Auslegung handelt, gibt es kaum. Auch in der Rechtsprechung des EuGH finden sich nur wenige Anwendungsfälle. Deshalb sind ihre Grundlagen und ihr Verhältnis zu den übrigen Auslegungsmethoden noch nicht geklärt. Allerdings lassen sich in vielen Bereichen die Überlegungen zur richtlinienkonformen Auslegung verallgemeinern. Diese wird im Folgenden ausführlich erörtert.

1.5.4.2   Richtlinienkonforme Auslegung

Die richtlinienkonforme Auslegung ist der wichtigste Anwendungsfall der unionsrechtskonformen Auslegung. Auch wenn über ihre Grundlagen keine Einigkeit besteht, so kann doch ein Konsens festgestellt werden, dass richtlinienkonform ausgelegt werden muss. Der EuGH und weite Teile der Literatur stützen das Erfordernis richtlinienkonformer Auslegung zum einen auf die Mitwirkungspflicht nach Art. 4 Abs. 3 EUV[92]. Zum anderen wird auf die Pflicht, die Richtlinie umzusetzen, hingewiesen. Diese gelte für alle Organe eines Staates, also auch für Rechtsprechung und Verwaltung[93]. Es sei daher Sache des nationalen Gerichts, das zur Durchführung einer Richtlinie erlassene Gesetz unter voller Ausschöpfung des Beurteilungsspielraums, den ihm das nationale Recht einräume, in Übereinstimmung mit den Anforderungen des Unionsrechts auszulegen und anzuwenden. Das nationale Gericht müsse das nationale Recht so weit wie möglich im Lichte des Wortlauts und des Zwecks einer Richtlinie auslegen, um das mit der Richtlinie verfolgte Ziel zu erreichen und auf diese Weise Art. 288 Abs. 3 AEUV nachzukommen[94]. Das Bundesverfassungsgericht hat diese Rechtsprechung als innerhalb der Grenzen der auf die EU übertragenen Hoheitsrechte liegend akzeptiert und dabei neben der Verpflichtung aus Art. 4 Abs. 3 EUV v.a. auf die Notwendigkeit zur Gewährleistung einer Rechtsanwendungsgleichheit bei Anwendung des Unionsrecht hingewiesen[95].

---

[91]   Vgl. EuGH vom 16.07.1998, Rs. C-264/96, ICI, Rn. 18 ff.

[92]   Vgl. EuGH vom 08.10.1987, Rs. 80/86, Kolpinghuis Nijmegen, Rn. 12 f.; EuGH vom 13.11.1990, Rs. C-106/89, Marleasing, Rn. 8; *Herlinghaus* (1997), S. 35; *Schön* (1993), S. 41.

[93]   Vgl. EuGH vom 08.10.1987, Rs. 80/86, Kolpinghuis Nijmegen, Rn. 12 f.; EuGH vom 13.11.1990 Rs. C-106/89, Marleasing, Rn. 8; *Brechmann* (1994) S. 247 ff.

[94]   Vgl. EuGH vom 15.05.1986, Rs. 222/84, Johnston, Rn. 53; EuGH vom 13.11.1990, Rs. C-106/89, Marleasing, Rn. 8; EuGH vom 04.03.1999 Rs. C-258/97, Hospital Ingenieure Krankenhaustechnik Planungs-Gesellschaft, Rn. 25.

[95]   Vgl. BVerfG vom 08.04.1987, 2 BvR 687/85, BVerfGE 75, 223 (224 ff.).

Unabhängig von der Begründung durch das Unionsrecht hat die richtlinienkonforme Auslegung auch eine nationale Wurzel. Es besteht eine Vermutung, dass der Gesetzgeber Richtlinien umsetzendes Recht so gestaltet hat, dass es mit den Erfordernissen der Richtlinie oder unmittelbar geltenden Unionsrechts übereinstimmt. Es ist daher richtlinienkonform auszulegen.

Die für die praktische Bedeutung der richtlinienkonformen Auslegung wichtigste **Frage** ist, **ob ihr Vorrang vor anderen Auslegungsargumenten zukommt.** Diese Frage wird in der Literatur lebhaft diskutiert. Die auftretenden Meinungsverschiedenheiten sind Ausdruck der nicht abschließend geklärten Herleitung der Pflicht zur richtlinienkonformen Auslegung des nationalen Rechts (Art. 4 Abs. 3 EUV, 288 Abs. 3 AEUV oder rein nationale Begründung). Ausgangspunkt der Überlegungen zum Vorrang ist, dass das nationale Recht für eine bestimmte, mit dem Unionsrecht übereinstimmende Auslegung einen Auslegungsspielraum lassen muss[96]. Fehlt ein solcher Spielraum, liegt es nicht in der Kompetenz der auf Gesetzesanwendung beschränkten nationalen Gerichte oder Verwaltungsbehörden, die Umsetzung der Richtlinie durch **Auslegung** sicherzustellen. Das Unionsrecht verlangt dies daher auch nicht von ihnen. Damit ist allerdings nicht ausgeschlossen, dass eine Möglichkeit zur unionsrechtskonformen Rechtsfortbildung besteht.

Es lässt sich feststellen, dass grundsätzlich durchaus von einem Vorrang der richtlinienkonformen Auslegung ausgegangen wird, dass aber die Ermittlung des Auslegungsspielraums und damit der Reichweite des Vorrangs ganz unterschiedlich beurteilt werden kann. Nach inzwischen wohl vorherrschender Ansicht ist der Auslegungsspielraum unter Heranziehung aller Auslegungsargumente zu untersuchen. Eine nach Wortlaut und Sinn eindeutige Regel dürfe nicht im Wege unionsrechtskonformer Auslegung grundlegend neu bestimmt werden, das Ziel der Regelung dürfe nicht in einem wesentlichen Punkt verfehlt werden. Ein bestimmtes Auslegungsergebnis müsse auch ohne die Berücksichtigung der richtlinienkonformen Auslegung möglich sein. Sonst würde eine nicht ordnungsgemäße Umsetzung der Richtlinie im Wege der Auslegung zu einer ordnungsgemäßen gemacht, die Grenzen der unmittelbaren Wirkung von Richtlinien würden unterlaufen. Dennoch sei die Auslegung so weit wie möglich am Unionsrecht zu orientieren[97]. Innerhalb dieser Grenzen kommt dementsprechend der richtlinienkonformen Auslegung der Vorrang zu. Es sei insgesamt allerdings die Auslegung zu wählen, die mit dem Sinn und Zweck der Richtlinie am besten zu vereinbaren sei.

Dies entspricht auch der Rechtsprechung des EuGH. Der EuGH urteilte, dass der Rechtsanwender unter Berücksichtigung des gesamten nationalen Rechts und unter Anwendung ihrer Auslegungsmethoden alles versucht, um die volle Wirksamkeit der fraglichen Richtlinie zu gewährleisten und zu einem Ergebnis zu gelangen, das mit dem von der Richtlinie verfolgten Ziel übereinstimmt[98].

---

[96] Vgl. *Herlinghaus* (1997), S. 532.
[97] Vgl. *Hobe* (2010), § 10 Rn. 30.
[98] Vgl. EuGH vom 04.07.2006, Rs. C-212/04, Konstantinos Adeneler u.a., Rn. 111.

Der Umgang des Bundesfinanzhofs mit der richtlinienkonformen Auslegung reflektiert die hier aufgeworfene Fragestellung nicht. Häufig setzt er sie nur ein, um ein ohnehin gefundenes Ergebnis abzusichern[99]. In Entscheidungen, in denen er sich zu einem Vorabentscheidungsersuchen an den EuGH entschließt, unterstellt er dagegen häufig einen weitgehenden Vorrang der richtlinienkonformen Auslegung. Denn er legt durchaus auch Fragen vor, deren Vorlage er lange nicht für notwendig gehalten hat oder gewinnt aus dem nationalen Recht ein Ergebnis, das er anhand der Auslegung einer Richtlinie überprüfen will. Aber eine Auseinandersetzung mit den methodischen Fragen unterbleibt auch in diesen Beschlüssen.

Zutreffend erscheint, von einem Vorrang der richtlinienkonformen Auslegung auszugehen. Nach herrschendem Methodenverständnis besteht keine feste Reihenfolge zwischen den Auslegungsmethoden. Weil die richtlinienkonforme Auslegung anerkanntermaßen zwingender Bestandteil des Auslegungsvorgangs ist, kann es, wenn sie in eine andere Richtung weist als zunächst herangezogene Methoden, keine eindeutige entgegenstehende Bedeutung nach „nationalen" Methoden geben, sondern nur sich widersprechende Teilergebnisse innerhalb eines einheitlichen Vorgangs. Weiter ist nach herrschendem Methodenverständnis keine der Methoden vorrangig. Das gilt aber nur so lange, wie nicht einer bestimmten Methode gesetzlich ein Vorrang eingeräumt wird. Einen solchen Vorrang bewirkt die Bindung an das Ziel einer Richtlinie gemäß Art. 288 Abs. 3 AEUV, die auch für die Rechtsanwendungsorgane gilt. Die Zielverwirklichung durch Rechtsanwendungsorgane erfolgt durch Auslegung, so dass Art. 288 Abs. 3 AEUV fordert, ein richtlinienkonformes Auslegungsergebnis sicherzustellen.

1.5.4.3   Beginn der Pflicht zur richtlinienkonformen Auslegung

Die Pflicht beginnt spätestens mit Ablauf der Umsetzungsfrist, doch ist der Richter nicht gehindert, auch schon früher richtlinienkonform auszulegen. Es kann, insbesondere wenn der Gesetzgeber eine Umsetzung nicht für notwendig erachtet, ihm nicht zugemutet werden, temporär eine Auslegung vorzunehmen, die er später ändern müsste[100]. Hat der nationale Gesetzgeber schon vor Ablauf der Umsetzungsfrist umgesetzt oder erkennbar auf eine Umsetzung verzichtet, weil er eine Übereinstimmung des bestehenden Rechts mit den Richtlinienvorgaben annimmt, beginnt die Frist schon dann zu laufen.

1.5.4.4   Gegenstand der richtlinienkonformen Auslegung

Von der **unionsrechtlichen** Pflicht zur richtlinienkonformen Auslegung sind nur solche Normen betroffen, die sich im Anwendungsbereich der Richtlinie befinden. Solche Normen sind dann aber unabhängig davon betroffen, ob sie zur Umsetzung der Richtlinie ergangen sind, vom Gesetzgeber als ohnehin richtlinienkonform beibehalten wurden oder ihre Beziehung zur Richtlinie gar nicht erkannt wurde.

---

[99]   Vgl. zu § 4 Nr. 14 UStG BFH vom 13.07.1994, XI R 90/92, BStBl. II 1995, 84 und allgemein die Analyse bei *Brechmann* (1994), S. 117 ff.
[100]   Vgl. *Brechmann* (1994) S. 264.

Beispiel:

Die Abgabenordnung in § 12 und vorher schon das Steueranpassungsgesetz in § 16 definieren den Begriff der Betriebsstätte. Dabei geht die h.M. davon aus, dass eine Betriebsstätte **nicht** das Vorhandensein von Personal voraussetzt. Art. 9 Abs. 1 der 6. Mehrwertsteuer-Richtlinie bestimmt, dass der Leistungsort der sonstigen Leistung dort ist, wo der Leistende den Sitz seiner wirtschaftlichen Tätigkeit oder eine feste Niederlassung hat, von wo aus die Dienstleistung erbracht wird. Den Begriff der festen Niederlassung hat der Gesetzgeber durch den Begriff der Betriebsstätte umgesetzt (§ 3a Abs. 1 UStG). Dabei geht die h.M. davon aus, dass „Betriebsstätte" in § 3a Abs. 1 UStG i.S.d. § 12 AO zu verstehen ist. In mehreren Entscheidungen hat nun der EuGH entschieden, dass eine feste Niederlassung das ständige Zusammenwirken von Sachmitteln **und** Personen voraussetzt[101]. Damit wäre der Begriff der Betriebsstätte, Inhaltsgleichheit der Betriebsstättenbegriffe in § 12 AO und § 3a Abs. 1 UStG als tatsächlich zutreffend unterstellt, richtlinienkonform abweichend vom bisherigen Verständnis auszulegen.

Normen, die nicht den Anwendungsbereich einer Richtlinie betreffen, können ebenfalls richtlinienkonform auszulegen sein. Das ist dann der Fall, wenn sich der Gesetzgeber in einem solchen Bereich an einen unionsrechtlich geregelten Bereich anlehnt. Die Verpflichtung ergibt sich dann aus nationalem Recht.

Beispiel:

Ein mögliches Beispiel ist die richtlinienkonforme Auslegung der für Personenunternehmen (vgl. § 264a HGB) geltenden Vorschriften der §§ 238 ff. HGB in Bezug auf die Bilanzrichtlinie. Diese gilt für sie nicht. Aber weil die §§ 238 ff. HGB nicht zwischen den für Kapitalgesellschaften und für Personenunternehmen geltenden Regeln unterscheiden, liegt eine richtlinienkonforme Auslegung nahe. Diese richtlinienkonforme Auslegung strahlt wegen des Maßgeblichkeitsprinzips nach § 5 Abs. 1 EStG möglicherweise auch noch auf das Steuerrecht aus.

1.5.5 Folgen von Verstößen gegen das Unionsrecht

Angesichts zahlreicher Regelungsbereiche, auf welche das Unionsrecht einwirkt, und der soeben skizzierten Vielschichtigkeit des Verhältnisses von nationalem Recht und Unionsrecht kommt es naturgemäß häufig zu Situationen, in denen nationales Recht den Anforderungen des Unionsrechts nicht entspricht. Es wurde schon darauf hingewiesen, dass die sich daraus ergebenden Probleme von der Kommission mit dem Mittel des Vertragsverletzungsverfahrens nicht in den Griff zu bekommen sind. Der EuGH hat daher im Laufe der Zeit einige materielle Folgen aus Verstößen gegen Unionsrecht abgeleitet, die man als Sanktionen solcher Verstöße begreifen kann. Die Vielschichtigkeit des Verhältnisses von nationalem Recht und Unionsrecht hat er damit um weitere Gesichtspunkte erweitert.

---

[101] Vgl. EuGH vom 04.07.1985, Rs. 168/84, Berkholz, Rn. 18 f.; EuGH vom 20.02.1997, Rs. C-260/95, DFDS, Rn. 20; EuGH vom 17.07.1997, Rs. C-190/95, ARO Lease, Rn. 15.

1.5.5.1   Unanwendbarkeit des nationalen Rechts?

Die Folge, an die man bei einem Verstoß von nationalem Recht gegen Unionsrecht wahrscheinlich zunächst denkt, ist die Unanwendbarkeit des nationalen Rechts. Und in der Tat tritt diese Folge auch ein, wenn das Unionsrecht unmittelbar anwendbar ist. Das haben wir unter dem Stichwort „Anwendungsvorrang des Unionsrechts" bereits gesehen. Schwierig ist die Lage dagegen im Verhältnis zu Richtlinien. Hier ist eine dreistufige Überlegung vorzunehmen.

■ Zunächst ist eine richtlinienkonforme Auslegung vorzunehmen.

■ Scheitert diese, wird in der Literatur gelegentlich eine Rechtsfortbildung durch Analogie, aber auch contra legem angedacht[102]. Hier ist aber noch sehr vieles unklar. Eine eingehende Untersuchung dieser Fragen steht noch aus.

■ Kommt auch die Rechtsfortbildung nicht in Betracht, so bleibt das nationale Recht anwendbar. Denn die Nichtanwendung der nationalen Norm schafft innerstaatlich nur Schwierigkeiten, hilft aber nicht, den Zweck der Richtlinie zu erreichen. Es bleibt dann nur die Einleitung eines Vertragsverletzungsverfahrens durch die Kommission.

1.5.5.2   Fristhemmung

Eine weitere mögliche Konsequenz des Verstoßes gegen Richtlinien ist, dass bei einer nicht korrekten Umsetzung Rechtsbehelfs- oder Rechtsmittelfristen gehemmt werden, solange der Bürger über seine sich aus dem Unionsrecht ergebenden Rechte im Unklaren gelassen wird.

> **Beispiel:**
>
> Deutschland hat bei beschränkt steuerpflichtigen Arbeitnehmern nach § 50 Abs. 5 S. 1 EStG bis 1995 die Durchführung einer Einkommensteuerveranlagung ausgeschlossen, wenn ihre Einkünfte dem Lohnsteuerabzug unterlagen. Im Urteil Schumacker hat der EuGH festgestellt, dass dies gegen Art. 45 AEUV verstieß[103]. Deutschland änderte die entsprechenden Regeln 1995. Der in Deutschland als Arbeitnehmer tätige Däne D fragt sich, ob er auch für Veranlagungszeiträume, für die schon die zweijährige Antragsfrist des § 46 Abs. 2 Nr. 8 EStG abgelaufen ist, einen Antrag auf Einkommensteuerveranlagung stellen kann.

Unter dem Stichwort Emmottsche Fristhemmung wurde dies in der Literatur unter Berufung auf ein Urteil des EuGH vertreten[104]. In dieser Entscheidung hatte der EuGH ausgeführt, solange eine Richtlinie nicht ordnungsgemäß in nationales Recht umgesetzt sei, hindere das Unionsrecht die zuständigen Behörden, sich gegenüber denjenigen, die sich auf die durch die Richtlinie unmittelbar verliehenen Rechte berufen, sich auf das Verstreichen

---

[102] Vgl. *Herlinghaus* (1997), S. 532
[103] Vgl. EuGH vom 14.02.1995, Rs. C-279/93, Schumacker, Rn. 24 ff.
[104] Vgl. *Frotscher* (2009), S. 28; *Scherer* (1995), S. 265 ff.

von Klagefristen zu berufen. Zur Begründung stützt sich der EuGH auf den Äquivalenz- und den Effektivitätsgrundsatz des Unionsrechts[105].

Die weitgehende Formulierung, das Unionsrecht hindere die zuständigen Behörden, sich gegenüber denjenigen, die sich auf die durch die Richtlinie unmittelbar verliehenen Rechte berufen, auf das Verstreichen von Klagefristen zu berufen, war der Ausgangspunkt der Annahme einer umfassenden Fristhemmung kraft Unionsrechts. Der EuGH hat aber inzwischen seine Rechtsprechung deutlich **relativiert**: „Nur aufgrund des besonderen Charakters der Richtlinien und in Anbetracht der konkreten Umstände dieser Rechtssache hat er ... entschieden, dass ..."[106]. Die Fristhemmung greift als Sanktion wohl nur ein, wenn wie im Fall Emmott eine Täuschung bzw. treuwidriges Verhalten nationaler Behörden für den Fristablauf ursächlich ist. Insoweit wird die Emmott-Entscheidung dann durch die Levez-Entscheidung bestätigt.

> **Beispiel:**
>
> Das englische Gesetz über gleiche Entlohnung von Männern und Frauen sieht bei einem Verstoß einen Schadensersatzanspruch der Frau vor, begrenzt ihn aber auf einen Zeitraum von zwei Jahren vor Klageerhebung. Frau Levez war von ihrem Arbeitgeber über das höhere Gehalt, das ihre männlichen Kollegen erhielten, getäuscht worden. Sie wollte Schadensersatz auch über die Zwei-Jahres-Grenze hinaus. Der EuGH bestätigte eine solche Zwei-Jahres-Frist als grundsätzlich zulässig, entschied aber, dass in Fällen der Täuschung das Unionsrecht erfordere, dass auch über diese Frist hinaus der zu wenig gezahlte Lohn nachzuzahlen sei, weil sonst der Grundsatz der Effektivität der verliehenen Rechte und ihrer gerichtlichen Durchsetzung nicht erreicht sei[107].

Wegen der Beschränkung auf Fälle der Täuschung bzw. des treuwidrigen Verhaltens wird in unserem Beispiel Däne D sich wohl nicht auf eine Fristhemmung berufen können. Der EuGH hat in seinen Entscheidungen klargestellt, dass in der Rechtssache Emmott ein Spezialfall behandelt wurde, bei dem die besonderen Umständen des Einzelfalles, insbesondere das täuschende und treuwidrige Verhalten nationaler Behörden, zu dem Ergebnis führten, dass die Rechtsbehelfsfristen erst mit der ordnungsgemäßen Umsetzung des Unionsrechts beginnen[108]. Auch der BFH sieht in Konsequenz dieser europäischen Rechtsprechung als Anwendungsfall **für eine Fristenhemmung**, dass Behörden sich bei nicht konform in nationales Recht umgesetzten Richtlinien **unter Verstoß gegen Treu und Glauben** auf die Versäumung von Fristen berufen[109]. Allerdings hat er in seiner Rechtsprechung das Vorliegen eines solchen Verstoßes im Einzelfall stets verneint[110].

---

[105] Vgl. EuGH vom 25.07.1991, Rs. C-208/90, Emmott, Rn. 21 ff.
[106] Vgl. EuGH vom 17.07.1997, Rs. C-114 und 115/95, Texaco, Rn. 48; EuGH vom 28.11.2000, Rs. C-88/99, Roquette Frères SA, RIW 2001, 145 (148).
[107] Vgl. EuGH vom 01.12.1998, Rs. C-326/96, Levez, Rn. 32.
[108] Vgl. EuGH vom 24.03.2009, Rs. C-445/06, Danske Slagterier, Rn. 53 ff.; *Levedag* (2010), Anhang, Rn. 112.
[109] *Levedag* (2010), Anhang, Rn. 113.
[110] BFH vom 21.03.1996, XI R 36/95, BStBl II 1996, 399; BFH vom 15.09.2004, I R 83/04, DStR 2004, 2005.

1.5.5.3   Unionsrechtlicher Haftungsanspruch

Das Unionsrecht kennt eine Haftung für Schäden, die dem Einzelnen durch dem Staat zurechenbare Verstöße gegen Unionsrecht entstehen. Diese Haftung ergibt sich aus dem Wesen der mit dem Vertrag geschaffenen Rechtsordnung[111]. Dieser Haftungsanspruch wurde durch den EuGH in einer Reihe von Entscheidungen entwickelt und näher ausgestaltet. Berühmt ist dabei die erste Entscheidung, in der er diesen Anspruch anerkannte, der Fall Francovich[112].

> **Beispiel:**
>
> Herr Francovich war bei einem italienischen Arbeitgeber beschäftigt, von dem er aber nur gelegentlich Lohn erhielt. Pfändungsversuche waren wegen Vermögenslosigkeit seines Arbeitgebers fruchtlos. In der Richtlinie 80/97/EWG (heute 2008/94/EG)[113], die bis zum 23. Oktober 1983 umzusetzen war, war vorgesehen, dass Arbeitnehmern ein Mindestschutz bei Zahlungsunfähigkeit ihres Arbeitgebers zu gewähren ist. Herr Francovich verlangte vom italienischen Staat Zahlungen aufgrund dieser Richtlinie, hilfsweise Schadensersatz. Der EuGH entschied, dass Zahlungsansprüche gegen den Staat aus der Richtlinie nicht herzuleiten seien. Sie sei nicht unmittelbar anwendbar, weil sie nicht hinreichend genau regele, wer Schuldner der Zahlungsansprüche sei (z.B. der Staat oder eine Versicherung). Wegen der verspäteten Umsetzung habe Herr Francovich aber einen Schadensersatzanspruch gegen den italienischen Staat.

Der EuGH begründet die Herleitung des Anspruchs aus dem Gedanken des effet utile. Die nationalen Gerichte, die im Rahmen ihrer Zuständigkeit das Unionsrecht anzuwenden haben, müssten dessen **volle Wirksamkeit** gewährleisten und die Rechte schützen, die das Unionsrecht dem Einzelnen verleiht. Dazu sei erforderlich, dass eine Entschädigung für den Fall gezahlt wird, dass der Einzelne nicht von Rechten aus dem Unionsrecht profitieren könne, weil der Staat die Richtlinie nicht rechtzeitig umgesetzt habe. Er schafft aber kein vollständig unionsrechtliches Haftungsrecht, sondern belässt die Verfahrensregelung zur Durchsetzung des **unionsrechtlichen** Schadensersatzanspruchs und die Bestimmung seines Umfangs den Mitgliedstaaten. Das gilt aber nur in den Grenzen des **Effektivitäts**- und des **Äquivalenzgrundsatzes**. Das Verfahrensrecht darf daher nicht ungünstiger sein als bei Ansprüchen aufgrund innerstaatlichen Rechts und die Erlangung des Anspruchs darf nicht unmöglich gemacht oder übermäßig erschwert werden.

In späteren Entscheidungen hat der EuGH den Anspruch auf eine Haftung auch bei einem Verstoß gegen primäres Unionsrecht und bei fehlerhafter Richtlinienumsetzung ausgedehnt. Er hat ausdrücklich festgestellt, dass der Anspruch auch bei legislativem Unrecht besteht[114]. Zusammenfassend kann man sagen, dass Voraussetzungen des Anspruchs sind:

---

[111]   Vgl. EuGH vom 24.09.1998, Rs. C-319/96, Brinkmann, Rn. 24 mit zahlreichen Nachweisen. Kritisch zur Annahme dieses Anspruchs *Hobe* (2010), § 12 Rn. 214 f.

[112]   Vgl. EuGH vom 19.11.1991, Rs. C-6/90 und C-9/90, Francovich.

[113]   Richtlinie zur Angleichung der Rechtsvorschriften (1980), ABl. 1980, L 283/23.

[114]   Vgl. EuGH vom 05.03.1996, Rs. C-46 und 48/93, Brasserie du pêcheur, Rn. 20 ff.; zur fehlerhaften

- Die Rechtsnorm, gegen die verstoßen worden ist, bezweckt, dem Einzelnen ein Recht zu verleihen,

- der Verstoß ist hinreichend qualifiziert und

- zwischen dem Verstoß gegen die dem Staat obliegende Verpflichtung und dem Schaden des Einzelnen muss ein unmittelbarer kausaler Zusammenhang bestehen.

Der Staat darf nicht

- den Anspruch von einem Verschulden abhängig machen, das über den hinreichend qualifizierten Verstoß gegen das Unionsrecht hinausgeht oder

- eine kürzere Verjährungsfrist vorsehen als für vergleichbare Ansprüche aufgrund nationalen Rechts[115] oder

- den Anspruch auf Ersatz des entgangenen Gewinns ausschließen oder

- eine Verzinsung ausschließen, wenn der Schaden nur in einem Zinsschaden besteht. Das gilt selbst dann, wenn das nationale Recht eine Verzinsung nicht geschuldeter Kapitalbeträge erst nach Klageerhebung zulässt[116].

In den folgenden Entscheidungen ging es dann v.a. darum, die Kriterien zu entwickeln, nach denen sich das Vorliegen eines hinreichend qualifizierten Verstoßes gegen das Unionsrecht ergibt. Das ist der Fall, wenn ein Mitgliedstaat bei Ausübung seiner Rechtsetzungsbefugnis deren Grenzen offenkundig und erheblich überschritten hat[117]. Wird eine Richtlinie nicht rechtzeitig umgesetzt, ist diese Voraussetzung stets erfüllt[118]. Bei falscher Umsetzung kommt es dagegen auf den Spielraum an, den das Unionsrecht dem Mitgliedstaat lässt. Je klarer und genauer der Inhalt der Richtlinie ist und je weniger Umsetzungsermessen er den Mitgliedstaaten einräumt, desto eher liegt ein qualifizierter Verstoß vor[119]. Ebenso ist bei Verstößen gegen primäres Unionsrecht zu prüfen, wie klar und genau dessen Vorgaben sind.

Auch wenn die praktische Bedeutung dieses Anspruchs dadurch eingeschränkt wird, dass er einen qualifizierten Gesetzesverstoß erfordert und für ihn allgemeine nationale Verjährungsvorschriften gelten, so kann er für den Steuerpflichtigen im Einzelfall relevant werden. Für den Berater stecken darin Chancen und Haftungsrisiken zugleich.

Umsetzung vgl. EuGH vom 15.06.1999, Rs. C-140/97, Rechberger u.a., Rn. 49 ff.

[115] Vgl. EuGH vom 10.07.1997, Rs. C-261/95, Palmisani, Rn. 40.

[116] Vgl. EuGH vom 08.03.2001, Rs. C-397 und 410/98, Metallgesellschaft/Höchst, DStRE 2001, 403 (410).

[117] Vgl. EuGH vom 17.10.1996, Rs. C-283, 291, 292/94, Denkavit u.a., Rn. 50.

[118] Vgl. EuGH vom 08.10.1996, Rs. C-178, 179, 188, 189 und 190/94, Dillenkofer, Rn. 25.

[119] Vgl. EuGH vom 17.10.1996, Rs. C-283, 291, 292/94, Denkavit u.a., Rn. 50; EuGH vom 02.04.1998, Rs. C-127/95, Norbrook Laboratories, Rn. 109; EuGH vom 24.09.1998, Rs. C-319/96, Brinkmann, Rn. 25 ff.; vom 15.06.1999, Rs. C-140/97, Rechberger u.a., Rn. 51.

1.5.5.4   Unionsrechtlicher Erstattungsanspruch

Von ganz ähnlicher Struktur wie der unionsrechtliche Haftungsanspruch ist der unionsrechtliche Erstattungsanspruch. Diesen hat der EuGH für den Fall, dass Abgaben unter Verstoß gegen primäres oder sekundäres Unionsrecht erhoben worden sind, gewährt[120]. Die Grundsätze dieses Anspruchs lassen sich so zusammenfassen[121]:

■ Das Recht auf Erstattung von Abgaben, die ein Mitgliedstaat unter Verstoß gegen das Unionsrecht erhoben hat, ist Folge und Ergänzung der Rechte, die den Einzelnen aus den unionsrechtlichen Vorschriften zustehen, die solche Abgaben verbieten. Die Betroffenen müssen über einen effektiven Rechtsbehelf verfügen[122]. Die Ausgestaltung im Einzelnen erfolgt durch das nationale Recht. Dieses bestimmt die Modalitäten des Anspruchs, wie etwa die Zahlung von Zinsen, einschließlich des Zeitpunktes, von dem ab Zinsen zu zahlen sind, und des Zinssatzes[123]. Die Voraussetzungen dürfen aber nicht ungünstiger sein als für vergleichbare Ansprüche aufgrund nationalen Rechts und sie dürfen die Ausübung der durch die Unionsrechtsordnung verliehenen Rechte nicht praktisch unmöglich machen[124]. Der EuGH hat die Klagefrist von einem Monat nach § 74 VwGO unbeanstandet gelassen[125]. Materielle Verjährungsfristen von 4 Jahren sind ebenfalls kein Verstoß gegen den Effektivitätsgrundsatz[126].

■ Der Anspruch wird gewährt gegen Abgaben, die primäres Unionsrecht verletzen[127], und gegen Abgaben, die gegen sekundäres Unionsrecht verstoßen[128]. Die Überwälzung solcher Abgaben kann den Anspruch ausschließen. Er richtet sich auf Rückzahlung der zu Unrecht erhobenen Abgaben. Besteht der Verstoß gegen Unionsrecht darin, dass eine Abgabe vorzeitig erhoben wurde, richtet sich der Anspruch auf Ersatz von Zinsen[129].

■ Das nationale Recht kann materielle Verjährungsfristen und verfahrensrechtliche Rechtsbehelfs- und Klagefristen vorsehen. Diese müssen dem **Äquivalenzgrundsatz** und dem **Effektivitätsgrundsatz** genügen[130]. Diese Verjährungsfristen können schon

---

[120] Vgl. EuGH vom 22.03.1977, Rs. 74-76, Iannelli, Rn. 17 ff.

[121] Vgl. EuGH vom 14.01.1997, Rs. C-192 bis 218/95, Comateb u.a., Rn. 35.

[122] Vgl. EuGH vom 08.03.2001, Rs. C-397 und 410/98, Metallgesellschaft/Höchst, DStRE 2001, 403 (410 f.).

[123] Vgl. EuGH vom 08.03.2001, Rs. C-397 und 410/98, Metallgesellschaft/Höchst, DStRE 2001, 403 (410).

[124] Vgl. EuGH vom 02.12.1997, Rs. C-188/95, Fantask, Rn. 52; EuGH vom 22.10.1998, Rs. C-10-22/97, IN.CO.GE, Rn. 25 ff.; EuGH vom 08.03.2001, Rs. C-397 und 410/98, Metallgesellschaft/Höchst, DStRE 2001, 403 (410).

[125] Vgl. EuGH vom 16.12.1976, Rs. 33-76, Rewe, Rn. 6.

[126] Vgl. EuGH vom 28.11.2000, Rs. C-88/99, Roquette Frères SA, RIW 2001, 145 (147).

[127] Vgl. EuGH vom 02.02.1988, Rs. 309/85, Barra, Rn. 17.

[128] Vgl. EuGH vom 06.07.1995, Rs. C-62/93, BP Soupergaz, Rn. 40; EuGH vom 22.10.1998 Rs. C 10-22/97, IN.CO.GE, Rn. 22 f.

[129] Vgl. EuGH vom 08.03.2001, Rs. C-397 und 410/98, Metallgesellschaft/Höchst, DStRE 2001, 403 (410).

[130] Vgl. EuGH vom 27.02.1980, Rs. 68/79, Just, Rn. 25; EuGH vom 02.12.1997 Rs. C-188/95, Fantask, Rn. 25; EuGH vom 15.09.1998, Rs. C-231/96, Edis, Rn. 34 ff.; EuGH vom 15.09.1998, Rs. C-260/96, Spac, Rn. 18 ff.; EuGH vom 15.09.1998, Rs. C-279 und 280/96, Ansaldo, Rn. 27 ff.

mit Entrichtung der Abgabe beginnen, also zu einem Zeitpunkt, zu dem die Unionsrechtswidrigkeit der Abgabe noch nicht feststeht[131].

Das Verhältnis von Haftungs- und Erstattungsanspruch hat der EuGH bisher nicht geklärt[132]. Gegenüber dem Haftungsanspruch hat der Erstattungsanspruch für den Steuerpflichtigen den Vorteil, dass ein qualifizierter Verstoß gegen Unionsrecht nicht erforderlich ist. Aber die Zulässigkeit von Rechtsbehelfs- und Klagefristen nimmt dem Erstattungsanspruch im Steuerrecht sehr viel von seiner Bedeutung. Meist wird es so sein, dass diese Fristen schon verstrichen sind, bevor der Verstoß gegen Unionsrecht erkannt wird.

1.5.6   Zusammenfassung

1. Unmittelbar anwendbares Unionsrecht hat Anwendungsvorrang vor nationalem Recht. Dieser Anwendungsvorrang gilt auch im Verhältnis von sekundärem Unionsrecht zu nationalen Grundrechten. Grundrechtsschutz gegen Unionsrechtsakte wird durch die vom EuGH herausgearbeiteten und nun in der EU-Grundrechtecharta verbindlich normierten Grundrechte des Unionsrechts gewährt.

2. Nationales Recht muss unionsrechtskonform ausgelegt werden. Ihm ist innerhalb des möglichen Wortsinns die Bedeutung zu geben, die mit Unionsrecht übereinstimmt.

3. Verstöße des nationalen Rechts gegen Unionsrecht können eine Haftung des Staates für daraus entstandene Schäden (unionsrechtlicher Haftungsanspruch) oder einen Anspruch auf Erstattung von unter Verstoß gegen das Unionsrecht erhobenen Abgaben (unionsrechtlicher Erstattungsanspruch) auslösen. In Ausnahmesituationen kommt auch die Hemmung nationaler Rechtsbehelfsfristen in Betracht.

4. Haftungs- und Erstattungsanspruch ergeben sich dem Grunde nach aus dem Unionsrecht, ihre Modalitäten einschließlich des Verfahrens zu ihrer Durchsetzung richten sich aber nach nationalem Recht. Die Modalitäten sind ihrerseits Einwirkungen des Unionsrechts unterworfen. Die nationalen Regeln dürfen nicht ungünstiger sein als bei Ansprüchen aufgrund innerstaatlichen Rechts und die Erlangung des Anspruchs darf nicht unmöglich gemacht oder übermäßig erschwert werden (**Effektivitäts- und Äquivalenzgrundsatz**).

---

[131] Vgl. EuGH, vom 15.09.1998, Rs. C-231/96, Edis, Rn. 37; EuGH vom 15.09.1998, Rs. C-260/96, Spac, Rn. 21; EuGH vom 15.09.1998, Rs. C-279 und 280/96, Ansaldo, Rn. 30.

[132] Vgl. EuGH vom 18.01.2001, Rs. C-150/99, Stockholm Lindöpark AB, DStRE 2001, 256 (259); EuGH vom 08.03.2001, Rs. C-397 und 410/98, Metallgesellschaft/Höchst, DStRE 2001, 403 (410).

1.6   Die Durchsetzung des Unionsrechts durch den EuGH

1.6.1   Überblick über das Rechtsschutzsystem

Der EuGH ist ein Organ, das für die Entwicklung des Unionsrechts von besonderer Bedeutung ist. Art. 19 Abs. 1 S. 2 EUV beschreibt seine Aufgabe wie folgt: "Er sichert die Wahrung des Rechts bei der Auslegung und Anwendung der Verträge." In Ausfüllung dieser Kompetenz hat der EuGH dem Unionsrecht wichtige Impulse für dessen Fortentwicklung gegeben. Wir haben die unmittelbare Anwendbarkeit und den Anwendungsvorrang des Unionsrechts, die Pflicht zur unionsrechtskonformen Auslegung, die Fristhemmung, den Haftungs- und den Erstattungsanspruch näher untersucht. Aber auch die Entwicklung von Grundrechten und allgemeinen Rechtsgrundsätzen des Unionsrechts gehört zu seinen großen Leistungen. Ein weiterer wichtiger Bereich, die Anwendung der Grundfreiheiten auf das nationale Steuerrecht, wird uns noch intensiv beschäftigen. Weil die Stellung des EuGH innerhalb des Unionsgefüges so bedeutend ist, kommt seiner Rechtsprechung eine besondere Bedeutung zu. Noch mehr als dies ohnehin für rechtswissenschaftliches Arbeiten erforderlich ist, ist eine gründliche Kenntnis seiner Entscheidungen für das Verständnis des europäischen Unternehmenssteuerrechts erforderlich.

Der EuGH ist aber nicht nur **Motor der Entwicklung des Unionsrechts**, er hat auch die ganz konkrete Aufgabe, **Rechtsschutz** zu gewähren oder jedenfalls bei der Gewährung von Rechtsschutz durch die nationalen Gerichte mitzuwirken. Es geht im folgenden Abschnitt also nicht nur um „hohe Unionspolitik", sondern auch um Verfahren, die von praktischer Bedeutung für die Steuerpflichtigen und ihre Berater sind. Dieser Gesichtspunkt leitet auch die Auswahl des folgenden Stoffes. Wir werden uns mit dem für die steuerliche Praxis besonders wichtigen Vorabentscheidungsverfahren näher beschäftigen, die anderen Verfahrensarten dagegen nur kurz ansprechen. Das zweite europäische Gericht, vormals das Gericht erster Instanz, spielt wegen geringer Bedeutung für das Steuerrecht im Folgenden keine Rolle.

Hinsichtlich der Zuständigkeit gilt auch für den EuGH das Prinzip der Enumeration. Die wichtigsten Verfahrensarten neben dem Vorabentscheidungsersuchen sind:

- ■ **Das Aufsichts- und Vertragsverletzungsverfahren:** Es handelt sich um Feststellungsklagen der Kommission oder eines Mitgliedstaates gegen einen (anderen) Mitgliedstaat, in denen diesem ein Verstoß gegen eine Verpflichtung aus den Unionsverträgen oder - über den Wortlaut der Vorschriften hinaus - gegen sekundäres Unionsrecht vorgeworfen wird (Art. 258, 259 AEUV). Vertragsverletzungsverfahren, die ein Mitgliedstaat einleitet, kommen kaum vor. Die Kommission nutzt diese Möglichkeit dagegen regelmäßig und hat auch im uns interessierenden Bereich des Unternehmenssteuerrechts einige Entscheidungen erstritten. Eingeleitet wird das Verfahren, indem die Kommission dem betroffenen Mitgliedstaat eine mit Gründen versehene Stellungnahme zuleitet, in der sie den angeblichen Verstoß gegen Unionsrecht benennt und den Mitgliedstaat zur Abhilfe auffordert. Dazu kann der Mitgliedstaat sich äußern. Bestreitet der Mitgliedstaat das Vorliegen einer Verletzung von Unionsrecht, stellt er eine eingeräumte Verletzung nicht ab oder reagiert er überhaupt nicht, kann die Kommission ihn verklagen. Im Fall eines obsiegenden Urteils stellt der EuGH die Verletzung des Unionsrechts fest. Stellt der Mitgliedstaat auch dann keinen vertragskonformen Zustand her, kann die Kommission beim EuGH die Festsetzung eines Zwangsgeldes beantragen. Bevor sie dies tut, muss sie aber wiederum dem Mitgliedstaat eine mit Gründen versehene Stellungnahme zuleiten und ihm Gelegenheit zur Äußerung geben (Art. 258, 260 AEUV).

■ **Nichtigkeitsklage und Untätigkeitsklage:** Ihr Ziel ist die Überprüfung des Handelns der Organe der Union, von Handlungen des Rates, der Kommission, der Europäischen Zentralbank und von Handlungen des Europäischen Parlaments und des Europäischen Rates mit Rechtswirkung gegenüber Dritten (Art. 263 AEUV). Dabei wird nicht die Nichtigkeit solcher Handlungen festgestellt, sondern sie werden konstitutiv für nichtig erklärt. Die Wirkung entspricht der einer Anfechtungsklage. Bei Untätigkeitsklagen stellt der EuGH die durch die Untätigkeit eingetretene Vertragsverletzung fest, er kann die Maßnahmen nicht selbst vornehmen (Art. 265 AEUV). Der EuGH ist für solche Nichtigkeits- und Untätigkeitsklagen zuständig, die Organe der Union oder Mitgliedstaaten erheben. Für die Klagen Privater ist dagegen das Gericht, vormals Gericht erster Instanz, zuständig. Die Zuständigkeitsverteilung bleibt auch nach dem Vertrag von Lissabon bestehen (Art. 256 Abs. 1 AEUV, Art. 51 des Protokolls über die Satzung des Gerichtshofs).

■ **Schadensersatzklagen:** Art. 268 AEUV ermöglicht es, die Union im außervertraglichen Bereich auf Ersatz von Schäden, die im Rahmen der Ausübung der Amtstätigkeit von ihren Bediensteten verursacht wurden, zu verklagen. Dies gilt nach der Rechtsprechung des EuGH sogar bei legislativem Unrecht[133]. Praktische Bedeutung hat dieses Verfahren allerdings nicht.

1.6.2 Vorabentscheidungsverfahren

1.6.2.1 Grundsätzliches

Die europäische Union besitzt zwar in einigen Bereichen sehr weitgehende Rechtsetzungskompetenzen, so im Bereich der Marktordnung, im Zollrecht, im Wettbewerbs- und Kartellrecht. In den meisten dieser Bereiche wird das Recht aber von den Mitgliedstaaten angewendet. Der Rechtsschutz findet daher primär vor nationalen Gerichten statt[134]. Damit das Unionsrecht in diesen Fällen einheitlich angewendet wird, gibt das Vorabentscheidungsverfahren dem EuGH die Möglichkeit, die Auslegung für die nationalen Gerichte verbindlich vorzunehmen. Man kommt zu einer Aufgabenverteilung zwischen EuGH und nationalen Gerichten, in der idealtypisch der nationale Richter das Unionsrecht anwendet, der EuGH es auslegt und seine Gültigkeit überprüft. Nationale Gerichte, denen sich eine

---

[133] Vgl. EuGH vom 02.12.1971, Rs. 5-71, Schöppenstedt, Rn. 11 ff.
[134] Vgl. EuGH vom 16.12.1976, Rs. 33-76, Rewe, Rn 5.

Frage nach der Auslegung oder Wirksamkeit des Unionsrechts stellt, können bzw., wenn es sich um letztinstanzlich entscheidende Gerichte handelt, müssen diese Frage dem EuGH zur Beantwortung vorlegen. So gelangt die überwiegende Zahl der Verfahren nicht direkt vor den EuGH, sondern indirekt über die Vorlage durch nationale Gerichte. Kenntnisse des Vorabentscheidungsverfahrens sind daher praktisch bedeutsam.

Beispiel:

Die Kreditvermittlerin Frau Becker berief sich für 1979, als Deutschland die 6. Mehrwertsteuer-Richtlinie trotz für 1978 gewährter Verlängerung noch nicht umgesetzt hatte, zur Erlangung der Steuerfreiheit ihrer Umsätze unmittelbar auf Art. 13 Teil B Buchstabe d) Nr. 1 der 6. Mehrwertsteuer-Richtlinie. Das Finanzamt lehnte dies ab. Das FG Münster legte dem EuGH daraufhin Fragen nach der Auslegung des Unionsrechts vor. Dieser hatte die Aufgabe, zu entscheiden, ob die Vorschrift unmittelbar anwendbar war, was er bejahte[135]. Aufgabe des FG war es dann, die Vorschrift auf den Steuerbescheid anzuwenden und die Umsatzsteuerfreiheit der Umsätze herzustellen.

Wegen der durch das Erfordernis der unmittelbaren und individuellen Betroffenheit (Art. 263 Abs. 4 AEUV) beschränkten Zulässigkeit des Nichtigkeitsverfahrens bei Klagen Privater ist das Vorabentscheidungsverfahren auch wichtiger Bestandteil des individuellen Rechtsschutzes. Denn in ihm kann auch die Gültigkeit von Rechtshandlungen der Unionsorgane in Zweifel gezogen werden.

Beispiel:

Das Hauptzollamt Itzehoe erließ gegen die Zuckerfabrik Süderdithmarschen einen Bescheid, in dem aufgrund einer EU-Verordnung eine besondere Tilgungsabgabe in Höhe von ca. 1 Mio. EURO (ca. 1,9 Mio. DM) festgesetzt wurde. Nach erfolglosem Einspruch erhob die Zuckerfabrik Klage beim FG Hamburg, weil sie die VO für unionsrechtswidrig hielt. Die Aufgabenteilung zwischen EuGH und FG Hamburg sieht so aus, dass der EuGH prüft, ob die VO gegen höherrangiges Unionsrecht verstößt. Kommt er zu dem Ergebnis, dass das nicht der Fall ist, wendet das FG die VO an.

Der EuGH entscheidet im Vorabentscheidungsverfahren u.a. über die Auslegung der Verträge und über die Gültigkeit und die Auslegung der Handlungen der Unionsorgane und der EZB. Unter „Handlungen der Organe" fällt auch das sekundäre Unionsrecht. Weil der EuGH nur das Unionsrecht auslegt, sind Fragen, ob nationales Recht gegen Unionsrecht verstößt oder wie nationales Recht im Lichte des Unionsrechts zu verstehen ist, nicht vorlagefähig. Denn solche Fragen verlangen auch eine Aussage über den Inhalt des nationalen Rechts, die nur dem nationalen Gericht zusteht[136].

---

[135] Vgl. EuGH vom 19.01.1982, Rs. C-8/81, Becker, Rn. 27 ff.
[136] Vgl. EuGH vom 06.07.1995, Rs. C-62/93, BP Soupergaz, Rn. 10.

Beispiel:

Es ist unzulässig, danach zu fragen, ob eine Betriebsstätte i.S.d. § 3a Abs. 1 S. 2 UStG nur vorliegt, wenn dort auch Personal des Unternehmers tätig ist. Gefragt werden muss vielmehr, ob eine feste Niederlassung i.S.d. Art. 9 Abs. 1 der 6. Mehrwertsteuer-Richtlinie das Vorhandensein vor Personal erfordert. Allerdings legt der EuGH Vorlage-fragen regelmäßig sehr weit aus, so dass solche Ungenauigkeiten meist unschädlich sind.

Das Verfahren ist kein streitiges im strengen Sinn, d.h. es werden keine Anträge gestellt. Deshalb gibt es keine Parteien, sondern nur Äußerungsbeteiligte. Es ist deshalb z.B. auch nicht erforderlich, dass die Parteien des Ausgangsrechtsstreits selbst durch einen Verstoß gegen Unionsrecht, den der EuGH prüft, betroffen sind. Das Urteil des EuGH ist an das vorlegende Gericht gerichtet. Dieses Gericht und alle anderen in dem Rechtsstreit entscheidenden Gerichte sind an die Entscheidung des EuGH gebunden. Hinsichtlich der übrigen Gerichte ist zu differenzieren. Stellt der EuGH die Ungültigkeit einer Norm des Unionsrechts fest, bindet das alle mitgliedstaatlichen Gerichte. Geht er von ihrer Gültigkeit aus, können die nationalen Gerichte nur (erneut) den EuGH anrufen oder von der Gültigkeit ausgehen. Legt der EuGH Unionsrechts aus, haben letztinstanzlich entscheidende nationale Gerichte nur die Möglichkeit, dem EuGH zu folgen, oder eine erneute Auslegungsfrage an den EuGH zu richten. Ob auch nicht letztinstanzlich entscheidende Gerichte an die vom EuGH vorgegebene Auslegung des Unionsrechts gebunden sind, ist zweifelhaft. Da der EuGH nur das Unionsrechts auslegt, entscheidet er auch nicht, dass eine Vorschrift des nationalen Rechts wegen eines Verstoßes Unionsrecht unanwendbar ist. Seine Entscheidungen lösen daher für den Mitgliedstaat keine unmittelbare Pflicht zum Tätigwerden aus. Die Mitgliedstaaten sind aber nach Art. 4 Abs. 3 EUV zur Beseitigung des Verstoßes gegen Unionsrecht verpflichtet.

1.6.2.2 Zulässigkeitsvoraussetzungen der Vorlage

Wichtigste Voraussetzung für die Zulässigkeit eines Vorabentscheidungsersuchens ist die Entscheidungserheblichkeit einer Frage nach der Auslegung der Verträge oder der Gültigkeit und Auslegung von Handlungen der Unionsorgane (Art. 267 Abs. 1 AEUV). Nach dem Wortlaut des Art. 267 AEUV kommt es darauf an, dass eine solche Frage einem nationalen Gericht gestellt wird. Das ist aber nicht i.S. einer explizit an das Gericht gerichteten Frage oder gar eines Antragserfordernisses zu verstehen. Allein relevant ist, dass eine unionsrechtliche Fragestellung geklärt werden muss, um den Rechtsstreit zu entscheiden. Im Bereich des Steuerrechts kommen hier v.a. drei Konstellationen in Betracht:

- Um das nationale Recht richtlinienkonform auszulegen, muss geklärt werden, welche Bedeutung die zugrundeliegende Richtlinie hat.

- Der Inhalt einer Richtlinie kann aber auch klärungsbedürftig sein, um festzustellen, ob und mit welchem Inhalt sie unmittelbar anwendbar ist.

- Schließlich findet man häufig Vorlagen, in denen es darum geht, ob eine Grundfreiheit eine bestimmte steuerliche Regelung zulässt.

Besonders bedeutsam für die Beurteilung der Entscheidungserheblichkeit sind die Ausnahmen von der Vorlagepflicht, die der EuGH zulässt. Nach seiner Rechtsprechung ist eine Vorlage zwar weiterhin zulässig, aber entbehrlich[137],

- wenn eine Frage schon einmal Gegenstand einer Auslegung durch den Gerichtshof war[138].

- wenn bereits eine gesicherte Rechtsprechung des Gerichtshofs vorliegt, durch die die betreffende Rechtsfrage gelöst ist. Das gilt selbst dann, wenn die streitigen Rechtsfragen nicht völlig identisch sind.

- wenn bereits ein anderes Gericht die Frage in demselben nationalen Rechtsstreit vorgelegt hat[139], oder

- wenn die richtige Auslegung derart offenkundig ist, dass für einen vernünftigen Zweifel kein Raum bleibt. Ob ein solcher Fall vorliegt, ist dabei unter Berücksichtigung der Eigenart des Unionsrechts, der besonderen Schwierigkeiten seiner Auslegung und der Gefahr voneinander abweichender Gerichtsentscheidungen innerhalb der Union zu beurteilen.

Gerade die letzte Einschränkung der Vorlagepflicht ist in ihren Auswirkungen höchst umstritten. An sich bedeutet sie, dass die Praxis aller Mitgliedstaaten hinsichtlich der Auslegungsfrage untersucht werden muss, um die Gefahr divergierender Entscheidungen innerhalb der Union auszuschließen. Das geschieht aber in der Praxis nicht. Der Bundesfinanzhof gewinnt seine Überzeugung von der Offenkundigkeit der Bedeutung einer Vorschrift, ohne die Lage in anderen Mitgliedstaat zu berücksichtigen und sagt dann, weil sie offenkundig sei, sei er überzeugt, dass die Lage auch in den anderen Mitgliedstaaten so gesehen werde[140]. Das ist zwar im strengen Sinn vom EuGH nicht so gemeint, könnte aber ein pragmatischer Ansatz sein, um überflüssige Vorlagen zu vermeiden und den EuGH zu entlasten. Andererseits muss man bedenken, dass gerade das, was dem einen nationalen Richter klar und eindeutig erscheint, für den anderen höchst zweifelhaft sein kann. Außerdem entwickelt sich das Unionsrecht weiter. Was heute noch klar sein mag, kann morgen schon auslegungsbedürftig sein. Das lässt sich auch deutlich an einigen Entscheidungen des Bundesfinanzhofs zeigen.

> **Beispiel:**
>
> So hat der BFH angenommen, dass die Unterscheidung zwischen beschränkter und unbeschränkter Steuerpflicht nicht eine Anknüpfung an die Staatsangehörigkeit sei, und auf ihr aufbauende Unterscheidungen daher unionsrechtlich unproblematisch seien[141].

---

[137] Vgl. EuGH vom 06.10.1982, Rs. 283/81, CILFIT, Rn. 6 ff.
[138] Ebenso EuGH vom 04.11.1997, Rs. C-337/95, Parfums Christian Dior, Rn. 29 f.
[139] Vgl. EuGH vom 04.11.1997, Rs. C-337/95, Parfums Christian Dior, Rn. 29 f.
[140] Vgl. BFH vom 11.10.1994 V R 139/93, BFH/NV 1995, 933 (934); EuGH vom 02.04.1996 VII R 119/94, BFHE 180, 231 (237).
[141] Vgl. BFH vom 09.07.1976 VI 158/74, BStBl. II 1976, 755 (756 f.); EuGH vom 20.04.1988 I R 219/82, BStBl. II 1990, 701.

Seit der Schumacker-Entscheidung des EuGH wissen wir, dass dies in dieser Allgemeinheit nicht zutrifft[142]. Zur beschränkten Vermögensteuerpflicht nach §§ 2 Abs. 2 VStG, 121 Abs. 2 Nr. 4 BewG hat er noch 1990 ausgeführt, dass Art. 54 AEUV nicht i.d.S. auszulegen sei, dass der tatsächliche Sitz einer Gesellschaft die gleiche Funktion habe wie die Staatsangehörigkeit natürlicher Personen und daher die beschränkte Vermögensteuerpflicht von ausländischen Kapitalgesellschaften keine Diskriminierung nach der Staatsangehörigkeit mit sich bringen könne[143]. Der EuGH entscheidet seit 1993 in ständiger Rechtsprechung anders[144]. Zur Beschränkung der Eigenheimförderung nach § 10e EStG auf inländische Objekte hat er 1998 einen Verstoß gegen Unionsrecht abgelehnt, weil beschränkt und unbeschränkt Steuerpflichtige gleichermaßen betroffen sind. Aus der Entscheidung Verkooijen ergibt sich deutlich, dass bei steuerlichen Fördermaßnahmen nicht zwischen in- und ausländischen Kapitalanlagen unterschieden werden darf[145].

Fragen nach der Auslegung des Unionsrechts können sich nicht nur dort stellen, wo der Anwendungsbereich des Unionsrechts eröffnet ist. Es gibt auch Fälle, die rein national geregelte Sachbereiche betreffen, in denen sich der nationale Gesetzgeber aber inhaltlich an Unionsrecht anlehnt. Bei der Beurteilung, ob auch hier ein Vorlagerecht bzw. eine Vorlagepflicht besteht, sind mehrere Fälle zu unterscheiden. Diese haben teilweise für das deutsche Steuerrecht weitreichende Bedeutung:

- Der Gesetzgeber regelt einen Sachverhalt so, dass er eine Vorschrift des Unionsrechts für unmittelbar anwendbar erklärt. Der EuGH geht davon aus, dass, wenn das nationale Recht eine Verweisung auf das Unionsrecht enthält, eine Vorlage zulässig ist[146]. Es bestehe für die Unionsrechtsordnung ein offensichtliches Interesse daran, dass jede Bestimmung des Unionsrechts unabhängig davon, unter welchen Voraussetzungen sie angewandt werden solle, eine einheitliche Auslegung erhalte[147].

- Der Gesetzgeber setzt eine Richtlinie um, fasst die Regeln aber so, dass sie auch Fälle erfassen, die nicht von der Richtlinie erfasst werden. Auch hier stellt sich die Frage nach der Auslegung des Unionsrechts[148].

- Der Gesetzgeber nimmt das Unionsrecht zum Vorbild, lockert aber die Bindung dadurch, dass Entscheidungen des EuGH bei der Auslegung der Vorschrift als ein Gesichtspunkt zu berücksichtigen, nicht aber unbedingt zu befolgen sind. Der EuGH hielt eine Vorlage in einem solchen Fall nicht für zulässig, weil das Gericht seine Entscheidung nicht absolut und unbedingt anwenden müsse und weil das nationale Recht nicht

---

[142] Vgl. EuGH vom 14.02.1995, Rs. C-279/93, Schumacker, Rn. 1 ff.
[143] Vgl. BFH vom 31.10 1990, II R 176/87, BStBl. II 1991, 161 (162).
[144] Vgl. EuGH vom 13.07.1993, Rs. C-330/91, Commerzbank, Rn. 18 ff.
[145] Vgl. BFH vom 11.03.1998, X B 49/97, BFN/NV 1998, 1091 (1091); EuGH vom 06.06.2000, Rs. C-35/98, Verkooijen, Rn. 29 ff.
[146] Vgl. EuGH vom 18.10.1990, Rs. C-297/88 und C-197/89, Dzodzi, Rn. 36 f.; EuGH vom 17.07.1997 Rs. C-130/95, Giloy, Rn. 21 zu § 21 Abs. 2 UStG.
[147] Vgl. EuGH vom 18.10.1990, Rs. C-297/88 und C-197/89, Dzodzi, Rn. 36 f.
[148] Vgl. EuGH vom 17.07.1997, Rs. C-28/95, Leur-Bloem, Rn. 2 ff.; EuGH vom 04.09.1999, Rs. C. 275/97, DE + ES Bauunternehmung, Rn. 1 ff.

unmittelbar und unbedingt auf das Unionsrecht verweise[149].

■ Schließlich gibt es noch Fälle, in denen umsetzendes und nicht umsetzendes Recht nicht bewusst gleich geregelt sind, sondern in denen sich aus sachlichen Gründen eine inhaltsgleiche Auslegung ergibt. Ein Beispiel ist der steuerliche Begriff des Wirtschaftsgutes in der Auslegung der Rechtsprechung, die ihn mit dem handelsrechtlichen Begriff des Vermögensgegenstandes gleichsetzt. Die Frage ist auch hier, ob dies eine Entscheidungserheblichkeit des europäischen Rechts begründet.

■ Besonders deutlich wird die Großzügigkeit des EuGH bei der Annahme einer Entscheidungserheblichkeit dadurch, dass er von einer zulässigen Vorlage auch dann ausgeht, wenn ein Vertrag das Unionsrecht für unmittelbar anwendbar erklärt[150].

Der EuGH überlässt die Prüfung der Entscheidungserheblichkeit dem vorlegenden Gericht. Hinsichtlich der Verteilung der richterlichen Aufgaben zwischen den einzelstaatlichen Gerichten und dem Gerichtshof aufgrund von Art. 267 AEUV besitzt das einzelstaatliche Gericht, das allein über die unmittelbare Kenntnis des Sachverhalts und der von den Parteien vorgetragenen Argumente verfügt und das die Verantwortung für die zu fällende Entscheidung zu tragen hat, die besseren Voraussetzungen, um – in voller Kenntnis der Sache – die Erheblichkeit der Rechtsfragen zu beurteilen, die durch den bei ihm anhängigen Rechtsstreit aufgeworfen werden, und um zu entscheiden, ob für den Erlass seines Urteils die Einholung einer Vorabentscheidung erforderlich ist. Der EuGH hat daher ohne eingehende Prüfung seine Zuständigkeit in bilanzsteuerlichen Fragen angenommen, weil das nationale Gericht die Fragen nach der Auslegung der 4. gesellschaftsrechtlichen Richtlinie (Bilanzrichtlinie) für entscheidungserheblich hielt[151].

Das eigentliche Problem in diesen Fällen der Anlehnung an Unionsrecht ist also nicht die Auslegung des Art. 267 AEUV, sondern die Feststellung einer sich aus dem nationalen Recht ergebenden Entscheidungserheblichkeit.

Wenn der EuGH auch bei der Beurteilung der Zulässigkeit von Vorlageersuchen großzügig verfährt, so obliegt ihm in Ausnahmefällen doch die Untersuchung der Umstände, unter denen er vom nationalen Gericht angerufen worden ist. So lehnt er eine Entscheidung ab, wenn die aufgeworfenen Fragen mit der Realität oder dem Gegenstand des Ausgangsverfahrens keinen Zusammenhang haben[152] oder der Sachverhalt konstruiert wurde, um ein Vorentscheidungsverfahren herbeizuführen[153].

Daneben ist ein Vorlageersuchen unzulässig, wenn die Sach- und Rechtslage unzureichend dargestellt ist oder der Sachverhalt interner Natur ist und keinen Bezug zum Unionsrecht

---

[149] Vgl. EuGH vom 28.03.1995, C-346/93, Kleinwort Benson, Rn. 16.
[150] Vgl. EuGH vom 25.06.1992, Rs. C-88/91, Federazione, Rn. 7.
[151] Vgl. EuGH vom 04.09.1999, Rs. C. 275/97, DE + ES Bauunternehmung, Rn. 1 ff.
[152] Vgl. EuGH vom 17.10.1996, Rs. C-283, 291, 292/94 – Denkavit u.a., Rn. 44; EuGH vom 05.06.1997, Rs. C-105/94, Celestini, Rn. 22.
[153] Vgl. EuGH vom 11.03.1980, Rs. 104/79, Foglia, Rn. 10 f.

hat[154]. Ebenfalls unzulässig ist ein Vorlageersuchen, wenn die Vorschrift des Unionsrechts, deren Auslegung begehrt wird, offensichtlich nicht einschlägig ist[155].

Im Übrigen bestehen auch hier Einflüsse des Vertragsrechts auf das nationale Recht. So darf z.B. durch Präklusionsvorschriften nicht das Recht der Gerichte zur Vorlage ausgeschlossen werden[156].

1.6.2.3 Obligatorische Vorlage

Im Hauptsacheverfahren

Ein Gericht, dessen Entscheidung nicht mit Rechtsmitteln anfechtbar ist, muss, wenn sich ihm eine der genannten Fragen stellt, die Angelegenheit dem EuGH vorlegen (Art. 267 Abs. 3 AEUV). Welches Gericht ist ein solches Gericht? Bei abstrakter Betrachtung die obersten Gerichte, bei konkreter Betrachtung kommt es auf das jeweilige Prozessrecht und die Frage, ob dies noch einen Rechtsbehelf zulässt, an. Obwohl es um die Auslegung des Art. 267 Abs. 3 AEUV geht, hat kein Gericht die Frage bisher vorgelegt. Der Bundesfinanzhof hat sich, wie das Bundesverwaltungsgericht und das Bundesverfassungsgericht, der abstrakten Betrachtung angeschlossen. Ein Finanzgericht ist daher auch dann **kein** letztinstanzlich entscheidendes Gericht, wenn es die Revision nicht zulässt. Die Möglichkeit, gegen die Nichtzulassung der Revision Beschwerde einzulegen, reicht insoweit aus[157]. Diese kann dann auf die grundsätzliche Bedeutung der aufgeworfenen europarechtlichen Frage gestützt werden. Ist diese tatsächlich gegeben, muss der Bundesfinanzhof die Revision zulassen und die Sache dem EuGH vorlegen[158].

Der EuGH ist gesetzlicher Richter i.S.d. Art. 101 Abs. 1 S. 2 GG[159]. Unterbleibt eine Vorlage willkürlich, kann das darauf beruhende Urteil erfolgreich mit der Verfassungsbeschwerde angegriffen werden[160]. Willkürlich ist die Nichtvorlage, wenn ein letztinstanzliches Haupt-

---

154 Vgl. EuGH vom 06.07.1995, Rs. C-62/93, BP Soupergaz; Rn. 10.
155 Vgl. EuGH vom 26.09.1985, Rs. 166/84, Thomasdünger, Rn. 11; EuGH vom 05.12.1996, Rs. C-85/95, Reisdorf, Rn. 17.
156 Vgl. EuGH vom 14.12.1995, Rs. C 312/93, Peterbroeck, Rn. 12.
157 Vgl. BFH vom 03.02.1987, VII B 129/86, BStBl. II 1987, 305 (305) unter Hinweis auf die Entscheidung des EuGH vom 24.05.1977, Rs. 107-76, Hoffmann-La Roche, Rn. 5 zur Vorlagepflicht im Verfahren des einstweiligen Rechtsschutzes; BFH vom 25.06.1991, VII B 33/91, BFH/NV 1992, 286 (287); BFH vom 02.06.1992 VII R 63/91, BFH/NV 1993, 70 (71); BFH vom 15.02.1995, VII B 100/94, BFH/NV 1995, 829 (830). Vgl. auch BVerfG vom 31.05.1990, 2 BvL 12, 13/88, 2 BvR 1436/87, BVerfGE 82, 159 (196).
158 Vgl. BFH vom 25.06.1991, VII B 33/91, BFH/NV 1992, 286 (287). Ebenso auch BVerfG vom 31.05.1990, 2 BvL 12, 13/88, 2 BvR 1436/87, BVerfGE 82, 159 (196) für den Verwaltungsrechtsweg. Dagegen wurde die Nichtzulassungsbeschwerde gegen ein LAG-Urteil und die Verfassungsbeschwerde nicht als Rechtsbehelf angesehen (BVerfG vom 13.06.1997, EuZW 1997, 575 [576]).
159 Ständige Rechtsprechung des Bundesverfassungsgerichts seit der Entscheidung vom 22.10.1986, 2 BvR 197/83, Solange II, BVerfGE 73, 339 (367 ff.).
160 Vgl. BVerfG vom 08.04.1987, 2 BvR 687/85, BVerfGE 75, 223 (234); BVerfG vom 04.11.1987, 2 BvR 763/85, UR 1988, 25; BVerfG vom 31.05.1990, 2 BvL 12, 13/88, 2 BvR 1436/87, BVerfGE 82, 159 (192 ff.).

sachegericht die Auslegung einer Norm des Unionsrechts für erheblich und ihren Inhalt für zweifelhaft hält, aber eine Vorlage nicht in Betracht zieht, oder wenn es bewusst von einer Entscheidung des EuGH abweicht und trotzdem nicht vorlegt. Schließlich liegt Willkür vor, wenn die Gegenmeinung zu der europarechtlichen Frage **eindeutig** vorzugswürdig ist[161]. In einer neuen Entscheidung hat es diesen Katalog möglicher Verstöße entscheidend erweitert. Danach liegt ein Verstoß gegen Art. 101 Abs. 1 S. 2 GG vor, wenn zu einer entscheidungserheblichen Frage des Unionsrechts keine einschlägige Rechtsprechung des EuGH vorliegt oder wenn die vorliegende Rechtsprechung die entscheidungserhebliche Frage **möglicherweise** noch nicht erschöpfend beantwortet hat. Erscheine eine Fortentwicklung der Rechtsprechung des EuGH nicht nur als entfernte Möglichkeit, liege ein Verstoß gegen Art. 101 Abs. 1 S. 2 GG vor, wenn das letztinstanzliche Gericht den ihm in solchen Fällen notwendig zukommenden Beurteilungsrahmen in unvertretbarer Weise überschritten habe. Das letztinstanzliche Gericht muss sich in seiner Entscheidung unter Zugrundelegung der Rechtsprechung des EuGH mit den Fragen des Europarechts auseinandersetzen. Tut es das nicht, ist seine Entscheidung schon deshalb aufzuheben, weil das Bundesverfassungsgericht seine Gründe für eine Nichtvorlage nicht überprüfen kann[162].

Im Verfahren des einstweiligen Rechtsschutzes

Hier besteht auch für den Bundesfinanzhof nur ein **Vorlagerecht**, keine Vorlagepflicht. Da über die aufgeworfenen Fragen im Hauptsacheverfahren ohne Bindung an die Entscheidung im summarischen Verfahren entschieden werden kann, ist auch der Bundesfinanzhof im summarischen Verfahren kein Gericht, dessen Entscheidung selbst nicht mehr mit Rechtsmitteln des innerstaatlichen Rechts angefochten werden kann[163]. Das entspricht der Rechtsprechung des EuGH, die dem Zweck des Art. 267 Abs. 3 AEUV genüge getan sieht, wenn sichergestellt ist, dass die Sache im Hauptverfahren noch vorgelegt werden kann[164]. Der EuGH hat aber betont, dass er auch über Vorlagen, die im summarischen Verfahren ergehen, entscheidet[165].

Auch für nicht letztinstanzliche Gerichte besteht **Vorlagepflicht**, wenn sie im Vorlageverfahren sekundäres Unionsrecht für ungültig halten. In einem solchen Fall sind sie auch zur Aussetzung der Vollziehung befugt. Die Voraussetzungen sind aber strenger als nach § 69 Abs. 2 und 3 FGO[166].

---

[161] Vgl. BVerfG vom 04.11.1987, 2 BvR 763/85, UR 1988, 25; BVerfG vom 04.11.1987, 2 BvR 876/85, NJW 1988, 2173; BVerfG vom 31.05.1990, 2 BvL 12, 13/88, 2 BvR 1436/87, BVerfGE 82, 159 (195 f.).

[162] Vgl. BVerfG vom 09.01.2001, 1 BvR 1036/99, DÖV 2001, 379 (380).

[163] Vgl. BFH vom 18.03.1988, V B 43/85, BFH/NV 1989, 52 (53); BFH vom 17.12.1997 I B 108/97, BStBl. II 1998, 558 (559).

[164] Vgl. EuGH vom 27.10.1982, Rs. 35 und 36/82, Morson und Jhanjan, Rn. 7.

[165] Vgl. EuGH vom 24.05.1977, Rs. 107-76, Hoffmann-La Roche, Rn. 5.

[166] Vgl. EuGH vom 21.02.1991, Rs. C-143/88 und 92/89, Zuckerfabrik Süderdithmarschen, Rn. 16 ff.

1.6.2.4 Fakultative Vorlage

Hält ein Gericht, das nicht letztinstanzlich entscheidet, die Beantwortung einer der genannten Fragen für erforderlich, so kann es die Sache dem EuGH zur Beantwortung der Rechtsfrage vorlegen (Art. 267 Abs. 2 AEUV). Dies gilt im Hauptsacheverfahren ebenso wie im Verfahren zur Gewährung vorläufigen Rechtsschutzes. Der EuGH hat entschieden, dass ein Vorlagerecht in jedem Verfahrensstadium besteht und unabhängig davon ist, welche Entscheidung das Gericht treffen soll[167]. Die Ausübung des Vorlagerechts durch das Finanzgericht wird vom Bundesfinanzhof als eine Ermessensentscheidung des Finanzgerichts angesehen, die sich seiner Nachprüfung entzieht. Das gilt sowohl, wenn Beschwerde gegen einen Vorlagebeschluss eingelegt wird (diese ist unzulässig) als auch, wenn das Finanzgericht eine Vorlage ablehnt. Auf die Gründe des Finanzgerichts für die Ablehnung kommt es nicht an. Trotz des dem Finanzgericht durch diese Vorschrift eingeräumten Ermessens liegt kein Verstoß gegen das Gebot des gesetzlichen Richters vor[168]. Eine Nichtvorlage ist selbst dann kein Verstoß gegen das Gebot des gesetzlichen Richters, wenn die Auslegung der Unionsrechts zweifelhaft ist.[169]

1.6.2.5 Die Vorlageentscheidung des nationalen Gerichts

Der Inhalt, den der Beschluss eines Finanzgerichts oder des Bundesfinanzhofs, mit dem eine Frage dem EuGH vorgelegt wird, haben muss, ist nicht näher geregelt. Der Beschluss muss keine Begründung enthalten, sollte es aber, damit der EuGH die Entscheidungserheblichkeit und die sich dem Gericht stellende Frage erkennen kann. Die Vorlage ergeht von Amts wegen. Der Berater muss keinen Antrag stellen, er kann aber eine Vorlage anregen. Tut er dies, sollte er auch Vorlagefragen formulieren. Zum einen, weil es der schwierigste Teil der Vorlage ist und so dem Richter die Arbeit erleichtert wird. Vor allem aber, weil so in einem Rechtsgespräch auf eine Vorlagefrage hingewirkt werden kann, die die Entscheidung des Rechtsstreits möglichst optimal fördert. Denn die Fähigkeit des EuGH, eine Frage richtig zu entscheiden, hängt entscheidend von der Qualität der gestellten Vorlagefrage ab. Die Parteien können selbst keine Vorlagefragen an den EuGH formulieren. Der EuGH entscheidet über solche Fragen nicht[170].

Die Vorlageentscheidung ergeht durch Beschluss, der nicht anfechtbar ist[171]. Gleichzeitig ist das Verfahren analog § 74 FGO auszusetzen[172].

---

[167] Vgl. EuGH vom 09.11.1983, Rs. 199/82, San Giorgio, Rn. 8.
[168] Vgl. FG Hamburg vom 22.04.1999, II 23/97, EFG 1999, 1022 (1022).
[169] Vgl. BFH vom 02.04.1996, VII R 119/94, BFHE 180, 231 (235).
[170] Vgl. schon EuGH vom 09.12.1965, Rs. 44-65, Knappschaft, Slg. 1965, 1268 (1275).
[171] Vgl. BFH vom 27.01.1981, VII B 56/80, BStBl. II 1981, 324 (324 f.); BFH vom 25.07.1995, VII B 96/95, BFH/NV 1996, 163 (164).
[172] Vgl. FG München vom 26.01.1998, 15 K 3861/93, EFG 1998, 1076 (1076).

1.6.2.6   Das Verfahren in Vorlagesachen

Das Verfahren in Vorlagesachen ist, wie die übrigen Verfahrensarten auch, in der Verfahrensordnung des EuGH geregelt. Der weitere Ablauf lässt sich wie folgt beschreiben: Das Gericht übersendet den Vorlagebeschluss zusammen mit den Verfahrensakten direkt an den EuGH. Der Kanzler des Gerichtshofs stellt die Entscheidung dann den Parteien des Ausgangsverfahrens, den Mitgliedstaaten (in ihrer Amtssprache), der Kommission und, wenn die Gültigkeit oder die Auslegung einer Ratsverordnung streitig ist, auch dem Rat zu (Art. 23 EuGHSatz). Danach haben alle Beteiligten eine nicht verlängerbare Frist von zwei Monaten zur Äußerung (+ 10 Tage Entfernungsfrist im Falle Deutschlands, Art. 81 § 2 EuGH-VerfO). Es besteht kein Anwaltszwang, sondern es sind die Regeln über die Vertretung im Ausgangsverfahren entscheidend. Die Möglichkeit zu einem weiteren Schriftsatz besteht nicht. Das macht es sehr schwer, einen Schriftsatz abzufassen. Man weiß nicht, auf welche Punkte die anderen Beteiligten eingehen, und muss sich daher prophylaktisch auch mit deren möglichen Argumenten auseinandersetzen. Auch für die Mitgliedstaaten und die Kommission ist es nicht einfach, weil sie möglicherweise erstmalig mit der Problematik befasst werden. Nach Eingang der Stellungnahmen verfasst der Berichterstatter einen Vorbericht, aufgrund dessen dann entschieden wird, ob die Sache in einer Kammer oder im Plenum entschieden wird. Aufgrund des Vorberichts entscheidet der Gerichtshof auch, ob er Beweise erheben will. Das ist allerdings meist nicht der Fall, weil der EuGH aufgrund der Feststellungen des vorlegenden Gerichts entscheidet. Anders kann es sein, wenn es um die Gültigkeit von Handlungen der Unionsorgane geht.

Eine mündliche Verhandlung ist nicht zwingend. Wird sie beantragt, muss sie stattfinden. Der Antrag sollte immer gestellt werden, weil dies die einzige Gelegenheit ist, auf das Vorbringen der anderen Beteiligten einzugehen. Allerdings ist auch dies wegen der Kürze der Plädoyerzeit schwierig. Meist bieten erst die Fragen, die im Anschluss an die Plädoyers gestellt werden, Gelegenheit, den eigenen Standpunkt klarzumachen.

Die Entscheidung, die der EuGH in der Vorlagesache trifft, ist für alle mit der Sache befassten Gerichte einschließlich des Bundesverfassungsgerichts bindend[173]. Sie bindet aber auch alle anderen europäischen Gerichte, denen sich die gleiche Frage hinsichtlich der Auslegung des Unionsrechts stellt. Es handelt sich dabei um eine mittelbare Bindung, die daraus resultiert, dass innerstaatliche Gerichte die Frage dem EuGH vorlegen müssen, wenn sie von seiner Rechtsprechung abweichen wollen[174].

1.6.2.7   Auswirkungen auf das nationale Prozessrecht

In Fällen, in denen Unionsrecht von den Mitgliedstaaten angewendet wird, gilt deren Verfahrensrecht. Dieser Befund wurde vom EuGH in der Entscheidung Deutsche Milchkontor in die „Soweit-Formel" gefasst: „Soweit das Unionsrecht einschließlich der allgemeinen unionsrechtlichen Grundsätze hierfür keine gemeinsamen Vorschriften enthält, gehen die

---

[173]   Vgl. BVerfG vom 25.07.1979, 2 BvL 6/77, BVerfGE 52, 187 (201 f.).
[174]   Vgl. *Herlinghaus* (1997), S. 77; *Hobe* (2010), § 11 Rn. 175 f.

nationalen Behörden bei der Durchführung der Unionsregelungen nach den formellen und materiellen Bestimmungen des nationalen Rechts vor."[175] Wie wir schon gesehen haben, wird dieser Grundsatz aber durch den Äquivalenz- und den Effektivitätsgrundsatz eingeschränkt. Unter Berufung auf den Effektivitätsgrundsatz hat der EuGH z.B. entschieden, dass durch Präklusionsvorschriften den Gerichten nicht die Möglichkeit genommen werden dürfe, von Amts wegen über eine Vorlage zu entscheiden[176]. Das kann die Anwendbarkeit der §§ 76 Abs. 3, 65 Abs. 2 und 79b FGO in unionsrechtlich geregelten Sachverhalten einschränken. Ein weiteres Problem besteht hinsichtlich der Bindung an Entscheidungen des Bundesfinanzhofs im zweiten Rechtsgang vor den Finanzgerichten. Nach § 126 Abs. 5 FGO ist das FG hier an die Entscheidung des Bundesfinanzhofs im Revisionsurteil gebunden. Hat der Bundesfinanzhof im Revisionsurteil über europarechtliche Fragen entschieden, stellt sich die Frage, ob das FG im zweiten Durchgang wegen der gleichen Fragen eine Vorabentscheidung des EuGH einholen darf. Der Bundesfinanzhof hat dies verneint[177]. Der EuGH hatte es in der Rheinmühlen-Entscheidung bejaht[178]

1.6.2.8   Rechtspolitische Bewertung des Vorlageverfahrens

Die Bewertungen über die gegenwärtige Ausgestaltung des Vorabentscheidungsersuchens fallen ganz unterschiedlich aus. Ein Teil der Literatur bemängelt, dass die Gerichte ihrer Vorlagepflicht – gemessen an der Rechtsprechung des EuGH – nur unzureichend nachkommen. Als Gründe dafür werden schlichte Unkenntnis des Unionsrechts oder Ablehnung seiner Berücksichtigung, die Furcht vor einer weiteren Verfahrensverlängerung, vor einem Funktionsverlust der nationalen Gerichte, vor einer Vorlagenflut bei konsequenter Umsetzung der EuGH-Rechtsprechung, das Begreifen von Ungenauigkeiten von Richtlinien als Gestaltungsspielraum des nationalen Gesetzgebers und das Streben zur Bewahrung überkommener Rechtsstrukturen genannt.

Während diese Bestandsaufnahme die Forderung nach einer Ausweitung der Vorlagepraxis impliziert, meinen andere, dass im Gegenteil Einschränkungen geboten sind. Sie verweisen auf die immer länger werdende Verfahrensdauer vor dem EuGH (1,5–2 Jahre) und befürchten, dass bei konsequenter Vorlagepraxis der nationalen Gerichte der EuGH mit einer Welle von Vorlagen überschwemmt und arbeitsunfähig würde.

Daher wird teilweise eine Reduktion seiner Kompetenz auf Fälle gefordert, in denen die Ziele der Richtlinie unklar sind oder in denen das Europarecht von den nationalen Gerichten unterschiedlich interpretiert wird. Andere fordern, den EuGH nur mit Sachen von grundsätzlicher Bedeutung zu befassen (darunter mit *Hirsch* immerhin ein ehemaliger EuGH-Richter). Kritik wird auch daran geäußert, dass Fragestellungen aus Spezialsachbereichen durch ein allgemeines Gericht geklärt werden sollen. Deshalb wird vorgeschlagen,

---

[175]   EuGH vom 21.09.1983, Rs. 205-215/82, Deutsche Milchkontor, Rn. 17.
[176]   Vgl. EuGH vom 14.12.1995, Rs. C-312/95, Peterbroeck, Rn. 12.
[177]   Vgl. BFH vom 02.04.1996, VII R 119/94, BFHE 180, 231 (236) unter Hinweis auf das Urteil BFH vom 08.11.1983 VII R 141/82, BStBl. II 1984, 317 (318), das die Frage aber ausdrücklich offen gelassen hatte.
[178]   Vgl. EuGH vom 12.02.1974, Rs. 146/73, Rheinmühlen, Rn. 3.

dass sich der EuGH und die Generalanwälte von unabhängigen Experten beraten lassen sollen. Für den Bereich des Steuerrechts ist damit bislang aber nichts gewonnen.

1.6.3 Zusammenfassung

1. Der EuGH und das Gericht sind – entsprechend dem Grundsatz der begrenzten Einzelermächtigung – nur in den in den Verträgen ausdrücklich genannten Fällen zuständig. Eine allgemeine Rechtsschutzgarantie kennt das Unionsrecht nicht.

2. Das Unionsrecht sieht in erster Linie eine Vertragsverletzungsklage (Art. 258, 259 AEUV), eine Nichtigkeits- und Untätigkeitsklage (Art. 263 – 265 AEUV), eine Schadensersatzklage (Art. 268 AEUV) und ein Vorabentscheidungsersuchen (Art. 267 AEUV) vor. Nichtigkeits- und Untätigkeitsklage können auch von Privatpersonen erhoben werden. Zuständig ist dann das Gericht.

3. Die für das Steuerrecht wichtigste Verfahrensart ist das Vorabentscheidungsersuchen. In diesem legen nationale Gerichte dem EuGH Fragen nach der Bedeutung des Unionsrechts vor, die sich ihnen während eines bei ihnen anhängigen Rechtsstreites stellen. Dadurch, dass diese Fragen durch den EuGH beantwortet werden, soll eine einheitliche Anwendung des Unionsrechts gewährleistet werden.

4. Im Steuerrecht haben die Finanzgerichte, wenn sich ihnen eine Frage des Unionsrechts stellt, ein Ermessen, ob sie die Frage dem EuGH vorlegen. Der Bundesfinanzhof als letztinstanzlich entscheidendes Gericht muss solche Fragen dagegen vorlegen. Der Bundesfinanzhof folgt in seiner Vorlagepraxis allerdings nicht den strengen Anforderungen, die der EuGH an die Beurteilung der Notwendigkeit einer Vorlage stellt, sondern versucht, die Vorlagen auf Fälle grundsätzlicher Bedeutung zu beschränken.

5. Eine Frage der Auslegung des Unionsrechts kann sich nationalen Gerichten stellen, wenn es um die unmittelbare Anwendung von Unionsrecht geht, etwa einer Grundfreiheit, einer Verordnung, aber auch einer Richtlinie. Sie kann sich zudem ergeben, wenn nationales Recht unionsrechtskonform auszulegen ist und zu diesem Zweck der Inhalt des Unionsrechts geklärt werden muss. Für die Zulässigkeit einer Vorlage ist es dabei unerheblich, ob eine unionsrechtskonforme Auslegung vorzunehmen ist, weil ein unionsrechtlich geregelter Sachbereich vorliegt oder weil der nationale Gesetzgeber das Unionsrechts auch zur Regelung rein nationaler Sachverhalte heranzieht.

6. Über den Effektivitäts- und den Äquivalenzgrundsatz wirken die Regelungen zum Vorabentscheidungsersuchen auch in das nationale Prozessrecht hinein. So stehen diesen Prinzipien Regeln entgegen, die den nationalen Gerichten die Möglichkeit einer Vorlage nehmen. Das kann insbesondere Präklusionsvorschriften betreffen.

1.7 Fazit

Im Bereich des Unternehmenssteuerrechts kommt es, wie aufgeführt, immer wieder zu Berührungspunkten mit dem Europarecht, so dass es für eine vertiefte steuerrechtliche Auseinandersetzung unerlässlich ist, sich mit den Grundbegriffen und der Bedeutung des Europarechts intensiver zu befassen. Gerade das Verhältnis von nationalen Rechtsvorschriften zu primärem und sekundärem Unionsrecht, die grundsätzliche Kompetenzverteilung im Bereich des Steuerrechts zwischen Union und Mitgliedstaaten sowie eine genaue Kenntnis des europäischen Rechtsschutzsystems sollten sowohl von Studierenden als auch von Praktikern in Grundzügen beherrscht werden. Zur Vermittlung dieser Grundzüge möchten die Verfasser dieses Buches ihren Beitrag leisten.

1.8 Literaturverzeichnis

Auer M (2007) Neues zu Umfang und Grenzen der richtlinienkonformen Auslegung. In: Neue Juristische Wochenschrift 16/2007: 1106-1109.

Brechmann W (1994) Die richtlinienkonforme Auslegung. C.H. Beck, München.

Calliess C, Ruffert M (2011) Art. 5 EUV. In: Calliess C, Ruffert, M (Hrsg): Kommentar des Vertrages über die Europäische Union und des Vertrages zur Gründung der Europäischen Gemeinschaft – EUV/AEUV. C.H. Beck, München.

Danwitz T (2012) Rechtsetzung und Rechtsangleichung. In: Dauses, Manfred A. (Hrsg): Handbuch des EU-Wirtschaftsrechts. C.H. Beck, München.

Dautzenberg N (1997) Unternehmensbesteuerung im EG-Binnenmarkt, Steuer-, Wirtschaft und Recht. Josef Eul, Köln.

Dörr C (2012) Der unionsrechtliche Staatshaftungsanspruch in Deutschland zwanzig Jahre nach Francovich. Europäische Zeitschrift für Wirtschaftsrecht 3/2012: 86-92.

Dörr O (2003) Der europäisierte Rechtsschutzauftrag deutscher Gerichte. J.C.B. Mohr (Paul Siebeck), Tübingen.

Fischer K H (2010) Der Vertrag von Lissabon. Nomos, Baden-Baden.

Frenz, Walter (2011) Europarecht. Springer Verlag, Heidelberg.

Frotscher G (2009): Internationales Steuerrecht. C.H. Beck, München.

Fugmann F, Kamp M W, Schloh, B, Dauses, M A, Schäfer, P (2012) Institutioneller Aufbau der EG. In: Dauses, M A (Hrsg): Handbuch des EU-Wirtschaftsrechts. C.H. Beck, München.

Gellermann M (1994): Staatshaftung und Gemeinschaftsrecht. In: Europarecht 29/1994: 342-358.

Gräber F (2010): Finanzgerichtsordnung mit Nebengesetzen. C.H. Beck, München.

Grabitz E, Hilf M; Nettesheim M (2012): Das Recht der Europäischen Union, 48. Aufl. Loseblatt Band I. C.H. Beck, München.

Gündisch J (2003) Rechtsschutz in der Europäischen Union. Ein Leitfaden für die Praxis. Boorberg, Stuttgart u.a.

Hakenberg, Waltraud (2012) Europarecht. Vahlen, München.

Haratsch A, Koenig C, Pechstein M (2012) Europarecht. Mohr Siebeck, Tübingen.

Heinemann D (2012) Unionsrecht und Verfassungsmäßigkeitskontrolle. Niedersächsische Verwaltungsblätter 2/2012: 38-41.

Herlinghaus A (1997) Bedeutung und Reichweite der richtlinienkonformen Auslegung des nationalen Rechts. Schriftenreihe des Instituts „Finanzen und Steuern", Heft 357. Bonn.

Herresthal C (2007) Voraussetzungen und Grenzen der gemeinschaftsrechtskonformen Rechtsfortbildung. In: Europäische Zeitschrift für Wirtschaftsrecht 13/2007: 396-400.

Hidien J W (1999) Die gemeinschaftsrechtliche Staatshaftung der EU-Mitgliedstaaten. Nomos, Baden-Baden.

Hobe S (2010) Europarecht. Carl Heymanns, Köln.

Höpfner C (2008) Die systemkonforme Auslegung. Zur Auflösung einfachgesetzlicher, verfassungsrechtlicher und europarechtlicher Widersprüche im Recht. Grundlagen der Rechtswissenschaft. Band 11. J.C.B. Mohr (Paul Siebeck), Tübingen.

Hoppe T (2009) Die Europäisierung der Gesetzgebung: Der 80% Mythos lebt. Europäische Zeitschrift für Wirtschaftsrecht 6/2009: 168-169.

Ipsen H P (1972) Europäisches Gemeinschaftsrecht. J.C.B. Mohr (Paul Siebeck), Tübingen.

Jacobs O H, Endres D, Spengel C (2011) Internationale Unternehmensbesteuerung. C.H. Beck, München.

Lienbacher G (2012) Art. 5 EUV. In: Schwarze, J. (Hrsg) EU-Kommentar. Nomos, Baden-Baden.

Müller-Franken S (1998) Gemeinschaftsrechtliche Fristhemmung, richtlinienkonforme Auslegung und Bestandskraft von Verwaltungsakten. In: Deutsches Verwaltungsblatt 13/1998: 758-765.

Müller-Graff P-C (2012) Verfassungsziele der EG/EU. In: Dauses, M A. (Hrsg): Handbuch des EU-Wirtschaftsrechts. C.H. Beck, München.

Oppermann T, Classen C D; Nettesheim, M (2011) Europarecht. C.H. Beck, München.

Rengeling H; Middeke A; Gellermann M (2003) Handbuch des Rechtsschutzes in der Europäischen Union. C.H. Beck, München.

Scherer T (1995) Doppelbesteuerung und Europäisches Gemeinschaftsrecht. C.H. Beck, München.

Schön W (1993) Die Auslegung des europäischen Steuerrechts. Rechtsordnung und Steuerwesen. In: Knobbe-Keuk B (Hrsg), Band 20. Dr. Otto Schmidt, Köln 1993: 45 ff.

Schwarze J (2009) Der Reformvertrag von Lissabon – Wesentliche Elemente des Reformvertrags, Europarecht 2009, Beiheft 1: 9-30.

Schweitzer M, Hummer W, Obwexer W (2007) Europarecht. Manz, Wien.

Seibert H (1995) Europarechtliche Frist- und Bestandskrafthemmung im Steuerrecht. In: Betriebs-Berater 50/1995: 543-550.

Streinz R (2012) Europarecht. C.F. Müller, Heidelberg u.a.

Takacs P (1998) Das Steuerrecht der Europäischen Union. Überreuther Wirtschaft, Wien.

Terhechte J P (2008) Der Vertrag von Lissabon: Grundlegende Verfassungsurkunde der europäischen Rechtsgemeinschaft oder technischer Änderungsvertrag?, Europarecht 2/2008: 143-189.

Thömmes O; Linn A (2012) Staatshaftungsansprüche durch Nicht-Erstattung unionsrechtswidriger Kapitalertragsteuer, Zeitschrift für Internationales Steuerrecht 20/2012: 777-784.

Weber A (2008) Vom Verfassungsvertrag zum Vertrag von Lissabon. Europäische Zeitschrift für Wirtschaftsrecht 1/2008: 7-14.

1.9 Quellenverzeichnis

[Durchführungsverordnung Mehrwertsteuer (2004)] Verordnung der Kommission zur Regelung der Durchführung bestimmter Vorschriften der Verordnung (EG) Nr. 1798/2003 des Rates über die Zusammenarbeit der Verwaltungsbehörden auf dem Gebiet der Mehrwertsteuer. Vom 29.10.2004. 1925/2004/EG, ABl. 2004, L 331/13.

[EEA (1986)] Einheitliche Europäische Akte vom 28.02.1986. ABl. 1987, L 169/1.

[EGKS (1951)] Vertrag über die Gründung der Europäischen Gemeinschaft für Kohle und Stahl. Vom 18.04.1951. BGBl. II, S. 447.

[Entwurf Verfassungsvertrag (2004)] Vertrag über eine Verfassung für Europa. ABl. 2004, C 310/1.

[EUV (1992)] Vertrag über die Europäische Union. Vom 07.02.1992. BGBl. II 1992, S. 1253.

[EUV und AEUV (2010)] Konsolidierte Fassung des Vertrags über die Europäische Union und des Vertrages über die Arbeitsweise der Europäischen Union. ABl. 2010, C 83/13.

[EURATOM (1957)] Vertrag zur Gründung der Europäischen Atomgemeinschaft (EURATOM). Vom 25.03.1957. BGBl. II, S. 1014.

[EWG (1957)] Vertrag zur Gründung der Europäischen Wirtschaftsgemeinschaft. Vom 25.03.1957. BGBl. II, S. 766.

[FISCALIS] Entscheidung des Europäischen Parlamentes und des Rates über ein gemeinschaftliches Aktionsprogramm zur Verbesserung der Systeme der indirekten Besteuerung im Binnenmarkt (FISCALIS-Programm). Vom 30.03.1998. (98/888/EG). ABl. 1998, L 126/1.

[Fusionsrichtlinie (2009)] Richtlinie des Rates über das gemeinsame Steuersystem für Fusionen, Spaltungen, Abspaltungen, die Einbringung von Unternehmensteilen und den Austausch von Anteilen, die Gesellschaften verschiedener Mitgliedstaaten betreffen, sowie für die Verlegung des Sitzes einer Europäischen Gesellschaft oder einer Europäischen Genossenschaft von einem Mitgliedstaat in einen anderen Mitgliedstaat. Vom 19.10.2009. 2009/133/EG, ABl. 2009, L 310/34.

[Gleichbehandlungsrichtlinie (1976)] Richtlinie des Rates zur Verwirklichung des Grundsatzes der Gleichbehandlung von Männern und Frauen hinsichtlich des Zugangs zur Beschäftigung, zur Berufsausbildung und zum beruflichen Aufstieg sowie in bezug auf die Arbeitsbedingungen. Vom 09.02.1976. 76/207/EWG, ABl. 1976, L 39/40.

[Mehrwertsteuerrichtlinie (2002)] Richtlinie des Rates zur Änderung und vorübergehenden Änderung der Richtlinie 77/388/EWG bezüglich der mehrwertsteuerlichen Behandlung der Rundfunk- und Fernsehdienstleistungen sowie bestimmter elektronisch erbrachter Dienstleistungen. Vom 07.05.2002. 2002/38/EG, ABl. 2002 L 128/41.

[Mehrwertsteuerverordnung (2003)] Verordnung des Rates über die Zusammenarbeit der Verwaltungsbehörden auf dem Gebiet der Mehrwertsteuer und zur Aufhebung der Verordnung (EWG) Nr. 218/92. Vom 07.10.2003. 1798/2003/EG, ABl. 2003, L 264/1.

[Richtlinie über gegenseitige Amtshilfe (1977)] Richtlinie des Rates über die gegenseitige Amtshilfe zwischen den zuständigen Behörden der Mitgliedstaaten im Bereich der direkten Steuern. Vom 19.12.1977. 77/799/EWG, ABl. 1977, L 336/15.

[Richtlinie über gemeinsames Steuersystem (2011)] Richtlinie des Rates über das gemeinsame Steuersystem der Mutter- und Tochtergesellschaften verschiedener Mitgliedstaaten. Vom 30.11.2011. 2011/96/EU, ABl. 2011, L 345/8.

[Richtlinie zur Angleichung der Rechtsvorschriften (1980)] Richtlinie des Rates zur Angleichung der Rechtsvorschriften der Mitgliedstaaten über den Schutz der Arbeitnehmer bei Zahlungsunfähigkeit des Arbeitgebers. Vom 20.10.1980. 80/987/EWG, ABl. 1980, L 283/23.

[Richtlinie zur Rechnungsausstellung 2001] Richtlinie des Rates zur Änderung der Richtlinie 77/388/EWG mit dem Ziel der Vereinfachung, Modernisierung und Harmonisierung der mehrwertsteuerlichen Anforderungen an die Rechnungstellung. Vom 20.12.2001. 2001/115/EG, ABl. 2002, L 15/24.

[Schlussfolgerungen des Vorsitzes] Schlussfolgerungen des Vorsitzes, EU-Nachrichten Dokumentation Nr. 2/2003, S. 3, Nr. 2, 5. Überarbeiteter Entwurf ABl. 2003, C 169/1.

[Steuerbeschluss auf Online-Glücksspiele] Beschluss der Kommission über die von Dänemark geplante Maßnahme C 35/10 (ex N 302/10) in Form von Steuern auf Online-Glücksspiele nach dem dänischen Glücksspielsteuergesetz vom 20.09.2011. Vom 20.09.2011. 2012/140/EU, ABl. 2012, L 68/3.

[Vereinbarung einer Reflexionsphase] Erklärung der Staats- und Regierungschefs der Mitgliedstaaten der Europäischen Union zur Ratifizierung des Vertrages über eine Verfassung für Europa. EU-Nachrichten Dokumentation Nr. 2/2005, S. 28.

[Verhaltenskodex Unternehmensbesteuerung] Entschließung des Rates und der im Rat vereinigten Vertreter der Regierungen der Mitgliedstaaten über einen Verhaltenskodex für die Unternehmensbesteuerung. Vom 01.12.1997. ABl. C 2/2.

[Verordnung auf dem Gebiet der indirekten Besteuerung] Verordnung (EG) des Rates zur vorübergehenden Änderung der Verordnung (EWG) Nr. 218/92 über die Zusammenarbeit der Verwaltungsbehörden auf dem Gebiet der indirekten Besteuerung (MWSt) im Hinblick auf zusätzliche Maßnahmen betreffend den elektronischen Geschäftsverkehr. Vom 07.05.2002. Nr. 792/2002, Abl. 2002, L 128/1.

[Vertrag von Amsterdam 1997] Vertrag von Amsterdam zur Änderung des Vertrages über die Europäische Union, der Verträge zur Gründung der Europäischen Gemeinschaften sowie einiger damit zusammenhängender Rechtsakte. Vom 02.10.1997. ABl. 1997, C 340/1.

[Vertrag von Nizza (2001)] Vertrag von Nizza zur Änderung des Vertrags über die Europäische Union, der Verträge zur Gründung der Europäischen Gemeinschaften sowie einiger damit zusammenhängender Rechtsakte. Vom 26.02.2001. ABl. 2001, C 80/1.

[Vorschlag Zollkodexverordnung (2012)] Vorschlag für eine Verordnung des Europäischen Parlaments und des Rates zur Festlegung des Zollkodex der Europäischen Union, vom 20.02.2012, COM(2012) 64 final.

1.10   Rechtsprechungsverzeichnis

Gericht	Datum	Aktenzeichen	Urteilsbezeichnung	Fundstelle
BFH	09.07.1976	VI 158/74		BStBl. II 1976, 755
BFH	27.01.1981	VII B 56/80		BStBl. II 1981, 324
BFH	08.11.1983	VII R 141/82		BStBl. II 1984, 317
BFH	25.04.1985	V R 123/84		BFHE 143, 383
BFH	03.02.1987	VII B 129/86		BStBl. II 1987, 305
BFH	18.03.1988	V B 43/85		BFH/NV 1989, 52
BFH	20.04.1988	I R 219/82		BStBl. II 1990, 701
BFH	25.06.1991	VII B 33/91		BFH/NV 1992, 286
BFH	02.06.1992	VII R 63/91		BFH/NV 1993, 70
BFH	11.10.1994	V R 139/93		BFH/NV 1995, 933
BFH	15.02.1995	VII B 100/94		BFH/NV 1995, 829
BFH	25.07.1995	VII B 96/95		BFH/NV 1996, 163
BFH	21.03.1996	XI R 36/95		BStBl II 1996, 399
BFH	02.04.1996	VII R 119/94		BFHE 180, 231
BFH	17.12.1997	I B 108/97		BStBl. II 1998, 558
BFH	11.03.1998	X B 49/97		BFN/NV 1998, 1091
BFH	15.09.2004	I R 83/04		DStR 2004, 2005
BFH	31.10 1990	II R 176/87		BStBl. II 1991, 161
BVerfG	18.10.1967	1 BvR 248/63		BVerfGE 22, 293

Gericht	Datum	Aktenzeichen	Urteilsbezeichnung	Fundstelle
		und 216/67		
BVerfG	21.05.1974	1 BvL 22/71 und 21/72	Solange I	BVerfGE 37, 217
BVerfG	25.07.1979	2 BvL 6/77		BVerfGE 52, 187
BVerfG	22.10.1986	2 BvR 197/83	Solange II	BVerfGE 73, 339
BVerfG	08.04.1987	2 BvR 687/85		BVerfGE 75, 223
BVerfG	04.11.1987	2 BvR 876/85		NJW 1988, 2173
BVerfG	04.11.1987	2 BvR 763/85		UR 1988, 25
BVerfG	31.05.1990	2 BvL 12, 13/88, 2 BvR 1436/87		BVerfGE 82, 159
BVerfG	12.10.1993	2 BvR 2134 2159/92	Maastricht	BVerfGE 89, 155
BVerfG	17.02.2000	2 BvR 1210/98		IStR 2000, 253
BVerfG	07.06.2000	2 BvL 1/97		BVerfGE 102, 147
BVerfG	09.01.2001	1 BvR 1036/99		DÖV 2001, 379
BVerfG	30.06.2009	2 BvE 2/08 u. a.	Lissabon	NJW 2009, 2267
BVerfG	06.07.2010	2 BvR 2661/06	Honeywell	NZA 2010, 995
EuG	11.02.1999	T-86/96	Arbeitsgemeinschaft Deutscher Luftfahrt-Unternehmen	Slg. 1999, II-179
EuG	27.09.2006	T-117/04	Vereniging Werkgroep Commerciele	Slg. 2006, II-3861

Gericht	Datum	Aktenzeichen	Urteilsbezeichnung	Fundstelle
EuGH	15.07.1960	Rs. 20-59	Italien/Hohe Behörde	Slg. 1960, 681
EuGH	05.02.1963	Rs. 26-62	van Gend & Loos	Slg. 1963, 1
EuGH	15.07.1964	Rs. 6-64	Costa	Slg. 1964, 1253
EuGH	09.12.1965	Rs. 44-65	Knappschaft	Slg. 1965, 1268
EuGH	03.04.1968	Rs. 28-67	Molkerei Zentrale Westfa-len-Lippe	Slg. 1968, 211
EuGH	12.11.1969	Rs. 29-69	Stauder	Slg. 1969, 419
EuGH	06.10.1970	Rs. 9-70	Grad	Slg. 1970, 825
EuGH	02.10.1971	Rs. 5-71	Schöppenstedt	Slg. 1971, 975
EuGH	12.02.1974	Rs. 146-73	Rheinmühlen	Slg. 1974, 139
EuGH	14.05.1974	Rs. 4-73	Nold	Slg. 1974, 491
EuGH	11.07.1974	Rs. 8-74	Dassonville	Slg. 1974, 837
EuGH	16.12.1976	Rs. 33-76	Rewe	Slg. 1976, 1989
EuGH	22.03.1977	Rs. 74-76	Iannelli	Slg. 1977, 557
EuGH	24.05.1977	Rs. 107-76	Hoffmann-La Roche	Slg. 1977, 957
EuGH	08.11.1977	Rs. 36-77	AIMA	Slg. 1977, 2059
EuGH	03.05.1978	Rs. 112/77	Töpfer	Slg. 1978, 1019
EuGH	20.02.1979	Rs. 120/78	REWE	Slg. 1979, 649
EuGH	05.04.1979	Rs. 148/78	Ratti	Slg. 1979, 1629
EuGH	12.07.1979	Rs. 260/78	Maggi	Slg. 1979, 2693

Gericht	Datum	Aktenzeichen	Urteilsbezeichnung	Fundstelle
EuGH	13.12.1979	Rs. 44/79	Hauer	Slg. 1979, 3727
EuGH	27.02.1980	Rs. 68/79	Just	Slg. 1980, 501
EuGH	11.03.1980	Rs. 104/79	Foglia	Slg. 1980, 745
EuGH	29.10.1980	Rs. 139/79	Maizena	Slg. 1980, 3393
EuGH	16.12.1980	Rs. 27/80	Fietje	Slg. 1980, 3839
EuGH	17.12.1981	Rs. 279/80	Webb	Slg. 1981, 3305
EuGH	19.01.1982	Rs. 8/81	Becker	Slg. 1982, 53
EuGH	22.06.1982	Rs. 220/81	Robertson	Slg. 1982, 2349
EuGH	06.10.1982	Rs. 283/81	CILFIT	Slg. 1982, 3415
EuGH	27.10.1982	Rs. 35 und 36/82	Morson und Jhanjan	Slg. 1982, 3723
EuGH	17.03.1983	Rs. 94/82	De Kikvorsch	Slg. 1983, 947
EuGH	21.09.1983	Rs. 205-215/82	Deutsche Milchkontor	Slg. 1983, 2633
EuGH	09.11.1983	Rs. 199/82	San Giorgio	Slg. 1983, 3595
EuGH	04.07.1985	Rs. 168/84	Berkholz	Slg. 1985, 2251
EuGH	26.09.1985	Rs. 166/84	Thomasdünger	Slg. 1985, 3001
EuGH	10.12.1985	Rs. 290/84	Mainfrucht Obstverwertung	Slg. 1985, 3909
EuGH	28.01.1986	Rs. 270/83	avoir fiscal	Slg. 1986, 273
EuGH	26.02.1986	Rs. 152/84	Marshall	Slg. 1986, 723
EuGH	15.05.1986	Rs. 222/84	Johnston	Slg. 1986, 1651

Gericht	Datum	Aktenzeichen	Urteilsbezeichnung	Fundstelle
EuGH	08.10.1987	Rs. 80/86	Kolpinghuis Nijmegen	Slg. 1987, 3969
EuGH	02.02.1988	Rs. 309/85	Barra	Slg. 1988, 355
EuGH	18.10.1990	Rs. C-297/88 und C-197/89	Dzodzi	Slg. 1990, I-3763
EuGH	13.11.1990	Rs. C-106/89	Marleasing	Slg. 1990, I-4135
EuGH	21.02.1991	Rs. C-143/88 und 92/89	Zuckerfabrik Süderdith-marschen	Slg. 1991, I-534
EuGH	07.05.1991	Rs. C-340/89	Vlassopoulou	Slg. 1991, I-2357
EuGH	25.07.1991	Rs. C-208/90	Emmott	Slg. 1991, I-4269
EuGH	19.11.1991	Rs. C-6/90 und 9/90	Francovich	Slg. 1991, I-5357
EuGH	25.06.1992	Rs. C-88/91	Federazione	Slg. 1992, I-4035
EuGH	10.11.1992	Rs. C-156/92	Hansa Fleisch	Slg. 1992, I-5567
EuGH	13.07.1993	Rs. C-330/91	Commerzbank	Slg. 1993, I-4017
EuGH	09.03.1994	Rs. C-188/92	Textilwerke Deggendorf	Slg. 1994, I-833
EuGH	14.02.1995	Rs. C-279/93	Schumacker	Slg. 1995, I-225
EuGH	28.03.1995	Rs. C-346/93	Kleinwort Benson	Slg. 1995, I-615
EuGH	06.07.1995	Rs. C-62/93	BP Soupergaz	Slg. 1995, I-1883
EuGH	26.10.1995	Rs. C-151/94	Kommission/Luxemburg	Slg. 1995, I-3685
EuGH	14.12.1995	Rs. C-312/93	Peterbroeck	Slg. 1995, I-4599
EuGH	05.03.1996	Rs. C-46 und 48/93	Brasserie du pêcheur	Slg. 1996, I-1029

Gericht	Datum	Aktenzeichen	Urteilsbezeichnung	Fundstelle
EuGH	08.10.1996	Rs. C-178/94, 179/94, 188/94, 189/94 und 190/94	Dillenkofer	Slg. 1996, I-4845
EuGH	17.10.1996	Rs. C-283, 291, 292/94	Denkavit u.a.	Slg. 1996, I-5063
EuGH	05.12.1996	Rs. C-85/95	Reisdorf	Slg. 1996, I-6257
EuGH	14.01.1997	Rs. C-192 bis 218/95	Comateb u.a.	Slg. 1997, I-165
EuGH	20.02.1997	Rs. C-260/95	DFDS	Slg. 1997, I-1005
EuGH	05.06.1997	Rs. C-105/94	Celestini	Slg. 1997, I-2971
EuGH	10.07.1997	Rs. C-261/95	Palmisani	Slg. 1997, I-4025
EuGH	17.07.1997	Rs. C-190/95	ARO Lease	Slg. 1997, I-4383
EuGH	17.07.1997	Rs. C-114 und 115/95	Texaco	Slg. 1997, I-4263
EuGH	17.07.1997	Rs. C-130/95	Giloy	Slg. 1997, I-4291
EuGH	17.07.1997	Rs. C-28/95	Leur-Bloem	Slg. 1997, I-4161
EuGH	04.11.1997	Rs. C-337/95	Parfums Christian Dior	Slg. 1997, I-6013
EuGH	02.12.1997	Rs. C-188/95	Fantask	Slg. 1997, I-6783
EuGH	18.12.1997	Rs. C-129/96	Inter-Environment Wallonie	Slg. 1997, I-7411
EuGH	02.04.1998	Rs. C-296/95	EMU	Slg. 1998, I-1605
EuGH	02.04.1998	Rs. C-127/95	Norbrook Laboratories	Slg. 1998, I-1531

Gericht	Datum	Aktenzeichen	Urteilsbezeichnung	Fundstelle
EuGH	28.04.1998	Rs. C-118/96	Safir	Slg. 1998, I-1919
EuGH	16.07.1998	Rs. C-264/96	ICI	Slg. 1998, I-4695
EuGH	15.09.1998	Rs. C-231/96	Edis	Slg. 1998, I-4951
EuGH	15.09.1998	Rs. C-260/96	Spac	Slg. 1998, I-4997
EuGH	15.09.1998	Rs. C-279 und 280/96	Ansaldo	Slg. 1998, I-5025
EuGH	24.09.1998	Rs. C-319/96	Brinkmann	Slg. 1998, I-5255
EuGH	01.12.1998	Rs. C-326/96	Levez	Slg. 1998, I-7835
EuGH	03.12.1998	Rs. C-381/97	Belgokodex	Slg. 1998, I-8153
EuGH	25.02.1999	Rs. C-349/96	Card Protection Plan	Slg. 1999, I-999
EuGH	04.03.1999	Rs. C-258/97	Hospital Ingenieure Krankenhaustechnik Planungs-Gesellschaft	Slg. 1999, I-1405
EuGH	29.04.1999	Rs. C-224/97	Ciola	Slg. 1999, I-2517
EuGH	15.06.1999	Rs. C-140/97	Rechberger u.a.	Slg. 1999, I-3499
EuGH	17.06.1999	Rs. C-166/98	Socridis	Slg. 1999, I-3791
EuGH	04.09.1999	Rs. C-275/97	DE + ES Bauunternehmung	Slg. 1999, I-5331
EuGH	14.09.1999	Rs. C-310/97 P	AssiDomän Kraft Products AB u.a.	Slg. 1999, I-5363
EuGH	21.09.1999	Rs. C-307/97	Saint-Gobain	Slg. 1999, I-6161
EuGH	11.01.2000	Rs. C-285/98	Kreil	Slg. 2000, I-69

Gericht	Datum	Aktenzeichen	Urteilsbezeichnung	Fundstelle
EuGH	06.06.2000	Rs. C-35/98	Verkooijen	Slg. 2000, I-4071
EuGH	08.06.2000	Rs. C-375/98	Epson Europe	Slg. 2000, I-4243
EuGH	14.09.2000	Rs. C-349/98	Vaterschaftstest	Slg. 2000, I-6795
EuGH	28.11.2000	Rs. C-88/99	Roquette Frères SA	RIW 2001, 145
EuGH	18.01.2001	Rs. C-150/99	Stockholm Lindöpark AB	DStRE 2001, 256
EuGH	08.03.2001	Rs. C-397 und 410/98	Metallgesellschaft, Höchst	DStRE 2001, 403
EuGH	04.07.2006	Rs. C-212/04	Konstantinos Adeneler u.a.	Slg. 2006, I-6057
EuGH	24.03.2009	Rs. C-445/06	Danske Slagterier	DStR 2009, 702
FG Hamburg	22.04.1999	II 23/97		EFG 1999, 1022
FG München	26.01.1998	15 K 3861/93		EFG 1998, 1076

2 Grundfreiheiten und direkte Unternehmensbesteuerung

Steffen Lampert

Dieses Kapitel widmet sich der maßgeblich durch die Rechtsprechung des EuGH geprägten Bedeutung der Grundfreiheiten auf dem Gebiet der direkten Steuern. Der erste Teil dieses Kapitels (2.1) gibt einen kurzen Überblick über die wachsende Bedeutung der Grundfreiheiten für die Unternehmensbesteuerung und setzt diese Entwicklung in Bezug zur Bedeutung des sekundären Gemeinschafts- bzw. Unionsrechts. Der zweite Teil widmet sich sodann der Dogmatik der Grundfreiheiten (2.2). Im Mittelpunkt dieser Ausführungen steht zunächst die Vorgehensweise bei der Überprüfung der Vereinbarkeit einer nationalen Steuernorm mit den Grundfreiheiten des AEUV. Hierauf aufbauend finden sich im dritten Teil (2.3) vertiefende Darstellungen zu besonders relevanten Teilbereichen der Unternehmensbesteuerung. Zum besseren Verständnis der Rechtsprechung des EuGH ist den Besprechungen der Entscheidungen jeweils eine Einführung in die grundlegenden Regelungsstrukturen der betroffenen Teilbereiche vorangestellt. Im Anschluss an die einzelnen Entscheidungsbesprechungen finden sich Hinweise auf die Folgen dieser Rechtsprechung für die Unternehmensbesteuerung in Deutschland.

2.1 Die Bedeutung der Grundfreiheiten im Spiegel der Steuerpolitik der EU

2.1.1 Vorbemerkung

Die heutige Bedeutung der Grundfreiheiten für die Unternehmensbesteuerung beruht in erster Linie auf der Rechtsprechung des EuGH. Daneben bezieht sich die Kommission in Vertragsverletzungsverfahren auf die Grundfreiheiten. Von der Gründung der EWG bis Mitte der 1980er Jahre kam den Grundfreiheiten für die Unternehmensbesteuerung keine nennenswerte Bedeutung zu. Stattdessen suchte die Europäische Kommission mit wechselnder Intensität den Bereich des Unternehmenssteuerrechts durch sekundäres Gemeinschaftsrecht zu ordnen. Dabei zeigt sich, dass das in Art. 114 AEUV (ex Art. 95 EG) vorgesehene Einstimmigkeitserfordernis und die Sorge um den Verlust von Steuersubstrat den Harmonisierungsbemühungen der Kommission recht enge Grenzen setzen. Durch dieses strukturelle Problem des Unionsrechts kommt – entgegen der ursprünglichen Konzeption der Verträge – nicht (nur) der Kommission, sondern (auch) dem EuGH eine zentrale Rolle bei der „Europäisierung" des Unternehmenssteuerrechts zu. Der dadurch erreichte Harmonisierungsstand ist aufgrund der Einzelfallbezogenheit der Entscheidungen des EuGH freilich von einer anderen Qualität als die Harmonisierung durch für alle Mitgliedstaaten gleichermaßen verbindliche Rechtsakte der Union.

2.1.2   Grenzen der Steuerharmonisierung durch sekundäres Unionsrecht

Standen die direkten Steuern in den ersten Jahren im Schatten der umsatzsteuerlichen Harmonisierungsbestrebungen, unternahm die Kommission seit Beginn der 1960er Jahre Anstrengungen, die Harmonisierung auch im Bereich der Unternehmensbesteuerung voranzutreiben. Angestrebt wurde zunächst, über einen Zeitraum von 30 Jahren eine Vollharmonisierung herbeizuführen. Der Zeitraum zwischen 1960 und 1990 ist daher geprägt durch zahlreiche Richtlinienvorschläge und -entwürfe. Diese basierten z.T. auf Gutachten, welche die Harmonisierung von Teilen des Unternehmenssteuerrechts empfohlen. Ihren Ausgangspunkt nahm diese Entwicklung durch den im Jahr 1962 veröffentlichten *Neumark*-Bericht, der vielfältige Wettbewerbshindernisse im Bereich der Unternehmensbesteuerung benannte. Diese beruhten auf Steuerbelastungsdifferenzen in einzelnen Wirtschaftsbereichen, unterschiedliche Belastungen einzelner Unternehmensformen sowie auf strukturellen Unterschieden der nationalen Steuersysteme.[179] Das hierauf aufbauende, umfassende Harmonisierungskonzept der Kommission umfasste die steuerliche Gewinnermittlung, die Besteuerung von Holdinggesellschaften, die Quellenbesteuerung von Zinsen und Dividenden, die Milderung der Doppelbelastung von Dividenden auf Ebene der Unternehmen und ihrer Anteilseigner und sah überdies einheitliche steuerliche Regelungen für grenzüberschreitende Fusionen, eine Annäherung der Körperschaftsteuersätze sowie eine Vereinheitlichung der Doppelbesteuerungsabkommen vor.[180] In der Folge unterbreitete die Kommission im Jahr 1975 einen Vorschlag für eine Richtlinie zur Harmonisierung der Körperschaftsteuersysteme und eine Regelung der Quellensteuer auf Dividenden.[181] Allerdings war bereits im Jahr 1980 absehbar, dass eine weitreichende Harmonisierung nicht politisch durchsetzbar sein würde; im Jahr 1990 wurde der Vorschlag zurückgezogen.[182]

Die Kommission änderte daher ihre Strategie und fokussierte ihre Harmonisierungsbemühungen unter Hinweis auf das Subsidiaritätsprinzip, den Systemwettbewerb und die nationale Steuersouveränität auf das für das Funktionieren des Binnenmarktes Unerlässliche.[183] Primäre Ziele waren weiterhin die Vermeidung von Doppelbesteuerungen auf Dividenden, Zinsen und Lizenzgebühren in verbundenen Unternehmen. Darüber hinaus strebte die Kommission eine Harmonisierung der Berücksichtigung ausländischer Unternehmensverluste und grenzüberschreitender Umstrukturierungen ohne Aufdeckung stiller Reserven an.[184] Dieses Konzept führte im Jahr 1990 zur Verabschiedung Fusionsrichtlinie[185], Mutter-

---

179 Vgl. Neumark-Bericht (1962), 14 ff., 62 ff.
180 Vgl. Europäische Kommission (1967a), 4 f.; Europäische Kommission (1967b), S. 7 ff.; vgl. auch *v. d. Tempel* (1971), 44; *Tsourouflis* (1996/1997), 37.
181 Körperschaftsteuersysteme-Richtlinie (1975).
182 Vgl. Europäische Kommission (1990), 10.
183 Vgl. Europäische Kommission (1990), 2.
184 Vgl. Europäische Kommission (1990), 8, 10.

Tochter-Richtlinie[186] und Schiedsverfahrenskonvention.[187] Damit kam es erstmals zum Erlass materieller gemeinschaftsrechtlicher Regelungen auf dem Gebiet der der direkten Unternehmensbesteuerung.[188]

Ab Mitte der 1990er Jahre sah sich die Kommission wiederum geänderten Herausforderungen gegenübergestellt. Einerseits suchte sie die nachteiligen Auswirkungen des in den 1980er Jahren einsetzenden und durch die EU-Osterweiterung seit 2004 noch verschärften Steuerwettbewerbs zu begrenzen. Daher legte sie im Jahr 1997 ein Maßnahmenpaket zur Bekämpfung des schädlichen Steuerwettbewerbs vor, das u.a. harmonisierende Maßnahmen auf dem Gebiet der Besteuerung von Zins- und Lizenzgebühren empfahl. In der Folgezeit wurden 2003 die Zins- und Lizenzgebühren-Richtlinie[189] sowie die Zinsrichtlinie[190] erlassen. Im Jahr 2009 veröffentlichte die Kommission eine „Good Governance"-Mitteilung, die auf die Gewährleistung eines fairen und transparenten Steuerwettbewerbs abzielte.[191] Parallel zu diesen punktuell wirkenden Maßnahmen bemühte sich die Kommission weiterhin darum, umfassendere Harmonisierungsmaßnahmen voranzutreiben. Konzeptionell beruhten diese Anstrengungen maßgeblich auf dem „Ruding"-Bericht[192] aus dem Jahre 1992 und einer weiteren Untersuchung zur Unternehmensbesteuerung aus dem Jahr 2001 (sog. Ruding II-Studie)[193]. Letztgenannte Studie kam bspw. zu dem Ergebnis, dass die effektiven Körperschaftsteuerniveaus in der EU mehr als 30 Prozentpunkte voneinander abweichen.[194] Hierauf aufbauend veröffentlichte die Kommission am 16. März 2011 einen umfassenden Entwurf, der grundlegende Änderungen im Bereich des Körperschaftsteuerrechts vorsieht.[195] Dieses Konzept der Gemeinsamen Konsolidierten Körperschaftsteuer-Bemessungsgrundlage (GKKB) sieht eine Angleichung der Gewinnermittlungsvorschriften der Mitgliedsstaaten vor und soll unter bestimmten Voraussetzungen eine grenzüberschreitende Konsolidierung verbundener Unternehmen ermöglichen. Zu diesem Zwecke soll zunächst ein gemeinsamer Gewinnbetrag für Unternehmensgruppen ermittelt werden, der sodann unter den beteiligten Staaten aufgeteilt und dem jeweiligen nationalen Steuersatz unterworfen werden wird. Als maßgebende Parameter sieht der Entwurf u.a. Umsatz, Lohnsumme, Beschäftigte und Vermögenswerte vor.[196]

Trotz des Erfolges der Bemühungen der Kommission um eine zumindest partielle Harmonisierung des Unternehmenssteuerrechts ist nicht zu verkennen, dass zahlreiche Mitglied-

---

[185] Fusionsrichtlinie (1990), ABl. 1990, L 225/1-5.
[186] Mutter-Tochter-Richtlinie (1990), ABl. 1990, L 225/6-9; vgl. nunmehr Mutter-Tochter-Richtlinie (2011), Abl. 2011, L 345/8-16.
[187] Schiedsverfahrenskonvention (1990), ABl. 1990, L 225/10-24.
[188] Vgl. *Tsurouflis* (1996/1997), 49.
[189] Zins- und Lizenzrichtlinie (2003), ABl. 2003, L 157/49-54.
[190] Zinsrichtlinie (2003), ABl. 2003, L 157/38-48.
[191] Europäische Kommission (2009).
[192] Ruding-Bericht (1992).
[193] Europäische Kommission (2001).
[194] Europäische Kommission (2001), Executive Summary 4.
[195] Europäische Kommission (2011).
[196] Siehe hierzu *Glaser* (2011), DStR 2011, 2317 ff.

staaten Harmonisierungen in fiskalisch besonders sensiblen Bereichen wie z.B. der grenzüberschreitenden Verlustverrechnung sehr reserviert gegenüberstehen. Es ist daher auch
nicht davon auszugehen, dass die GKKB als EU-weit geltende Richtlinie verabschiedet
werden wird. Denkbar ist zum einen, dass die GKKB durch das Zusammenwirken von
mind. 9 Mitgliedstaaten im Rahmen der „Verstärkten Zusammenarbeit" i.S.d. Art. 20 EUV
umgesetzt werden wird,[197] wenngleich dies einen Präzedenzfall für den Bereich der Unternehmensbesteuerung darstellte. Daneben ist es möglich, dass eine auf eine Gemeinsame
Körperschaftsteuer-Bemessungsgrundlage (GKB) reduzierte Richtlinie verabschiedet wird.
Insgesamt bleibt aber festzuhalten, dass eine über den bislang erreichten Harmonisierungsstand hinausreichende Harmonisierung des materiellen Steuerrechts insb. in Ansehung des
Erfordernisses einer einstimmigen Entscheidung der Mitgliedstaaten kaum möglich ist. Die
gegenwärtig in den EU-Mitgliedstaaten angestrebten Konsolidierungen der öffentlichen
Haushalte legen den Schluss nahe, dass sich hieran – ggf. mit Ausnahme von Maßnahmen
zur Vermeidung der Steuerflucht – in absehbarer Zeit wenig ändern wird.

2.1.3   Bedeutung der Grundfreiheiten für die Harmonisierung

Zwar fallen die direkten Steuern beim gegenwärtigen Stand des Unionsrechts in die Zuständigkeit der Mitgliedstaaten, doch entbindet dies die Mitgliedstaaten nach Auffassung
des EuGH nicht davon, dass sie ihre Befugnisse unter Wahrung des Unionsrechts ausüben
müssen.[198] Obwohl der EuGH nationale Regelungen auf dem Gebiet der direkten Steuern
seit seiner Entscheidung in der Rs. C-270/83 („avoir fiscal")[199] im Jahr 1986 am Maßstab der
Grundfreiheiten prüft, blieben derartige Entscheidungen zunächst Ausnahmen. Seit Mitte
der 1990er Jahre allerdings wuchs die Anzahl von Entscheidungen des EuGH zur Vereinbarkeit nationaler Regelungen mit den Grundfreiheiten stetig. So hat der EuGH insb. im
vergangenen Jahrzehnt in bislang beispielloser Weise Einfluss auf die Besteuerung grenzüberschreitender Sachverhalte durch die Mitgliedstaaten genommen.

Bemerkenswert ist dabei im Vergleich zu den Rechtsakten der Kommission vor allem, dass
der EuGH Anforderungen an die unionsrechtskonforme Ausgestaltung nationaler Regelungen in Bereichen aufstellte, in denen harmonisierende Maßnahmen der Kommission
zuvor gescheitert waren. Zu nennen sind hierbei insb. die Berücksichtigung von Auslands-
verlusten und die Dividendenbesteuerung. Auf diese Weise eröffnet die Rechtsprechung
des EuGH zwar den Weg zu einer „schleichenden" Harmonisierung, zumal der Kommission mit der Einleitung eines Vertragsverletzungsverfahrens ein Instrument zur Verfügung

---

[197] Das Europäisches Parlament und die Kommission empfehlen die Einführung der GKKB im Wege
      der Verstärkten Zusammenarbeit ausdrücklich für den Fall, dass es zu keiner Einigung aller Mit-
      gliedstaaten kommt; vgl. EU-Kommission/EU-Parlament, Pressemitteilung v. 16./19.04.2012.
[198] Vgl. nur EuGH vom 21.09.1999, Rs. C-307/97, Saint-Gobain ZN, Rn. 59; EuGH, 16.07.1998, Rs. C-
      264/96, ICI, Rn. 19; EuGH vom 14.02.1995, Rs. C-279/93, Schumacker, Rn. 21, 26; EuGH vom
      11.08.1995, Rs. C-80/94, Wielockx, Rn. 16; EuGH vom 15.05.1997, Rs. C-250/95, Futura Participa-
      tions und Singer, Rn. 19.
[199] EuGH vom 28.01.1986, Rs. C-270/83, avoir fiscal, Rn. 24.

steht, um eine Anpassung nationaler Rechtsordnungen an die Anforderungen der Grundfreiheiten einzuleiten.[200] Allerdings sollten die Erwartungen an diese Form der Annäherung der Steuerrechtsordnungen nicht allzu hoch sein. So ist trotz der Fülle der mittlerweile ergangenen Entscheidungen zu konstatieren, dass es häufig schwierig ist, aus der Rechtsprechung des EuGH Schlussfolgerungen für die einzelnen Rechtsordnungen der Mitgliedstaaten zu ziehen. Dies liegt daran, dass den Entscheidungen des EuGH Vorlagefragen zugrunde liegen, welche die jeweils vorlegenden Gerichte im Hinblick auf eine spezifische Regelung des von ihnen anzuwendenden Rechts stellen. Zwar ist nicht zu verkennen, dass die nationalen Rechtsordnungen der Mitgliedstaaten bestimmte grenzüberschreitende Vorgänge ähnlichen Regelungskonzepten unterwerfen, wie sich insb. im Bereich der Hinzurechnungsbesteuerung zeigt, doch unterscheiden sich diese prima facie sehr ähnlichen Regelungen bei näherer Betrachtung im Detail hinsichtlich der Tatbestandsvoraussetzungen und Rechtsfolgen. Dies bleibt nicht ohne Folgen für die Umsetzung der Rechtsprechung des EuGH in den Mitgliedstaaten.[201] So hat etwa das dt. Bundesfinanzministerium in Deutschland bislang keine gesetzlichen Änderungen angestoßen, durch die die „Marks & Spencer"-Rechtsprechung in deutsches Recht umgesetzt wird. Zur Begründung führt es aus, dass die Frage, unter welchen Umständen ein im Ausland entstandener Verlust als endgültig anzusehen ist, durch die Rechtsprechung des EuGH und des Bundesfinanzhofes noch nicht abschließend geklärt sei (vgl. auch 2.3.2.2).[202]

Hinzu kommt, dass die Anwendung der Grundfreiheiten eine Ungleichbehandlung von inländischen Sachverhalten und Sachverhalten mit Auslandsbezug voraussetzt (vgl. 2.2.2.4). Da eine zwar steuerlich nachteilige, aber unterschiedslose Behandlung inländischer und grenzüberschreitender Sachverhalte zulässig ist, kann das Ziel der Sicherung des Steuersubstrats dazu führen, dass innerstaatliche und grenzüberschreitende Vorgänge gleichermaßen nachteilig behandelt werden. Beispielhaft hierfür ist die Zinsabzugsbeschränkung gem. § 4h EStG und § 8a KStG (vgl. 2.3.6.3).

Die Rechtsprechung des EuGH zu Grundfreiheiten erweist sich damit zwar als wichtiges Element der Angleichung des Unternehmenssteuerrechts innerhalb der EU, es darf aber nicht übersehen werden, dass sie nur eine Säule dieses Integrationsprozesses darstellt.[203]

---

[200] So z.B. Vertragsverletzungsverfahren 2007/4435 und Vertragsverletzungsverfahren 2008/4909; vgl. zu letztgenanntem Bundesministerium der Finanzen (2011a), BStBl. I 2011, 300.
[201] Zur Problematik der Umsetzung in Deutschland vg. *Mitschke* (2013), 209 (211) m.w.N.
[202] Bundesministerium der Finanzen (2011b), 69.
[203] Der in der Vorauflage (*Kellersmann/Treisch* [2001], 342 m.w.N.) getroffenen Feststellung, es bedeute eine Aufgabe des Zieles der Errichtung eines Gemeinsamen Marktes, wenn man sich nur auf den EuGH als Motor der Integration verlassen würde, ist daher weiterhin beizupflichten.

2.2   Dogmatik der Grundfreiheiten

2.2.1   Vorbemerkung

Vorstehende Ausführungen haben gezeigt, dass sich in jüngerer Vergangenheit der EuGH zum „Motor" der Annäherung der Unternehmensbesteuerung entwickelt hat, so dass die Befassung mit der Rechtsprechung des EuGH unumgänglich ist. Zugleich wurde aber auch deutlich, dass man sehr behutsam darin sein sollte, die Rechtsprechung des EuGH auf Regelungen in anderen, nicht entscheidungsrelevanten Steuerrechtsordnungen oder auf ähnliche Fallgestaltungen zu übertragen. Erschwerend kommt hinzu, dass die Rechtsprechung des EuGH keineswegs geradlinig verläuft. Die Fülle an Entscheidungen hat zwar dazu geführt, dass die Rechtsprechung engmaschiger geworden ist und mittlerweile zu zahlreichen typischen Fällen grenzüberschreitender Sachverhalte Entscheidungen ergangen sind. Auf der anderen Seite führt dies aber auch dazu, dass im Einzelfall eine Fülle von Entscheidungen zu beachten ist, die nicht selten im Detail unterschiedliche Akzentuierungen aufweisen oder mehrdeutig formuliert sind. Trotz des Bestehens einer Vielzahl steuerspezifischer Entscheidungen sind diese nicht isoliert zu betrachten, sondern als Teil einer umfassenderen Rechtsprechung zu den Grundfreiheiten. Zwar nimmt der EuGH angesichts des stetigen Anwachsens der Rechtsprechung im Bereich des Steuerrechts zunehmend seltener Bezug auf die Rspr. in anderen Gebieten, doch ändert dies nichts daran, dass die Rechtsprechung des EuGH im Bereich des Steuerrechts den grundlegenden Strukturen der allgemeinen Rechtsprechung zu den Grundfreiheiten folgt.

Die nachfolgenden Ausführungen widmen sich daher zunächst der vom EuGH entwickelten Dogmatik der Rechtsprechung im Bereich der Grundfreiheiten. Vor dem Hintergrund der Europäischen Unternehmensbesteuerung liegt der Fokus dabei auf der Niederlassungsfreiheit (Art. 49, 54 AEUV) und der Kapitalverkehrsfreiheit (Art. 63 AEUV). Hierauf aufbauend werden in einem zweiten Schritt die Rechtsprechung des EuGH in Teilbereichen des Unternehmenssteuerrechts dargestellt und die sich hieraus ergebenden Folgen für das deutsche Steuerrecht erörtert.

2.2.2   Überprüfung der Vereinbarkeit einer Regelung mit den Grundfreiheiten

2.2.2.1   Überblick über das Prüfungsprogramm

Die Überprüfung der Vereinbarkeit einer nationalen Steuerregelung mit den Grundfreiheiten des Unionsrechts erfolgt im Rahmen eines **mehrstufigen Prüfungsprogramms**. Zunächst ist zu klären, ob die Tätigkeit, an die die zu überprüfende steuerrechtliche Regelung anknüpft, von einer Grundfreiheit geschützt wird (**geschützte Betätigung**). Hierbei ist zum einen zu prüfen, ob sich die Tätigkeit der Sache nach unter eine der Grundfreiheiten subsumieren lässt. Zum anderen ist zu klären, ob sie grenzüberschreitend ausgeübt wird (**grenzüberschreitende wirtschaftliche Tätigkeit**).

Beispiel:

Wird der Erwerb einer 10%igen Beteiligung an einer inländischen Kapitalgesellschaft durch eine im Ausland ansässige Person gegenüber dem Erwerb einer solchen Beteiligung durch eine im Inland ansässige Person unterschiedlich behandelt, ist zunächst zu fragen, ob der Erwerb der Beteiligung von einer Grundfreiheit (z.B. der Niederlassungs- oder Kapitalverkehrsfreiheit) erfasst wird und ob der Beteiligungserwerb grenzüberschreitend erfolgt. Liegt eine derart sachlich geschützte Tätigkeit vor, ist zu klären, ob der Anwendungsbereich der Grundfreiheiten auch in persönlicher Hinsicht eröffnet ist.

Erweist sich eine Regelung nach den genannten Prüfungsschritten als Diskriminierung oder Beschränkung einer Grundfreiheit – z.T. ist insoweit auch von „Eingriff" die Rede – stellt sich die Frage, ob diese Diskriminierung oder Beschränkung **gerechtfertigt** werden kann. Nach der Rechtsprechung des EuGH ist dies bei einer Beschränkung oder einer versteckten Diskriminierung der Fall, wenn sie auf zwingenden Gründen des Allgemeininteresses beruht, geeignet ist, die Erreichung des fraglichen Zieles zu gewährleisten, und nicht über das erforderliche Maß hinausgeht, mithin **verhältnismäßig** ist.[204]

Die **nachfolgende Übersicht** zeigt das Prüfungsprogramm bei steuerrechtlichen Regelungen. Die zitierten Artikel sind solche des AEUV.

---

[204] Die im Steuerrecht unbedeutende offene Diskriminierung kann dagegen nur auf einen ausdrücklichen Rechtfertigungsgrund gestützt werden.

Steuerrechtliches Prüfungsprogramm

1. Anwendbarkeit

    a) Sondervorschriften (z.B. Art. 38ff., Art. 346, Art. 58)

    b) Harmonisierungsmaßnahmen, Art. 114

2. Eingriff in den Schutzbereich

    a) Anwendungsbereich

Niederlassung	Kapitalverkehr	Dienstleistung
Art. 49 I, II Ausnahme: Art. 51	Art. 63 I, II	Art. 56, 57 Ausnahme: Art. 62, 51

Grenzüberschreitender Bezug

    b) Eingriff

      (1) Staatliche Maßnahme

      (2) Beschränkung i.w.S.
- Offene oder versteckte Diskriminierung
- Beschränkung i.e.S. (diskriminierungsfreier Eingriff (Dassonville / Keck))

3. Rechtfertigung

    a) Rechtfertigungsgrund

      (1) Immanente Schranken (ungeschriebene Schranken)
- Zwingende Gründe des Allgemeininteresses (Cassis de Dijon)
  Kohärenz des Steuersystems, Missbrauchsbekämpfung, Steuerflucht, Aufteilung der Besteuerungsbefugnisse

      (2) Geschriebene Schranken (im Steuerrecht von untergeordneter Bedeutung)

Niederlassung	Kapitalverkehr	Dienstleistung
Art. 52 I	Art. 65 I, II Art. 64, 75 I, 215	Art. 62, 52 I

    b) Verhältnismäßigkeit (vgl. Art. 36 S. 2, Art. 65 III)
- Geeignetheit
- Erforderlichkeit
- Angemessenheit

4. Rechtsfolge

2.2.2.2   Geschützte Betätigungen (sachlicher Schutzbereich)

Die in Art. 49 AEUV geregelte **Niederlassungsfreiheit** ist in der Rechtsprechung des EuGH zum Steuerrecht die bei weitem bedeutendste Grundfreiheit. **Art. 49 Abs. 1 AEUV** sieht vor, dass Beschränkungen der freien Niederlassung von Staatsangehörigen eines Mitgliedstaats im Hoheitsgebiet eines anderen Mitgliedstaats nach Maßgabe der Art. 49 Abs. 1 AEUV folgenden Bestimmungen verboten sind. Das Gleiche gilt für Beschränkungen der Gründung von Agenturen, Zweigniederlassungen oder Tochtergesellschaften durch Angehörige eines Mitgliedstaats, die im Hoheitsgebiet eines Mitgliedstaats ansässig sind.

Ziel der Niederlassungsfreiheit ist es, den Staatsangehörigen eines Mitgliedstaats zu erlauben, in einem anderen Mitgliedstaat eine Zweitniederlassung zu gründen und so die gegenseitige wirtschaftliche und soziale Durchdringung auf dem Gebiet der selbstständigen Erwerbstätigkeit innerhalb der Gemeinschaft (nunmehr der Union) zu fördern.[205] Zu diesem Zweck will die Niederlassungsfreiheit es den Staatsangehörigen der Gemeinschaft ermöglichen, in stabiler und kontinuierlicher Weise am Wirtschaftsleben eines anderen Mitgliedstaats als desjenigen ihrer Herkunft teilzunehmen und daraus Nutzen zu ziehen.

Dieses ganz in der Tradition der Schaffung eines Gemeinsamen Marktes stehende Verständnis ist für den Anwendungsbereich der Niederlassungsfreiheit unter zwei Gesichtspunkten bedeutsam. Zum einen vertritt der EuGH in ständiger Rechtsprechung die Auffassung, das Ziel der Eingliederung in den Aufnahmemitgliedstaat impliziere die **tatsächliche Ausübung einer wirtschaftlichen Tätigkeit** mittels einer festen Einrichtung in diesem Staat auf unbestimmte Zeit, so dass sie eine tatsächliche Ansiedlung der betreffenden Gesellschaft im Aufnahmemitgliedstaat und die Ausübung einer wirklichen wirtschaftlichen Tätigkeit in diesem voraussetze.[206] Die Errichtung funktionsloser (sog. Briefkasten-) Gesellschaften in anderen Mitgliedstaaten zur Ausnutzung eines Steuergefälles unterfällt somit von vornherein nicht der Niederlassungsfreiheit.[207]

Zum anderen führt diese Zielsetzung zu einer weiten Auslegung des Art. 49 Abs. 1 AEUV durch den EuGH. Zwar verlangt diese Norm ihrem Wortlaut nach nur die Gleichbehandlung von Ausländern und Inländern im Aufnahmemitgliedstaat und erfasst damit nur „inbound"-Situationen (**Inländergleichbehandlung**), doch hat der EuGH den Schutz der Niederlassungsfreiheit unter Berücksichtigung ihres Ziels und Zweckes schon früh auf „outbound"-Situationen ausgedehnt. Die Niederlassungsfreiheit verbietet es demzufolge auch, dass der Herkunftsmitgliedstaat die Niederlassung eines seiner Staatsangehörigen oder einer nach seinem Recht gegründeten Gesellschaft in einem anderen Mitgliedstaat behindert.[208]

---

[205]   EuGH vom 02.05.2006, Rs. C-196/04, Cadbury Schweppes, Rn. 53; so bereits EuGH vom 21.06.1974, Rs. 2/74, Reyners, Rn. 21.

[206]   EuGH vom 02.05.2006, Rs. C-196/04, Cadbury Schweppes, Rn. 54; vgl. auch EuGH vom 25.07.1991, Rs. C-221/89, Factortame, Rn. 20.

[207]   Vgl. EuGH vom 02.05.2006, Rs. C-196/04, Cadbury Schweppes, Rn. 68.

[208]   EuGH vom 13.12.2005, Rs. Rs. C-446/03, Marks & Spencer, Rn. 31; EuGH vom 16.07.1998, Rs. C-264/96, ICI, Rn. 21.

Gemäß **Art. 49 Abs. 2 AEUV** unterfallen der Niederlassungsfreiheit in sachlicher Hinsicht die Aufnahme und Ausübung selbstständiger Erwerbstätigkeit sowie die Gründung und Leitung von Unternehmen nach den Bestimmungen des Aufnahmestaates für die eigenen Angehörigen. Erfasst wird jede Art von entgeltlicher Tätigkeit. Aus steuerrechtlicher Sicht bedeutsame, der Niederlassungsfreiheit unterfallende Aktivitäten sind insb. die Gründung einer Betriebsstätte oder einer Tochtergesellschaft im Ausland sowie die Überführung von Wirtschaftsgütern ins Ausland und die (erwerbsbedingte) Wohnsitznahme im Ausland.

Da Art. 49 Abs. 2 AEUV auch die Beteiligung an Kapitalgesellschaften erfasst, stellt sich die Problematik der **Abgrenzung zur Kapitalverkehrsfreiheit**. Besondere Bedeutung gewinnt diese Abgrenzung dadurch, dass nur die Kapitalverkehrsfreiheit, nicht aber die Niederlassungsfreiheit auch bei Sachverhalten mit Bezug zu Drittstaaten anwendbar ist. Entscheidend für die Abgrenzung ist die Art der Beteiligung. Nur von Art. 49 AEUV erfasst wird die unternehmerische Kapitalbeteiligung; eine nicht-unternehmerische Beteiligung ist dagegen als Kapitalverkehr i.S.d. Art. 63 ff. AEUV anzusehen.[209] Maßgeblich für die Einordnung einer Beteiligung als „unternehmerisch" ist, ob mit der Beteiligung auch eine Kontrolle über die Geschäftstätigkeit des Unternehmens erlangt wird.[210] Die Niederlassungsfreiheit ist daher einschlägig, wenn eine Kapitalbeteiligung dem Investor einen sicheren Einfluss auf die unternehmerischen Entscheidungen der Gesellschaft verleiht; hierfür wird i.d.R. eine Beteiligung i.H.v. 25 % als ausreichend erachtet.[211] Bei Familienunternehmen werden die – häufig die Quote von 25 % unterschreitenden – einzelnen Anteile der Familienmitglieder bei gleichgerichteter Interessenlage zusammengerechnet.[212]

Von der Arbeitnehmerfreizügigkeit unterscheidet sich die Niederlassungsfreiheit durch die Selbstständigkeit, von der Dienstleistungsfreiheit durch das Erfordernis einer dauerhaften Niederlassung.

Die **Freiheit des Kapital- und Zahlungsverkehrs** (Art. 63 ff. AEUV) umfasst den grenzüberschreitenden einseitigen Transfer von Werten in Form von Geld- oder Sachkapital.[213] Zur Bestimmung, ob ein Vorgang unter diese Freiheit fällt, zieht der EuGH die Nomenklatur der Richtlinie 88/361/EWG heran, die in ihrem Anhang umfangreich, aber nicht abschließend Vorgänge aufzählt, die als Kapital- oder Zahlungsverkehr anzusehen sind.[214] Dies gilt ungeachtet der Tatsache, dass die Kapitalverkehrsrichtlinie (Richtlinie 88/361/EWG) nach Aufhebung der Art. 67 ff. EWGV ihre Rechtsgrundlage verloren hat.[215] Ihr Inhalt wurde im Wesentlichen durch Art. 63 AEUV auf primärrechtlicher Ebene übernommen.

---

[209] *Müller-Graff* (2012), Rn. 15.
[210] EuGH vom 26.03.2009, Rs. C-326/07, Kommission/Italien, Rn. 34 unter Bezugnahme auf EuGH vom 23.10.2007, Rs. C-112/05, Kommission/Deutschland, Rn. 13.
[211] *Sedlaczek/Züger* (2012), Rn. 34; EuGH vom 10.05.2007, Rs. C-196/04, Lastertec, Rn. 21.
[212] Vgl. z.B. EuGH vom 06.12.2007, Rs. C-298/05, Columbus Container Services, Rn. 30 ff.
[213] *Hobe* (2012), § 19 Rn. 248; *Bieber/Epiney/Haag* (2011), § 11 Rn. 144.
[214] EuGH vom 04.06.2002, Rs. C-367/98, Kommission/Portugal, Rn. 374, unter Bezugnahme auf EuGH vom 16.03.1999, Rs. C-222/97, Trummer & Mayer, Rn. 20 f.; kritisch wegen der Bezugnahme auf Sekundärrecht: Kilian (2005), 441.
[215] *Sedlaczek/Züger* (2012), Rn. 18; *Hobe* (2012), Rn. 247.

Zahlungsverkehr ist der grenzüberschreitende Fluss von Zahlungsmitteln in jeder Form. Zahlungs- und Kapitalverkehrsfreiheit können denselben Vorgang erfassen, etwa wenn eine Zahlung zum Zwecke einer Kapitalanlage erfolgt. Sie können aber auch einzeln anwendbar sein, etwa wenn eine Zahlung als Entgelt für eine Dienstleistung geleistet wird oder eine Kapitalanlage in Form einer Sachanlage erbracht wird. Bei funktionaler Betrachtungsweise verhält sich die Zahlungsverkehrsfreiheit komplementär zu anderen Grundfreiheiten, da diese ohne die freie Transferierung von Löhnen, Erlösen oder Gewinnen keine Wirkung entfalten könnten. Die Zahlungsverkehrsfreiheit findet insoweit i.d.R. parallele Anwendung.[216]

Die **übrigen Grundfreiheiten** (Warenverkehrsfreiheit gem. Art. 28 ff. AEUV, Freizügigkeit für Arbeitnehmer gem. Art. 45 ff. AEUV und Dienstleistungsfreiheit gem. Art. 56 ff. AEUV) spielen im Hinblick auf die direkte Unternehmensbesteuerung keine nennenswerte Rolle. Die **Warenverkehrsfreiheit** sieht vor, dass innerhalb der Union Waren, d.h. alle beweglichen Sachen, die Gegenstand eines Handelsgeschäfts sein können, frei zirkulieren können. Sie sollen innerhalb der Gemeinschaft ungehindert ein- und ausgeführt werden können. Diese Freiheit des Warenverkehrs sichert der AEUV durch die Zollunion (Art. 28 AEUV) und ein Verbot mengenmäßiger Einfuhrbeschränkungen und Maßnahmen gleicher Wirkung (Art. 34 AEUV) ab. Maßnahmen gleicher Wirkung sind dabei nach der „Dassonville-Formel" alle Handelsregelungen der Mitgliedstaaten, die geeignet sind, den innergemeinschaftlichen Handel unmittelbar oder mittelbar, tatsächlich oder potentiell zu behindern.[217]

Die in Art. 45 ff. AEUV geregelte **Freizügigkeit** soll es den Arbeitnehmern ermöglichen, innerhalb der Union ihren Arbeitsort frei zu wählen. Sie umfasst die Abschaffung jeder auf der Staatsangehörigkeit beruhenden unterschiedlichen Behandlung der Arbeitnehmer der Mitgliedstaaten in Bezug auf die Beschäftigung, die Entlohnung und sonstige Arbeitsbedingungen. Steuerrechtlich relevant ist diese Grundfreiheit insoweit, als auch ausländischen Arbeitnehmern alle Vergünstigungen zustehen, die mit einem Arbeitsverhältnis in Beziehung stehen. Zwar sieht Art. 7 Abs. 2 der Freizügigkeitsverordnung (1612/68/EWG) vor, dass EU-Arbeitnehmer in den Genuss der gleichen sozialen und steuerlichen Vorteile wie Inländer kommen müssen, jedoch setzt der EuGH hierfür voraus, dass sich EU-Arbeitnehmer und inländische Arbeitnehmer in einer „vergleichbaren Situation" befinden. Gebietsansässige Arbeitnehmer, d.h. solche, die in einem Staat unbeschränkt steuerpflichtig sind, und gebietsfremde (und daher nur beschränkt steuerpflichtige) Arbeitnehmer sind nach Auffassung des EuGH allerdings im Grundsatz nicht vergleichbar.[218] Dieser Grundsatz bezieht sich allerdings nur auf die Regelungen, die sich auf in der Person des Steuerpflichtigen liegende Merkmale beziehen, d.h. solche, die die Geltendmachung von Minderungen der subjektiven Leistungsfähigkeit betreffen. Im Hinblick auf Regelungen, die die Abzugsfähigkeit erwerbssichernder Aufwendungen betreffen, ist im Ergebnis Vergleichbarkeit gegeben.[219] Anzumerken ist, dass die in diesem Bereich ergangene Entscheidung

---

[216] Vgl. *Ress/Ukrow* (2010), Art. 63 AEUV, Rn. 234.
[217] Vgl. EuGH vom 11.07.1974, Rs. C-8/74, Dassonville, 837 (852).
[218] EuGH vom 14.02.1995, Rs. C-279/93, Schumacker; siehe hierzu auch Franzen (2012), Rn. 108.
[219] EuGH vom 12.06.2003, Rs. C-234/01, Gerritse, Rn. 53; EuGH vom 03.10.2006, Rs. C-290/04, FKP

des EuGH in der Rs. „Schumacker" eine besondere Konstellation betraf (vgl. 2.2.2.4). Für die Unternehmensbesteuerung ist diese Grundfreiheit allerdings ohnehin von untergeordneter Bedeutung.

Entsprechendes gilt für die **Dienstleistungsfreiheit** (Art. 56 ff. AEUV), welche die grenzüberschreitende Erbringung von Dienstleistungen (zum Begriff siehe Art. 57 AEUV) schützt. Von der Niederlassungsfreiheit unterscheidet sich die Dienstleistungsfreiheit v.a. durch das Zeitmoment, da Art. 57 Abs. 3 AEUV davon ausgeht, dass der Aufenthalt des Dienstleistungserbringers im anderen Mitgliedstaat nur vorübergehender Natur ist. Der Dienstleistungsfreiheit unterfallen somit zeitlich beschränkte Tätigkeiten im anderen Mitgliedstaat. Steuerrechtlich spielte die Dienstleistungsfreiheit z.B. in der Entscheidung des EuGH in der Rs. „Eurowings"[220] eine Rolle.

Entscheidung des EuGH in der Rs. C-294/97 („Eurowings")
Die deutsche Fluggesellschaft Eurowings Luftverkehrs AG hatte in Irland ein Flugzeug geleast. Das Finanzamt hatte bei Ermittlung des Gewerbeertrags die Hälfte der Leasingraten und beim Gewerbekapital den Teilwert des Flugzeugs hinzugerechnet (§ 8 Nr. 7 GewStG, § 12 Abs. 2 Nr. 2 GewStG a.F.). Hätte Eurowings von einem deutschen Unternehmen geleast, wäre es nicht zur Hinzurechnung gekommen, weil die Leasingraten und das Vermögen dann beim Leasinggeber erfasst worden wären. Damit lag die Gewerbesteuerbelastung deutscher Unternehmen, die Wirtschaftsgüter von in Deutschland ansässigen Vermietern leasten unter Umständen unter der Gewerbesteuerbelastung deutscher Unternehmen, die Wirtschaftsgüter von in einem anderen Mitgliedstaat ansässigen Leasinggebern erhielten. Diese an den Sitz des Leasinggebers (d.h. des die Dienstleistung Erbringenden) anknüpfende Ungleichbehandlung war nach Auffassung des EuGH nicht gerechtfertigt, wobei der EuGH als möglichen Rechtfertigungsgrund einzig auf das Kriterium der Kohärenz (vgl. 2.2.2.6) abstellte.

Das in Art. 18 AEUV normierte **allgemeine Diskriminierungsverbot** verbietet schließlich unbeschadet besonderer Bestimmungen des AEUV jede Diskriminierung aus Gründen der Staatsangehörigkeit. Aus der Formulierung „unbeschadet besonderer Bestimmungen" ist ersichtlich, dass die Grundfreiheiten gegenüber Art. 18 AEUV vorrangig sind. Art. 18 AEUV spielte deshalb für die Besteuerung bislang keine Rolle.

Nach Ansicht des EuGH liegen allen Grundfreiheiten des AEUV gemeinsame dogmatische Strukturen zugrunde, sodass eine weitgehend einheitliche Interpretation der Grundfreiheiten möglich sein soll. Von der Literatur wird dieser **Grundsatz der Parallelität der Grundfreiheiten** ebenfalls anerkannt. Praktische Auswirkung ist, dass die Grundfreiheiten grundsätzlich nebeneinander anwendbar sind und sich ein Berechtigter gegebenenfalls auch gleichzeitig auf mehrere Freiheiten berufen kann. Trotz dieser Gleichartigkeit der Grundfreiheiten bedarf es allerdings i.d.R. dennoch einer **Abgrenzung** derselben, da im jeweiligen Einzelfall die spezifischen Probleme der einzelnen Grundfreiheiten (wie die

---

Scorpio Konzertproduktionen, Rn. 44, 51.
[220]   Vgl. EuGH vom 26.10.1999, Rs. C-294/97, Eurowings.

teilweise unterschiedlichen persönlichen Schutzbereiche, oder auch die Reichweite negativer Tatbestandsvoraussetzungen) zu beachten sind.[221] Eine solche Abgrenzung im Sinne einer Ausschließlichkeit ist allerdings „nur" erforderlich, wenn es um die Zuordnung eines Eingriffsobjekts zum sachlichen Anwendungsbereich einer Grundfreiheit geht, da zumindest für die Qualifizierung einer Maßnahme als grundfreiheitsbeschränkend weitgehend einheitliche Voraussetzungen gelten.[222] Bezüglich der Abgrenzung der sachlichen Anwendungsbereiche ist aber zu konstatieren, dass sich die Grundfreiheiten des AEUV schon weitgehend tatbestandlich ausschließen. Die Freizügigkeit (Art. 45 ff. AEUV) setzt eine Arbeitnehmerstellung voraus, Niederlassungsfreiheit (Art. 49 ff. AEUV) und Dienstleistungsfreiheit (Art. 56 ff. AEUV) erfordern dagegen eine Selbstständigkeit. Niederlassungsfreiheit und Dienstleistungsfreiheit unterscheiden sich wiederum durch das Erfordernis der Niederlassung. Problematisch ist vor allem das Verhältnis der Warenverkehrsfreiheit (Art. 28 ff. AEUV) zur Dienstleistungsfreiheit, da sich beide Grundfreiheiten nicht zwangsläufig im sachlichen Anwendungsbereich ausschließen. Die in Art. 57 Abs. 1 AEUV verankerte Subsidiarität der Dienstleistungsfreiheit lässt der EuGH regelmäßig außer Betracht.[223] Sind Art. 34 AEUV und Art. 56 AEUV zugleich tatbestandlich einschlägig, grenzt der EuGH nach dem Schwerpunkt der einschlägigen Wirtschaftstätigkeit ab,[224] oder bemüht alternativ das Abgrenzungskriterium der rechtlichen Perspektive der von den Grundfreiheitseingriffen betroffenen Person.[225] Auch im Hinblick auf die Kapitalverkehrsfreiheit besteht i.d.R. kein tatbestandlicher Ausschluss im Verhältnis zu den anderen Grundfreiheiten des AEUV.

2.2.2.3 Grenzüberschreitende wirtschaftliche Tätigkeit

Die Grundfreiheiten sind ein zentrales Element des Gemeinsamen Marktes. Sie dienen der Ermöglichung grenzüberschreitender wirtschaftlicher Tätigkeiten. Deshalb ist für die Erfüllung des Tatbestandes einer Grundfreiheit eine grenzüberschreitende wirtschaftliche Tätigkeit erforderlich.[226] Typischerweise ist dies der Fall, wenn sich eine Person, die in einem Vertragsstaat ansässig ist, im anderen Vertragsstaat wirtschaftlich betätigt. Dabei spielt es keine Rolle, ob sie ihre Ansässigkeit im Herkunftsstaat beibehält oder aufgibt.[227]

---

[221] *Kingreen* (2011), Rn. 29 f.; *Schroeder* (2011), 228.

[222] *Becker* (2012), Rn. 23; Vgl. EuGH vom 30.11.1995, Rs. C-55/94, Gebhard, Rn. 37; ähnlich: EuGH vom 20.05.1992, Rs. C-106/91, Ramrath, Rn. 25 ff.

[223] *Schroeder* (2012), Rn. 12.

[224] EuGH vom 26.05.2005, Rs. C-20/03, Burmanjer, Rn. 34; EuGH vom 24.03.1992, Rs. C- 275/92, Schindler, Rn. 22; *Schroeder* (2012), Rn. 12.

[225] EuGH vom 08.03.2001, Rs. C-405/98, Gourmet International Products, Rn. 32 ff.; *Schroeder* (2011), 228; vgl. auch EuGH vom 22.01.2002, Rs. C-390/99, Canal Satélite Digital, Rn. 31 ff.

[226] Vgl. EuGH vom 15.05.2008, Rs. C-147/06, SECAP & Santorso, Rn. 34 f.; allerdings deutet die jüngere Rechtsprechung des EuGH auf eine abnehmende Bedeutung dieses Merkmals hin, vgl. *Lach* (2007), 107 ff.

[227] Daneben hat der EuGH zur Frage des Vorliegens einer grenzüberschreitenden Tätigkeit auch in atypischen Situationen Stellung genommen. Kehrt etwa ein Staatsangehöriger eines Mitgliedstaates in seinen Herkunftsstaat zurück, nachdem er sich zur Ausübung seiner Grundfreiheiten in einen anderen Mitgliedstaat begeben hat, liegt darin nach Auffassung des EuGH kein reiner Inlandssachverhalt, da sich diese Person zum Zeitpunkt der Rückkehr in einer Situation befindet, die sich

2.2.2.4   Schutzrichtung der Grundfreiheiten: Vom Diskriminierungs- zum Beschränkungsverbot

Die Freizügigkeit, die Niederlassungs- und die Dienstleistungsfreiheit sind als Gebote der **Inländerbehandlung** (genauer: Inländergleichbehandlung) formuliert. So fordert Art. 45 Abs. 2 AEUV die „Abschaffung jeder auf der Staatsangehörigkeit beruhenden Ungleichbehandlung", Art. 49 Abs. 2 AEUV gebietet für die Niederlassung im anderen Mitgliedstaat eine Behandlung „nach den Bestimmungen des Aufnahmestaates für seine eigenen Angehörigen" und Art. 57 Abs. 3 AEUV gestattet für die Erbringung einer Dienstleistung den vorübergehenden Aufenthalt in anderen Mitgliedstaaten „unter den Voraussetzungen, welche dieser Staat für seine eigenen Angehörigen vorschreibt". Art. 63 AEUV enthält zwar dem Wortlaut nach kein Gebot der Inländerbehandlung, doch gehört dieses unstreitig zum Regelungsgehalt der Vorschrift.[228] Die Grundfreiheiten zielen also in ihrer ursprünglichen Konzeption darauf ab, dass Staatsangehörige anderer Mitgliedstaaten, die von einer der Freiheiten Gebrauch machen, nicht schlechter behandelt werden dürfen als die eigenen Staatsangehörigen. Sie werden daher als Diskriminierungsverbote bezeichnet. Der EuGH hat allerdings schon in den 1970er Jahren festgestellt, dass die Vorschriften über die Gleichbehandlung nicht nur offensichtliche Diskriminierungen aufgrund der Staatsangehörigkeit, sondern auch **alle versteckten Formen der Diskriminierung verbieten**, die durch die Anwendung anderer Unterscheidungsmerkmale tatsächlich zu dem gleichen Ergebnis führen.[229]

Bei **juristischen Personen** liegen die Dinge dagegen etwas anders. Zwar haben juristische Personen keine Staatsangehörigkeit, das in den Augen des EuGH zentrale Element der Staatsangehörigkeit – nämlich die rechtliche Zugehörigkeit zu einem Mitgliedstaat – findet sich aber auch im Recht der Kapitalgesellschaften. Art. 54 Abs. 1 AEUV (ex 48 EGV) sieht daher vor, dass für die Anwendung des Kapitels über die Niederlassungsfreiheit die nach den Rechtsvorschriften eines Mitgliedstaats gegründeten Gesellschaften, die ihren satzungsmäßigen Sitz, ihre Hauptverwaltung oder ihre Hauptniederlassung innerhalb der Gemeinschaft haben, den natürlichen Personen gleichstehen, die Angehörige der Mitgliedstaaten sind. Knüpft eine belastende Regelung an eines dieser Merkmale an, liegt grds. eine Diskriminierung vor.

Der Nachteil des Konzepts der Inländer(gleich)behandlung nach Maßgabe des Verbots offener oder versteckter Diskriminierungen ist, dass Beschränkungen des grenzüberschreitenden Wirtschaftsverkehrs von Personen durch Regelungen ihres eigenen Herkunftsstaats nicht erfasst werden. Dieses Problem erkannte der EuGH bereits in den 1970er Jahren und

---

mit derjenigen eines Staatsangehörigen eines anderen Mitgliedstaates, der sich in Ausübung seiner Grundfreiheiten erstmalig in einen anderen Mitgliedsstaat begibt, vergleichen lasse (vgl. EuGH vom 07.07.1992, Rs. C-370/90, Singh, Rn. 22 und *Streinz* (2012), Rn. 821). Vgl. in diesem Zusammenhang auch EuGH vom 26.01.1993, Rs.C-112/91, Werner.

[228] *Rehm/Nagler* (2013), 14.

[229] St. Rspr. seit EuGH vom 12.02.1974, Rs. C-152/73, Sotgiu, Rn. 11; bestätigt für das Steuerrecht u.a. durch Urteil vom 14.02.1995, Rs. C-279/93, Schumacker, Rn. 26.

entwickelte die Diskriminierungsverbote – ausgehend von der Warenverkehrsfreiheit (Entscheidungen in den Rs. „Dassonville"[230] und „Rewe"[231] (besser bekannt als „Cassis de Dijon")[232] – schrittweise zu Beschränkungsverboten fort.[233] Methodischer Ansatz dieser Rechtsfortbildung war die Auslegung nach dem Grundsatz des „effet utile", demzufolge eine Rechtsnorm so anzuwenden ist, dass das Vertragsziel am besten und einfachsten zu erreichen ist.[234] Als Beschränkung erachtet der EuGH in ständiger Rechtsprechung alle Maßnahmen, die die Ausübung einer Freiheit verbieten, behindern oder weniger attraktiv machen.[235]

Im **Einkommensteuerrecht** spielen „offene", d.h. an die Staatsangehörigkeit anknüpfende Diskriminierungen keine nennenswerte Rolle. So knüpft das deutsche Einkommensteuergesetz die unbeschränkte Steuerpflicht an Wohnsitz und gewöhnlichen Aufenthalt (§ 1 Abs. 1 dEStG i.V.m. §§ 8, 9 AO) und die beschränkte Steuerpflicht an den Ort der Einkünfteerzielung (§ 1 Abs. 4 dEStG i.V.m. § 49 dEStG). Die im Steuerrecht gebräuchliche Differenzierung zwischen Steuerinländern (d.h. Gebietsansässigen) und Steuerausländern (d.h. Gebietsfremden) knüpft mithin trotz des Begriffspaars „Inländer/Ausländer" nicht an die Staatsangehörigkeit an, denn maßgeblich ist nicht die rechtliche, sondern die tatsächliche Verbindung zum Staat. Allerdings hat der EuGH u.a. in seiner Entscheidung in der Rs. „Schumacker" festgestellt, dass in der Verweigerung bestimmter steuerlicher Vergünstigungen für beschränkt Steuerpflichtige eine **versteckte Diskriminierung** liegen kann, da die Gebietsfremden meist Ausländer sind.[236] Der EuGH begründet dies damit, dass Inländer dem Wohnorterfordernis (bzw. dem Erfordernis des gewöhnlichen Aufenthalts) regelmäßig leichter genügen könnten als Ausländer, die im Inland einer wirtschaftlichen Tätigkeit nachgehen.[237]

Allerdings ist zu berücksichtigen, dass die Differenzierung zwischen beschränkter und unbeschränkter Steuerpflicht Ausfluss des **Territorialitätsprinzips** ist. In diesem Zusammenhang ist insb. zu berücksichtigen, dass die Abzugsfähigkeit existenzsichernder Aufwendungen bei natürlichen Personen mit der Welteinkommensbesteuerung korrespondiert und es daher international üblich ist, diesen Abzug nur im Ansässigkeitsstaat zuzulassen.[238] Der EuGH berücksichtigt diesen Umstand, indem er eine Diskriminierung nur dann annimmt, wenn sich beschränkt und unbeschränkt Steuerpflichtige in einer **objektiv vergleichbaren Situation** befinden, was seiner Meinung nach im Hinblick auf subjektbezogene

---

[230] EuGH vom 11.07.1974, Rs. C-8/74, Dassonville.
[231] EuGH vom 20.02.1979, Rs. C-120/78, Rewe.
[232] EuGH vom 20.02.1979, Rs. C-120/78, Rewe.
[233] *Streinz* (2012), Rn. 804; Schroeder (2011), § 14 Rn. 37 f.
[234] EuGH vom 19.11.1991, Rs. C-6/90, Francovich & Bonifaci, Rn. 33 f.
[235] Vgl. EuGH vom 16.07.1998, Rs. C-264/96, ICI, Rn. 21; EuGH vom 06.12.2007, Rs. C-298/05, Columbus Container Services, Rn. 33; EuGH vom 23.10.2008, Krankenheim Ruhesitz am Wannsee - Seniorenheimstatt, Rs. C-157/07, Rn. 29; EuGH vom 15.04.2010, Rs. C-96/08, CIBA, Rn. 18; EuGH vom 30.11.1995, C 55/94, Gebhard, Rn. 37; EuGH vom 05.10.2004, Rs. C-442/02, CaixaBank France, Rn. 11.
[236] EuGH vom 14.02.1995, Rs. C-279/93, Schumacker, Rn. 28.
[237] Vgl. EuGH vom 16.05.2000, Rs. C-87/99, Zurstrassen, Rn. 21.
[238] Vgl. *Lampert* (2013), NVwZ 2013, 195 (197 ff.).

Regelungen grds. nicht der Fall ist.[239] Die dogmatische Herangehensweise weist in dieser Hinsicht deutliche Parallelen zur Anwendung des Art. 3 Abs. 1 GG durch das BVerfG auf: Demnach setzt eine rechtfertigungsbedürftige Ungleichbehandlung voraus, dass die zu vergleichenden Personen/Sachverhalte überhaupt einer gemeinsamen Obergruppe zuzuordnen und somit überhaupt vergleichbar sind.

Beispiel: Entscheidung des EuGH in der Rs. C-279/93 („Schumacker")

Die bereits erwähnte Entscheidung des EuGH in der Rs. „Schumacker"[240] betraf zwar die Arbeitnehmerfreizügigkeit, veranschaulicht aber deutlich die aufgezeigte Problematik. Roland Schumacker, belgischer Staatsangehöriger, lebte in Belgien und war in Deutschland nichtselbstständig tätig. Mit seinem Einkommen aus dieser Tätigkeit, das das gesamte Einkommen seiner Familie bildete, unterlag er in Deutschland der beschränkten Steuerpflicht. Er wandte sich dagegen, dass ihm in Deutschland der Splittingtarif und verschiedene Freibeträge und Abzüge zur Berücksichtigung seiner familiären Situation verweigert wurden. Diese steuerlichen Vorteile wurden Schumacker allerdings nicht aufgrund seiner Staatsangehörigkeit verweigert, sondern weil er weder Wohnsitz noch gewöhnlichen Aufenthalt in Deutschland hatte. Da Schumacker nahezu sein gesamtes Einkommen in Deutschland erwirtschaftete, ging der EuGH davon aus, dass sich in vorliegender Konstellation Gebietsansässige und -fremde ausnahmsweise in einer vergleichbaren (d.h. ähnlichen) Situation befänden.[241] Der Annahme einer mittelbaren (versteckten) Diskriminierung stehe dabei auch nicht entgegen, dass die in Rede stehenden Bestimmungen des deutschen Einkommensteuerrechts nicht an die Staatsangehörigkeit anknüpften, da die Verweigerung von Begünstigungen überwiegend Staatsangehörige anderer Mitgliedstaaten träfe.[242]

Da auch dem Regelungskonzept des Körperschaftsteuergesetzes in § 1 Abs. 1 Nr. 1 dKStG und § 2 Abs. 1 dKStG die im Einkommensteuerrecht immanente Differenzierung zwischen unbeschränkter und beschränkter Steuerpflicht zugrunde liegt, gelten vorstehende Ausführungen im Wesentlichen auch für **Kapitalgesellschaften**, wenngleich die Problematik der Abzugsfähigkeit existenzsichernder Aufwendungen dort naturgemäß keine Rolle spielt.[243] Auch bei Ungleichbehandlungen zwischen unbeschränkt und beschränkt steuerpflichtigen

---

[239] EuGH vom 14.02.1995, Rs. C-279/93, Schumacker, Rn. 31 f.; EuGH vom 11.08.1995, Rs. C-80/94, Wielockx, Rn. 17 ff.

[240] EuGH vom 14.02.1995, Rs. C-279/93, Schumacker.

[241] EuGH vom 14.02.1995, Rs. C-279/93, Schumacker, Rn. 32.

[242] Vgl. EuGH vom 14.02.1995, Rs. C-279/93, Schumacker, Rn. 28 f.

[243] Vergleicht man allerdings die Anknüpfungskriterien des Einkommensteuerrechts mit denen des Körperschaftsteuerrechts, so ist festzustellen, dass z.B. das dt. Körperschaftsteuerrecht u.a. an den Sitz und damit eines der in Art. 54 Abs. 1 AEUV genannten Merkmale anknüpft. Zu erwägen ist daher, dass in der in § 1 Abs. 1 Nr. 1 dKStG und § 2 Abs. 1 dKStG enthaltenden Anknüpfung an den Sitz eine offene Diskriminierung liegt. Allerdings macht § 1 Abs. 1 dKStG die Entscheidung darüber, ob eine Körperschaft als gebietsansässig (und damit als Steuerinländer) oder gebietsfremd (und damit als Steuerausländer) anzusehen ist, nicht allein davon abhängig, dass sie ihren satzungsmäßigen Sitz in Deutschland hat. Hierfür reicht es vielmehr auch aus, dass eine Gesellschaft den Ort der Geschäftsleitung in Deutschland hat. Damit kann auch eine ausländische Kapitalgesellschaft unbeschränkt steuerpflichtig in Deutschland sein.

Kapitalgesellschaften prüft der EuGH, ob sich die beschränkt Steuerpflichtigen in einer vergleichbaren Situation befinden oder ob objektive Unterschiede zwischen Gebietsansässigen und -fremden bestehen, die eine Diskriminierung ausschließen.[244]

> **Beispiel: Entscheidung des EuGH in der Rs. C-311/97 („Royal Bank of Scotland")**
>
> Die Royal Bank of Scotland, eine britische Kapitalgesellschaft, unterhielt in Griechenland eine Zweigniederlassung. Mit dem durch diese Zweigniederlassung erzielten Gewinn unterlag die Bank in Griechenland einem Steuersatz i.H.v. 40 %, während der Gewinn griechischer Banken einem Steuersatz von z.T. nur 35 % unterlag. Der EuGH sah darin eine Diskriminierung, da sich in- und ausländische Gesellschaften im Hinblick auf die Besteuerung in Griechenland entstandener Gewinne in einer objektiv vergleichbaren Situation befänden.[245] Allein den Umstand, dass inländische Gesellschaften unbeschränkt und ausländische Gesellschaften beschränkt steuerpflichtig sind, erkannte der EuGH nicht als objektiven Unterschied, der eine Diskriminierung ausgeschlossen hätte, an. Mangels Rechtfertigung lag daher ein Verstoß gegen die Niederlassungsfreiheit vor.[246]
>
> **Beispiel: Entscheidung des EuGH in der Rs. C-330/91 („Commerzbank")**
>
> Die deutsche Commerzbank AG unterhielt eine Zweigniederlassung in Großbritannien, die amerikanischen Gesellschaften Darlehen gewährte und daraus Zinseinkünfte erzielte. Zwar wurde die auf diese Einkünfte in Großbritannien erhobene Körperschaftsteuer aufgrund des DBA USA-Großbritannien an die Commerzbank AG erstattet, doch wurde der zu erstattende Betrag nicht verzinst, da die Commerzbank ihren steuerlichen Sitz nicht in Großbritannien hatte (und daher dort auch nicht unbeschränkt steuerpflichtig war). Da die steuerrechtliche Vorschrift nicht an den Gesellschaftssitz anknüpfte, sondern an den steuerlichen Sitz (Ansässigkeit in GB), lag eine offene Diskriminierung nicht vor. Jedoch erkannte der EuGH hierin eine versteckte Diskriminierung, da sich die an den steuerlichen Sitz anknüpfende Begünstigung besonders zu Lasten derjenigen Gesellschaften auszuwirken drohe, die ihren (nicht-steuerlichen) Sitz außerhalb Großbritanniens haben.[247]

Den vorgenannten Beispielen ist gemein, dass sie Regelungen betrafen, die (Steuer-) Ausländern eine Gleichbehandlung mit (Steuer-) Inländern verwehrten („**inbound**"- oder „**host state**"-Konstellationen). Nicht minder häufig sind aber Fälle, in denen der Herkunftsstaat des Steuerpflichtigen an die (u.U. nur vermeintliche) Wirtschaftstätigkeit des Steuerpflichtigen im Ausland nachteilige Folgen knüpft („**outbound" oder „origin state"-Konstellation**). Derartige Regelungen zielen insbesondere auf die Sicherung des Steuersubstrats ab. Der Grundsatz der Inländer(gleich)behandlung nach Maßgabe des Verbots offener oder versteckter Diskriminierungen erfasst diese Fälle nicht; vielmehr handelt es sich insoweit um **Beschränkungen**.

---

244 EuGH vom 21.09.1999, Rs. C-307/97, Saint-Gobain ZN, Rn. 48.
245 EuGH vom 29.04.1999, Rs. C-311/97, Royal Bank of Scotland, Rn. 30.
246 EuGH vom 29.04.1999, Rs. C-311/97, Royal Bank of Scotland, Rn. 33 f.
247 EuGH vom 13.07.1993, Rs. C-330/91, Commerzbank, Rn. 15.

> **Beispiel:**
>
> Zum britischen Nahrungsmittelkonzern Cadbury Schweppes gehörte u.a. die in Irland ansässige Cadbury Schweppes Treasury Services, deren konzerninterne Aufgabe es war, Geldmittel zu beschaffen und anderen Tochtergesellschaften des Konzerns zur Verfügung zu stellen. Die Bestimmungen des britischen Rechts über beherrschte ausländische Gesellschaften sahen vor, dass die Gewinne der irischen Tochtergesellschaft – anders als bei in Großbritannien ansässigen Tochtergesellschaften – der britischen Muttergesellschaft zugerechnet und bei dieser besteuert werden (Hinzurechnungsbesteuerung). Die britische Regelung unterwarf also nicht ausländische Gesellschaften einer nachteiligen Rechtsfolge, sondern eine inländische Gesellschaft aufgrund ihrer wirtschaftlichen Aktivitäten im Ausland (vgl. 2.3.3.2).

Der EuGH führt hierzu in ständiger Rechtsprechung aus, dass die Vertragsbestimmungen über die Niederlassungsfreiheit – auch wenn sie ihrem Wortlaut nach die Inländerbehandlung im Aufnahmemitgliedstaat sichern sollen – es ebenfalls verbieten, dass der Herkunftsmitgliedstaat die Niederlassung seiner Staatsangehörigen oder einer nach seinem Recht gegründeten Gesellschaft in einem anderen Mitgliedstaat behindert.[248] Wird die durch eine ausländische Tochtergesellschaft ausgeübte geschäftliche Tätigkeit ungünstigeren steuerlichen Rechtsfolgen unterworfen als die Ausübung derselben Tätigkeit durch eine inländische Tochtergesellschaft, liegt hierin folglich eine Beschränkung.

Entsprechendes gilt für die **Kapitalverkehrsfreiheit**:

> **Beispiel: Entscheidung des EuGH in der Rs. C-35/98 („Verkooijen"):**
>
> Der in den Niederlanden ansässige niederländische Staatsangehörige Verkooijen hielt Aktien einer belgischen Aktiengesellschaft, von der er Dividenden bezog. In den Niederlanden existierte ein klassisches Körperschaftsteuersystem. Bei Kleinanlegern wurde die Doppelbelastung der Ausschüttung mit Körperschaftsteuer und Einkommensteuer dadurch gemildert, dass ein Betrag in Höhe von 1.000 ndl. Gulden an Dividenden einkommensteuerfrei war. Das galt allerdings nur, wenn die Ausschüttung durch eine niederländische Kapitalgesellschaft erfolgte. Herr Verkooijen begehrte ebenfalls in den Genuss dieses Freibetrages zu kommen, was das Finanzamt ablehnte. Der EuGH entschied, dass die Verweigerung des Freibetrages gegen Gemeinschaftsrecht verstieß.[249]

Der Begriff der Beschränkung legt es nahe, dass der EuGH einem stärker freiheits- und weniger gleichheitsgeprägtem Verständnis der Grundfreiheiten zuneigt. Dies darf allerdings nicht darüber hinwegtäuschen, dass der EuGH in seiner Rechtsprechung eine Beschränkung insbesondere dann annimmt, wenn Personen aufgrund des Auslandsbezugs eines Sachverhaltes schlechter behandelt werden als im reinen Inlandsfall. Auch die Annahme einer Beschränkung beinhaltet somit eine vergleichende Komponente, so dass den

---

[248] Vgl. EuGH vom 16.07.1998, Rs. C-264/96, ICI, Rn. 21; EuGH vom 06.12.2007, Rs. C-298/05, Columbus Container Services, Rn. 33; EuGH vom 23.10.2008, Krankenheim Ruhesitz am Wannsee - Seniorenheimstatt, Rs. C-157/07, Rn. 29; EuGH vom 15.04.2010, CIBA, Rn. 18.
[249] Vgl. EuGH vom 06.06.2000, Rs. C-35/98, Verkooijen, Rn. 62.

Beschränkungsverboten ein gleichheitsrechtliches Element immanent ist.[250]

Anzumerken ist schließlich, dass **Beschränkungen** – auch wenn diese Kategorie ursprünglich entwickelt wurde, um inbound-Situationen zu erfassen – bei jeder Form grenzüberschreitender Tätigkeit, also **auch in outbound-Situationen**, vorliegen können.

2.2.2.5 Berechtigte (persönlicher Schutzbereich)

Im Hinblick auf den persönlichen Anwendungsbereich der Grundfreiheiten ist zu differenzieren: Auf die Niederlassungs-, Dienstleistungs- und Arbeitnehmerfreizügigkeit können sich grundsätzlich nur Unionsbürger i.S.d. Art. 20 AEUV berufen. Diese Beschränkung des persönlichen Anwendungsbereiches ergibt sich für die Niederlassungsfreiheit (Art. 49 ff. AEUV), die Dienstleistungsfreiheit (Art. 56 ff. AEUV) und die Arbeitnehmerfreizügigkeit (Art. 45 ff. AEUV) bereits unmittelbar aus dem jeweiligen Wortlaut. Warenverkehrsfreiheit (Art. 28 ff. AEUV) und Kapitalverkehrsfreiheit (Art. 63 ff. AEUV) sind dagegen nicht auf Unionsbürger beschränkt, da die jeweiligen Vorschriften nicht an die Staatsangehörigkeit einer Person, sondern ausschließlich an die Herkunft der Ware, bzw. den sachlichen Schutzbereich der Transaktion anknüpfen. Auf die Warenverkehrs- und Kapitalverkehrsfreiheit können sich daher sogar Drittstaatenangehörige berufen. Grundsätzlich sind die Grundfreiheiten des AEUV zudem in ihrem persönlichen Anwendungsbereich nicht nur natürlichen Personen, sondern auch Personenmehrheiten zugänglich. Dies stellen Art. 54 und Art. 62 AEUV für die Niederlassungs- bzw. Dienstleistungsfreiheit ausdrücklich klar, für die Waren- und Kapitalverkehrsfreiheit gilt dies ob ihrer weitgehend personenunabhängigen Gewährleistung ebenfalls. Wie soeben ausgeführt, beschränkt sich die Geltung der Grundfreiheiten nicht auf die Gewährleistung der Inländerbehandlung, so dass sich auch Bürger eines Mitgliedstaates gegenüber ihrem Heimatstaat auf die Grundfreiheiten berufen können.

2.2.2.6 Rechtfertigung von Diskriminierungen und Beschränkungen

Ebenso wenig wie in der deutschen Grundrechtsdogmatik ein Eingriff in den Schutzbereich eines Grundrechts (bzw. eine Ungleichbehandlung zweier wesentlich gleicher Sachverhalte) nicht zwangsläufig zur Verfassungswidrigkeit der entsprechenden Regelung führt, führt die Beschränkung – hier verstanden im weiteren Sinne als Oberbegriff zu Diskriminierung und Beschränkung (i.e.S.) – einer Grundfreiheit nicht per se zu einem Unionsrechtsverstoß. Nach dem Unionsrecht ist vielmehr ebenso wie nach deutschem Verfassungsrecht stattdessen zu prüfen, ob die zu überprüfende Regelung gerechtfertigt werden kann.

Unter den **Rechtfertigungsgründen** ist zwischen solchen, die im Zusammenhang mit den einzelnen Grundfreiheiten im AEUV genannt werden, und den nicht ausdrücklich normierten, vom EuGH im Rahmen richterlicher Rechtsfortbildung entwickelten zwingenden

---

[250] Es ist daher auch sachgerecht, insoweit von „sachlicher Diskriminierung" zu sprechen, da in diesem Sinne beschränkende staatliche Regelungen nicht an das personenbezogene Merkmal der Staatsangehörigkeit, sondern an räumliche Merkmale wie z.B. die Ausübung einer wirtschaftlichen Betätigung abstellen.

Gründen des Allgemeininteresses[251] – bisweilen formuliert der EuGH auch „zwingende Gründe des öffentlichen Interesses"[252] – zu unterscheiden.[253] Art der Einschränkung der Grundfreiheiten und Tauglichkeit des Rechtfertigungsgrundes hängen dabei eng miteinander zusammen. So können offene Diskriminierungen nur durch im AEUV ausdrücklich genannte Gründe gerechtfertigt werden. Versteckte Diskriminierungen und Beschränkungen können dagegen zusätzlich durch zwingende Gründe des Allgemeininteresses gerechtfertigt werden.[254]

Nicht anders als im nationalen Verfassungsrecht spielt im Rahmen der Prüfung der Rechtfertigung einer Maßnahme die **Verhältnismäßigkeit** eine entscheidende Rolle. So reicht es zur Rechtfertigung einer Diskriminierung oder Beschränkung nicht aus, dass diese auf einem Rechtfertigungsgrund beruht, der durch den AEUV oder die Rechtsprechung des EuGH prinzipiell anerkannt ist, die Maßnahme also ein legitimes Ziel verfolgt. Vielmehr ist es erforderlich – und hier liegt ein Schwerpunkt der Rechtsprechung des EuGH –, dass die zu überprüfende Regelung zur Erreichung des jeweiligen Ziels auch geeignet ist und nicht über das hinausgeht, was zur Erreichung des Ziels erforderlich ist.[255] Im Gegensatz zum aus der deutschen Grundrechtsdogmatik vertrauten Prüfungsprogramm, das u.a. zwischen Erforderlichkeit und Verhältnismäßigkeit i.e.S. (Angemessenheit) differenziert, nimmt der EuGH eine strikte Trennung zwischen Erforderlichkeit und Verhältnismäßigkeit nicht vor.

Als **ausdrückliche Rechtfertigungsgründe** für die Beschränkung (i.w.S.) der Grundfreiheiten nennen die Art. 14 Abs. 1; Art. 45 Abs. 3 und 62 AEUV die öffentliche Ordnung, Sicherheit oder Gesundheit. Art. 65 Abs. 1 AEUV enthält spezifisch steuerliche Tatbestände. Danach dürfen die Mitgliedstaaten Steuerpflichtige mit unterschiedlichem Wohnort oder Kapitalanlageort unterschiedlich behandeln und die zur Vermeidung von Zuwiderhandlungen gegen Steuervorschriften unerlässlichen Maßnahmen treffen. Allerdings dürfen diese Maßnahmen nach Art. 65 Abs. 3 AEUV nicht zu einer verschleierten Beschränkung oder willkürlichen Diskriminierung führen, so dass Art. 65 Abs. 1 AEUV praktisch keine Bedeutung zukommt. Alle Maßnahmen, die sich auf im Vertrag genannte Gründe stützen, müssen verhältnismäßig sein.[256]

---

[251] Zurückgehend auf die „Cassis-de-Dijon"-Entscheidung des EuGH vom 20.02.1979, Rs. C-120/78, Rewe, Rn. 14; so z.B. auch EuGH vom 21.09.1999, Rs. C-307/97, Saint-Gobain ZN, Rn. 51.

[252] So z.B. EuGH vom 02.05.2006, Rs. C-196/04, Cadbury Schweppes, Rn. 47; EuGH vom 21.11.2002, Rs. C-436/00, X & Y, Rn. 49.

[253] Vgl. EuGH vom 21.09.1999, Rs. C-307/97, Saint-Gobain ZN, Rn. 51.

[254] EuGH vom 16.01.2003, Rs. C-388/01, Kommission/Italien, Rn. 19; vgl. auch EuGH vom 21.09.1999, Rs. C-307/97, Saint-Gobain ZN, Rn. 51; zur Kritik an der Unterscheidung zwischen den beiden Diskriminierungsformen siehe z.B. Schroeder (2011), 245.

[255] EuGH vom 23.10.2008, Rs. C-157/07, Krankenheim Ruhesitz am Wannsee - Seniorenheimstatt, Rn. 40; EuGH vom 15.05.2008, Rs. C-414/06, Lidl Belgium, Rn. 27; EuGH vom 13.12.2005, Rs. C-446/03, Marks & Spencer, Rn. 35; EuGH vom 11.03.2004, Rs. C-9/02, de Lasteyrie du Saillant, Rn. 49; EuGH vom 15.05.1997, Rs. C-250/95, Futura Participations und Singer, Rn. 26.

[256] EuGH vom 13.01.2000, Rs. C-254/98, TK-Heimdienst, Rn. 34; EuGH vom 12.03.1987, 178/84, Kommission/Deutschland, Rn. 44.

Die **zwingenden Gründe des Allgemeininteresses** sind im Steuerrecht von überragender Bedeutung für die Rechtfertigung von verdeckten Diskriminierungen und Beschränkungen. Als zwingende Gründe des Allgemeininteresses hat der EuGH eine Vielzahl von Gründen anerkannt, die nicht unter die ausdrücklich aufgeführten Schranken der Grundfreiheiten fallen. Dazu gehören aus steuerrechtlicher Sicht insb. die **Kohärenz des Steuersystems**, die **zwischenstaatliche Aufteilung von Besteuerungsrechten**, die **Abwehr der Gefahr der Steuerflucht** und die **Vermeidung doppelter Verlustberücksichtigung**. Werden zwingende Gründe des Allgemeininteresses zur Rechtfertigung herangezogen, setzt die Rechtfertigung der Maßnahme voraus, dass diese verhältnismäßig ist.

Die **Kohärenz des Steuersystems** gehört zu den ältesten vom EuGH anerkannten Rechtfertigungsgründen.[257] Da der EuGH die Voraussetzungen dieses Rechtfertigungsgrundes sukzessive und wenig kohärent entwickelt hat, gehört die Kohärenz zu den am schwierigsten handhabbaren Rechtfertigungsgründen. In der jüngeren Entscheidungspraxis des EuGH spielt sie allerdings nur noch eine untergeordnete Rolle. Allgemein formuliert versteht man unter dem Rechtfertigungsgrund der Kohärenz die Wahrung eines Zustands, in dem mehrere steuerrechtliche Vorschriften aus systematischen Gründen aufeinander bezogen sind und diese gemeinsam eine angemessene systemgerechte Regelung darstellen.[258]

Erstmals Erwähnung fand der Rechtfertigungsgrund der Kohärenz in der Rs. „**Bachmann**"[259]. In diesem Fall wurde es dem in Belgien beschäftigten deutschen Staatsangehörigen Bachmann verwehrt, die Zahlung von Versicherungsprämien an ausländische Versicherungsgesellschaften steuerlich in Abzug zu bringen. Die Gewährung eines Steuerabzugs für an inländische Unternehmen gezahlte Versicherungsprämien beruhte darauf, dass die Leistungen dieser Unternehmen in Belgien der Besteuerung unterlagen (Konzept der nachgelagerten Besteuerung). Der belgische Staat argumentierte, bei Leistungen durch ausländische Versicherungsgesellschaften sei die spätere Besteuerung der Versicherungsleistungen nicht gewährleistet. Der EuGH erkannte in der mangelnden Berücksichtigungsfähigkeit der Prämien zwar eine Beschränkung der Dienstleistungsfreiheit sowie der Freizügigkeit, sah die Beschränkung aber als gerechtfertigt an. Nach Auffassung des EuGH bestand nämlich eine Kohärenz zwischen der steuerlichen Abzugsfähigkeit bestimmter Versicherungsprämien und der späteren Besteuerung der Versicherungsleistungen.[260] Seit der Entscheidung in der Rs. „Bachmann" (und der Parallelentscheidung in der Rs. „Kommission/Belgien"[261]) setzte der EuGH somit für das Bestehen einer Kohärenz im Ausgangspunkt voraus, dass **ein unmittelbarer Zusammenhang zwischen der betreffenden Steuervergünstigung und dem Ausgleich dieser Vergünstigung durch eine bestimmte Abgabe** dargetan ist.[262] So beruhten die besagten Entscheidungen darauf, dass im belgischen Recht *bei ein und*

---

[257] Siehe hierzu *Elicker* (2005), IStR 2005, 89 ff.
[258] *Frotscher* (2009), 46.
[259] EuGH vom 28.01.1992, Rs. C-204/90, Bachmann.
[260] Vgl. EuGH vom 28.01.1992, Rs. C-204/90, Bachmann, Rn. 14 ff.
[261] EuGH vom 28.01.1992, Rs. C-300/90, Kommission/Belgien.
[262] EuGH vom 14.11.1995, C 484/93, Svensson und Gustavsson, Rn. 18, EuGH vom 16.07.1998, Rs. C-264/96, ICI, Rn. 29; EuGH vom 08.03.2001, Rs. C-397/98 und 410/98, Metallgesellschaft/Hoechst, Rn. 69.

demselben der Einkommensteuer unterliegenden Steuerpflichtigen ein *unmittelbarer Zusammenhang* zwischen der Möglichkeit, Versicherungsbeiträge von den steuerbaren Einkünften abzuziehen, und der späteren Besteuerung der von den Versicherern gezahlten Beträge bestand. Damit liegt Kohärenz nicht vor, wenn verschiedene Steuerpflichtige betroffen sind;[263] dies gilt auch, wenn verschiedene Steuerarten betroffen sind.

Der Rechtfertigungsgrund der Kohärenz hat in der Zeit nach den genannten Entscheidungen in der Rechtsprechung des EuGH stark an Bedeutung eingebüßt. Häufig prüfte der EuGH zwar die Rechtfertigung von Regelungen aufgrund einer Kohärenz, jedoch griff dieser Rechtfertigungsgrund zumeist nicht durch. Zu diesen Entscheidungen, in denen der EuGH eine Rechtfertigung (lediglich) in Betracht zog, zählen z.B. die Rs. „ICI"[264] und „Eurowings"[265]. Erst in der Rs. „Krankenheim Ruhesitz am Wannsee - Seniorenheimstatt" erachtete der EuGH eine innerstaatliche Maßnahme erneut als aus Gründen der Kohärenz gerechtfertigt. Die zu überprüfende Regelung des § 2a Abs. 3 dEStG a.F. sah vor, dass Verluste ausländischer Betriebsstätten auch im Falle der Steuerfreistellung zunächst von der inländischen Bemessungsgrundlage abgezogen werden durften, später aber mit Gewinnen aus der Betriebsstätte zu verrechnen waren. Der EuGH sah in der späteren Hinzurechnung der Verluste zwar eine Beschränkung der Niederlassungsfreiheit, jedoch führte er weiter aus, dass diese Hinzurechnung nicht von der vorangegangenen Berücksichtigung dieser Verluste getrennt (betrachtet) werden dürfe. Da die Hinzurechnung einer spiegelbildlichen Logik folge, habe ein **direkter, persönlicher und sachlicher Zusammenhang** zwischen den beiden Komponenten der zunächst erfolgten Verlustberücksichtigung und der späteren Hinzurechnung bestanden (vgl. 2.3.2.5).[266]

Abgesehen von den genannten Fällen ist eine Rechtfertigung aufgrund der Kohärenz des Steuersystems insb. in den sog. **Entstrickungsfällen** denkbar. In diesen Fällen kommt es zur Aufdeckung stiller Reserven, wenn durch den Wegzug von Personen bzw. die Überführung von Wirtschaftsgütern ins Ausland ein Verlust des Rechts oder die tatsächliche Möglichkeit zur Besteuerung stiller Reserven droht. Dem liegt der Gedanke zugrunde, dass der vorübergehende Verzicht auf die Besteuerung nichtrealisierter Wertsteigerungen nur so lange aufrechterhalten werden kann, wie die Besteuerung des Wertzuwachses dem Staat rechtlich und tatsächlich möglich ist, die spätere Besteuerung also gesichert ist.[267] Es liegt auf der Hand, dass diese **Argumentationsstruktur** der korrespondierenden Besteuerung in den Rs. „Bachmann" und „Kommission/Belgien" sehr ähnlich ist. Der EuGH hat sich mit unterschiedlichen Aspekten der Steuerentstrickung insb. in den Rs. „X und Y"[268], „de

---

263   Vgl. EuGH vom 26.10.1999, Rs. C-294/97, Eurowings, Rn. 39; EuGH vom 06.06.2000, Rs. C-35/98, Verkooijen, Rn. 58.

264   EuGH vom 16.07.1998, Rs. C-264/96, ICI, Rn. 29.

265   EuGH vom 26.10.1999, Rs. C-294/97, Eurowings.

266   EuGH vom 23.10.2008, Rs. C-157/07, Krankenheim Ruhesitz am Wannsee-Seniorenheimstatt, Rn. 42.

267   Vgl. auch die Stellungnahme der dt. und ital. Regierung in der Rs. „National Grid Indus", Rn. 79.

268   EuGH vom 21.11.2002, Rs. C-436/00, X & Y.

Lasteyrie du Saillant",[269] „N"[270] und „National Grid Indus"[271] befasst (vgl. 2.3.5).

In der Rs. „de Lasteyrie du Saillant" scheiterte die Rechtfertigung aus Gründen der Kohärenz daran, dass die in Rede stehende französische Regelung, die die Aufdeckung stiller Reserven beim Wegzug ins Ausland vorsah, nicht allgemein auf die Sicherstellung der Besteuerung der im Inland während der Ansässigkeit entstandenen Wertsteigerungen abzielte, sondern als Bestimmung zur Vermeidung vorübergehender (u.U. missbräuchlicher) Wohnsitzverlegungen ins Ausland konzipiert war.

In der Rs. „X und Y" betonte der EuGH, dass die steuerliche Kohärenz im Gegensatz zu den Rs. „Bachmann" und „Kommission/Belgien" nicht auf der Ebene der Einzelperson durch eine strenge Wechselbeziehung zwischen dem Gewinnsteueraufschub und der endgültigen Gewinnbesteuerung hergestellt, sondern auf eine andere Ebene verlagert werde. Bei dieser Ebene handelt es sich um die Ebene der Doppelbesteuerungsabkommen, die eine zwischenstaatliche, auf Gegenseitigkeit beruhende Aufteilung des Steuersubstrats nach Maßgabe bestimmter Anknüpfungspunkte vorsehen.[272] Im konkreten Fall rekurrierte der EuGH auf die Art. 13 Abs. 4 (nunmehr Abs. 5) OECD-MA entsprechende Bestimmung des DBA Schweden-Belgien, demzufolge jeweils nur der Ansässigkeitsstaat zu Besteuerung von Gewinnen aus der Veräußerung von Anteilen an Kapitalgesellschaften berechtigt ist.[273] Dass eine Rechtfertigung aufgrund dieser Form der Kohärenz ausschied, lag daran, dass die Beschränkung der Niederlassungs- bzw. Kapitalverkehrsfreiheit nicht erforderlich war, da die Regelung nicht die Möglichkeit vorsah, gegen Leistung einer Kaution oder Garantie von einer Besteuerung bis zum endgültigen Wegzug abzusehen.[274] Wie zuvor bereits in der Rs. „Wielockx"[275] unterschied der EuGH somit zwischen der in der Rs. „Bachmann" entwickelten, unmittelbar personenbezogenen Kohärenz und einer Kohärenz in Form der zwischenstaatlichen Aufteilung der Besteuerungsbefugnis.

In den Entscheidungen in den Rs. „N" und „National Grid Indus" stellte der EuGH nicht mehr primär auf den Rechtfertigungsgrund der Kohärenz ab, sondern auf den maßgeblich in der Rs. „Marks & Spencer" entwickelten Rechtfertigungsgrund der Aufteilung der Besteuerungsbefugnis zwischen den Mitgliedstaaten (vgl. 2.3.2.2). Dabei führte er unter Bezugnahme auf die Schlussanträge der Generalanwältin aus, dass sich **das Anliegen der steuerlichen Kohärenz und der ausgewogenen Aufteilung der Besteuerungsbefugnis (insoweit) decken.**[276] Da beide Rechtfertigungsgründe allerdings nicht vollständig übereinstimmen, sondern nur eine übereinstimmende Zielrichtung aufweisen, sind diese Ausführungen nicht dahingehend zu verstehen, dass der EuGH den Rechtfertigungsgrund der Kohärenz aufgegeben hätte. Auf einen eigenständigen Inhalt des Begriffs der Kohärenz

---

[269] EuGH vom 11.03.2004, Rs. C-9/02, de Lasteyrie du Saillant.
[270] EuGH vom 07.09.2006, Rs. C-470/04, N.
[271] EuGH vom 29.11.2011, Rs. C-371/10, National Grid Indus.
[272] Vgl. EuGH vom 21.11.2002, Rs. C-436/00, X & Y, Rn. 53.
[273] EuGH vom 21.11.2002, Rs. C-436/00, X & Y, Rn. 54.
[274] EuGH vom 21.11.2002, Rs. C-436/00, X & Y, Rn. 59.
[275] EuGH vom 11.08.1995, Rs. C-80/94, Wielockx.
[276] EuGH vom 29.11.2011, Rs. C-371/10, National Grid Indus, Rn. 80.

ging der EuGH in der Entscheidung in der Rs. „National Grid Indus" allerdings nicht mehr näher ein, da die in Rede stehende niederländische Regelung der Wegzugsbesteuerung auch im Hinblick auf den Rechtfertigungsgrund der Kohärenz in ihrer konkreten Ausgestaltung unverhältnismäßig war.[277]

Die Anerkennung des Rechtfertigungsgrundes der **Aufteilung der Besteuerungsbefugnis** zwischen den Mitgliedstaaten beruht maßgeblich darauf, dass der EuGH in ständiger Rechtsprechung die Auffassung vertritt, dass in Ermangelung gemeinschaftlicher Vereinheitlichungs- oder Harmonisierungsmaßnahmen die Mitgliedstaaten auch weiterhin befugt sind, die Kriterien für die Besteuerung des Einkommens und des Vermögens festzulegen, um die Doppelbesteuerung gegebenenfalls im Vertragswege zu beseitigen.[278] Bemerkenswert ist in diesem Zusammenhang insbesondere die Aussage, dass die Niederlassungsfreiheit nicht dahingehend verstanden werden könne, dass ein Mitgliedstaat verpflichtet sei, seine Steuervorschriften auf diejenigen eines anderen Mitgliedstaats abzustimmen, um in allen Situationen eine Besteuerung zu gewährleisten, die jede Ungleichheit, die sich aus den nationalen Steuerregelungen ergebe, beseitige, da die Entscheidungen, die eine Gesellschaft in Bezug auf die Festlegung von Unternehmensstrukturen im Ausland treffe, im Einzelfall Vor- oder Nachteile für sie haben könnten.[279]

Auch die **Abwehr der Gefahr der Steuerflucht** (mitunter bezeichnet als „**Abwehr missbräuchlicher Gestaltungen**" oder „**Gefahr der Steuerumgehung**") erkennt der EuGH in ständiger Rechtsprechung als tauglichen Rechtfertigungsgrund an.[280] Hinter dem Begriff „Steuerflucht" verbergen sich in erster Linie Gestaltungen, die darauf abzielen, die aufgrund mangelnder Harmonisierung der Steuerrechtsordnungen im EU/EWR-Raum bestehenden Belastungsunterschiede zu nutzen, indem z.B. Gewinne in Niedrigsteuerländer bzw. Verluste in Hochsteuerländer verlagert werden. Typischer Fall ist die Einschaltung funktionsschwacher oder funktionsloser Gesellschaften in Niedrigsteuerländern (vgl. hierzu die §§ 7 ff. AStG).

Dass der EuGH mitgliedstaatliche Regelungen, die auf die Verhinderung der Steuerflucht gerichtet waren, häufig als nicht gerechtfertigt ansah, liegt daran, dass derartige Regelungen häufig keine Einzelfallbetrachtung vorsahen, sondern typisierende Missbrauchstatbestände enthielten, die dem betroffenen Steuerpflichtigen keine Möglichkeit des Gegenbeweises boten (siehe hierzu insb. die Ausführungen zur Entscheidung des EuGH in der Rs. „Cadbury Schweppes" unter 2.3.3.2).

---

[277] EuGH vom 29.11.2011, Rs. C-371/10, National Grid Indus, Rn. 81.
[278] So z.B. EuGH vom 06.12.2007, Rs. C-298/05, Columbus Container Services, Rn.: 27; EuGH vom 28.02.2008, Rs. C-293/06, Deutsche Shell, Rn. 41; EuGH vom 18.07.2007, Rs. C-231/05, Oy AA, Rn. 52; EuGH vom 21.09.1999, Rs. C-307/97, Saint-Gobain ZN, Rn. 57; EuGH vom 03.10.2006, Rs. C-290/04, FKP Scorpio Konzertproduktionen, Rn. 54.
[279] EuGH vom 29.11.2011, Rs. C-371/10, National Grid Indus, Rn. 62; EuGH vom 28.02.2008, Rs. C-293/06, Deutsche Shell, Rn. 43.
[280] EuGH vom 13.12.2005, Rs. C-446/03, Marks & Spencer, Rn. 49; EuGH vom 16.07.1998, Rs. C-264/96, ICI, Rn. 27; EuGH vom 08.03.2001, Rs. C-397/98 und 410/98, Metallgesellschaft/Hoechst, Rn. 49 ff.

Ebenfalls auf die Abwehr missbräuchlicher Gestaltungen zielen Regelungen ab, die funktionsschwachen oder -losen Gesellschaften Vorteile aus einem Doppelbesteuerungsabkommen oder einer EU-Richtlinie versagen (anti-treaty-shopping- bzw. anti-directive-shopping-Bestimmungen).

Beispiel:

Die Kapitalgesellschaft A Corp. mit Sitz auf den Bermudas ist zu 100 % an der deutschen C-GmbH beteiligt. Auf die Ausschüttungen der C-GmbH wird in Deutschland Quellensteuer i.H.v. 25 % erhoben. Da zwischen Deutschland und den Bermudas kein DBA besteht und auch die Mutter-Tochter-Richtlinie keine Anwendung findet, gewährt Deutschland keine Entlastung von dieser Quellensteuer, so dass diese Belastung definitiv ist. Hält die A-Corp. die Beteiligung an der C-GmbH nicht unmittelbar, sondern über die niederländische Kapitalgesellschaft B-BV, gilt im Hinblick auf die Ausschüttungen der C-GmbH an die B-BV die ins nationale Steuerrecht umgesetzte Mutter-Tochter-Richtlinie (sowie Art. 10 DBA Deutschland-Niederlande 2012). Die B-BV kann sich daher grds. gegenüber Deutschland auf Entlastung von der in Deutschland einbehaltenen Quellensteuer berufen. Besteht der einzige Grund für die Zwischenschaltung der B-BV in der Erzielung steuerlicher Vorteile – was gemäß der in § 50d Abs. 3 dEStG niedergelegten Kriterien zu ermitteln ist – wird die Quellensteuerentlastung nach dieser Vorschrift versagt.

Die EU-Kommission hatte Deutschland im Jahr 2010 aufgefordert, die in § 50d Abs. 3 dEStG normierte Versagung der Quellensteuerentlastung zu ändern.[281] Die Kommission hält derartige Beschränkungen zwar dem Grunde nach für gerechtfertigt, doch erachtete sie die beanstandete Maßnahme insbesondere insoweit als unverhältnismäßig als sie dem Steuerpflichtigen keine Möglichkeit zum Nachweis des Gegenteils (d.h. zum Nachweis einer nicht-steuerlichen Motivation zur Zwischenschaltung der Gesellschaft) eröffnete.

Auch die **Vermeidung doppelter Verlustberücksichtigung** durch Beschränkung bzw. Verweigerung der Abzugsfähigkeit im Ausland entstandener Verluste im Inland erkennt der EuGH in ständiger Rechtsprechung als tauglichen Rechtfertigungsgrund an.[282]

Nicht anerkannt hat der EuGH dagegen die *allgemeine* Zielsetzung, durch eine beschränkende Maßnahme einen **Rückgang von Steuereinnahmen zu vermeiden**; dieses Ziel erachtet der EuGH nicht als zwingenden Grund des Allgemeininteresses, der zur Rechtfertigung einer grundsätzlich gegen eine Grundfreiheit verstoßenden Maßnahme angeführt werden kann.[283] Andernfalls bestünde die Gefahr, dass die Grundfreiheiten wirkungslos würden. Dies schließt es freilich nicht aus, dass beschränkende Maßnahmen auf die Sicherung des Steuersubstrats gerichtet sind. Voraussetzung ist allerdings, dass ein spezifischer Rechtfer-

---

[281] Mitteilung der Kommission vom 18.03.2010, Az. 2007/4435.

[282] EuGH vom 13.12.2005, Rs. C-446/03, Marks & Spencer, Rn. 47; EuGH vom 29.03.2007, C-347/04, Rewe Zentralfinanz, Rn. 47; EuGH vom 15.05.2008, Rs. C-414/06, Lidl Belgium, Rn. 35.

[283] Vgl. EuGH vom 13.12.2005, Rs. C-446/03, Marks & Spencer, Rn. 44; EuGH vom 07.09.2004, Rs. C-319/02, Manninen, Rn. 49 m.w.N; EuGH vom 21.11.2002, Rs. C-436/00, X & Y, Rn. 50; EuGH vom 21.09.1999, Rs. C-307/97, Saint-Gobain ZN, Rn. 51.

tigungsgrund besteht. So hat der EuGH z.B. in der Rs. „Marks & Spencer" ausgeführt, dass die Beschränkung der Niederlassungsfreiheit durch das Verbot der Berücksichtigung der Verluste ausländischer Tochtergesellschaften im Inland nicht durch den ansonsten drohenden Rückgang von Steuereinnahmen gerechtfertigt werden könne, hat es jedoch zur Wahrung der Aufteilung der Besteuerungsbefugnis zwischen den Mitgliedstaaten prinzipiell anerkannt.[284]

Anzumerken ist, dass das Erfordernis eines spezifischen Rechtfertigungsgrundes auch im Anwendungsbereich des Art. 3 Abs. 1 GG besteht. So vermögen nach der ständigen Rechtsprechung des BVerfG allein fiskalische Erwägungen nicht, eine Ungleichbehandlung i.S.d. Art. 3 Abs. 1 GG zu rechtfertigen.[285]

Zu den **sonstigen nicht anerkannten potenziellen Rechtfertigungsgründen** zählen u.a. die Begründung, ein Eingriff in die Grundfreiheiten habe nur geringe Auswirkungen („de minimis"-Argumentation),[286] der Ausgleich von Nachteilen, soweit eine Rechtfertigung aus Gründen der Kohärenz ausscheidet,[287] die fehlende Harmonisierung des Rechtsbereichs, dem die eingreifende Regelung zuzuordnen ist[288] und administrative Schwierigkeiten bei der Sicherung oder Durchsetzung eines Steueranspruchs, sofern Amtshilfe- oder Betreibungsrichtlinie eine entsprechende Zusammenarbeit der Mitgliedstaaten vorsehen[289].

2.2.2.7   Rechtsfolge eines Verstoßes gegen die Grundfreiheiten

Die Grundfreiheiten sind **unmittelbar anwendbares Recht**. Sie genießen **Anwendungsvorrang** vor Normen des nationalen Rechts. Das bedeutet, dass das nationale Recht so anzuwenden ist, als wenn es die diskriminierenden bzw. unecht oder echt beschränkenden Tatbestandsmerkmale nicht enthielte. Die von einer Diskriminierung Betroffenen haben den Anspruch auf die gleiche Behandlung und auf die Anwendung der gleichen Regelung wie die Vergleichsgruppe, wobei diese Regelung, solange sich die Normbereiche des Unionsrechts und des nationalen Rechts widersprechen, der einzige Bezugspunkt ist.[290] Die Grundfreiheiten geben daher dem Steuerpflichtigen die Möglichkeit, eine ihm verwehrte Begünstigung gerichtlich zu erzwingen. Unvereinbarkeitsbeschlüsse, die dem nationalen Gesetzgeber eine Übergangsfrist zur Herstellung vertragskonformer Zustände geben, existieren nicht. Auch insoweit ist die Rechtsprechung des EuGH für den Steuerpflichtigen vorteilhafter als die des Bundesverfassungsgerichts. Flankiert werden die sich aus der unmittelbaren Anwendbarkeit ergebenden Folgen durch die bereits dargestellten Erstattungs- und Haftungsansprüche.

---

[284]   Vgl. EuGH vom 13.12.2005, Rs. C-446/03, Marks & Spencer, Rn. 44 f.
[285]   Vgl. BVerfG vom 17.01.1957, 1 BvL 4/54, BVerfGE 6, 55 (80); BVerfG vom 29.05.1990   , 1 BvL 20/84 u.a., BVerfGE 82, 60 (89).
[286]   EuGH vom 28.01.1986, Rs. C-270/83, avoir fiscal, Rn. 21.
[287]   EuGH vom 28.01.1986, Rs. C-270/83, avoir fiscal, Rn. 21.
[288]   EuGH vom 28.01.1986, Rs. C-270/83, avoir fiscal, Rn. 24.
[289]   Vgl. z.B. EuGH vom 02.05.2006, Rs. C-196/04, Cadbury Schweppes, Rn. 71. EuGH vom 29.11.2011, Rs. C-371/10, National Grid Indus, Rn. 78.
[290]   *Schroeder* (2011), 74 ff.

2.3 Die Rechtsprechung des EuGH in ausgewählten Bereichen des Unternehmenssteuerrechts

2.3.1 Vorbemerkung

Die bis vor wenigen Jahren im deutschen Steuerrecht gängigen Differenzierungen zwischen rein inländischen Sachverhalten und solchen mit Auslandsbezug[291] sind mittlerweile häufig dahingehend modifiziert worden, dass nunmehr zwischen EU-/EWR-Sachverhalten einerseits und Sachverhalten mit Drittstaatenbezug andererseits differenziert wird. Dies gilt etwa im Anwendungsbereich des § 2a dEStG (negative Einkünfte mit Drittstaatenbezug), der Wegzugsbesteuerung und der Hinzurechnungsbesteuerung. Auch in anderen Bereichen des Ertragsteuerrechts wird der Zahlungsverkehr mit EU- bzw. EU-/EWR-Staaten gegenüber innerstaatlichen Sachverhalten gleichgestellt (vgl. z.B. § 10 Abs. 1 Nr. 9 dEStG: Schulgeld; § 10b Abs. 1 Satz 2 Nr. 1 dEStG: Zuwendungen zur Förderung steuerbegünstigter Zwecke; § 3 Nr. 26 dEStG: Steuerfreiheit der Vergütung für Übungsleiter); hier trug die Rechtsprechung des EuGH einen erheblichen Teil zur Rechtsentwicklung bei. Anzumerken ist, dass nunmehr zunehmend Entscheidungen des EuGH auf dem Gebiet des Erbschaft- und Schenkungsteuerrechts ergehen.[292]

Der folgende Teil widmet sich dem Einfluss der Rechtsprechung des EuGH auf besonders relevante Teilbereiche der Unternehmensbesteuerung.[293] Im Einzelnen werden behandelt:

- Möglichkeiten der Berücksichtigung grenzüberschreitender Verluste,

- die Hinzurechnungsbesteuerung (§§ 7 ff. AStG),

- die Dividendenbesteuerung,

- die Abzugsfähigkeit von Zinsaufwendungen („Zinsschranke") sowie

- die „Wegzugsbesteuerung" (§ 12 dKStG, § 6 AStG) einschließlich der Überführung von Wirtschaftsgütern ins Ausland.

---

[291] Siehe hierzu *Kellersmann/Treisch* (2001), 178 f.
[292] EuGH vom 11.09.2008, Rs. C-11/07, „Eckelkamp"; EuGH vom 22.04.2010, Rs. C-510/08, „Mattner".
[293] Zur Übersicht über sämtliche potentiell unionsrechtswidrigen deutschen Bestimmungen auf dem Gebiet des direkten Steuerrechts siehe *Kessler/Spengel* (2013), DB 2013, Beilage 1, 1 ff.

2.3.2   Die Berücksichtigung ausländischer Verluste im Inland

2.3.2.1   Rechtlicher Hintergrund: Verlustnutzung bei Betriebsstätten und Tochtergesellschaften

Zum besseren Verständnis der Rechtsprechung des EuGH zur Behandlung grenzüberschreitender Verluste und ihrer Bedeutung für das deutsche Ertragsteuerrecht empfiehlt es sich, sich zunächst die Grundzüge der Besteuerung wirtschaftlicher Aktivitäten im Ausland durch Betriebsstätten und Tochtergesellschaften zu vergegenwärtigen. Bei Betriebsstätten kommt dabei der Art und Weise der Vermeidung der Doppelbesteuerung besonderes Gewicht zu.

Betriebsstätten (vgl. zum Begriff § 12 AO sowie Art. 5 OECD-MA) sind rechtlich unselbstständige Teile eines Unternehmens. Sie sind daher auch keine Steuersubjekte und unterliegen nicht der Besteuerung. Konsequenz ist, dass das durch eine Betriebsstätte erwirtschaftete Ergebnis (Gewinn/Verlust) ihrem Stammhaus[294] zuzurechnen ist. Die Zurechnung zum Stammhaus erfolgt dabei grds. unabhängig davon, ob es sich um eine inländische oder ausländische Betriebsstätte handelt.

> **Beispiel:**
>
> Der Automobilhersteller A AG mit Sitz im bayerischen Ingolstadt betreibt eine Fertigungsstätte (Betriebsstätte) im baden-württembergischen Neckarsulm. Ein durch die Betriebsstätte erzielter Gewinn/Verlust wird unmittelbar der A AG (Stammhaus) als Körperschaftsteuersubjekt zugerechnet. Betreibt die A AG eine Fertigungsstätte in Ungarn, gilt im Grundsatz nichts anderes. Auch in diesem Fall wird ein durch die Betriebsstätte erzielter Gewinn/Verlust unmittelbar der A AG als Körperschaftsteuersubjekt zugerechnet.

Handelt es sich um eine **ausländische Betriebsstätte,** tritt allerdings die Besonderheit hinzu, dass der ausländische Staat das inländische Stammhaus als Steuersubjekt i.R. der beschränkten Steuerpflicht in Höhe des durch die Betriebsstätte erzielten Gewinns der Besteuerung unterwirft, so dass es zu einer Besteuerung desselben Gewinns in Deutschland und im Ausland kommt. Existiert kein DBA, vermeidet Deutschland die Doppelbesteuerung als Ansässigkeitsstaat der A AG (Stammhaus) durch Anrechnung der im Ausland gezahlten Steuer gem. § 34c Abs. 1 dEStG (oder alternativ durch Steuerabzug gem. § 34c Abs. 2 dEStG), d.h. der Gewinn/Verlust der ausländischen Betriebsstätte fließt in die Bemessungsgrundlage der deutschen Einkommen- oder Körperschaftsteuer ein und die im Ausland gezahlte Steuer wird sodann in Deutschland auf die deutsche Steuer angerechnet. Entsprechendes gilt, wenn ein DBA für Unternehmensgewinne die Anrechnungsmethode vorsieht.

---

[294] Unter „Stammhaus" versteht man dabei das Unternehmen, dem die Betriebsstätte zuzuordnen ist.

Die **Steueranrechnung** ist aber in vielfacher Hinsicht beschränkt. Neben Höchstbetragsregelung und per-country-limitation (§ 34c Abs. 1 Satz 1 dEStG) enthält § 2a dEStG eine besondere Regelung über die Nutzung von Verlusten bestimmter ausländischer Betriebsstätten, die sie einem „Verlustverrechnungskorb" zuordnet („Basket-System"). Der Anwendungsbereich dieser Norm ist allerdings doppelt begrenzt. Da § 2a dEStG nur Fälle erfasst, in denen ein Verlustabzug grds. möglich ist, erfasst er von vornherein nicht diejenigen Fälle, in denen die Berücksichtigung von Verlusten infolge einer abkommensrechtlichen Freistellungsregelung ohnehin ausgeschlossen ist. Darüber hinaus bezieht er sich nur auf wirtschaftliche Aktivitäten in Drittstaaten, d.h. nicht auf EU- und EWR-Mitgliedstaaten (vgl. § 2a Abs. 2a Satz 1 Nr. 1, Satz 2 dEStG). Diese nachträglich eingefügte räumliche Einschränkung ist unmittelbare Folge des Urteils des EuGH in der Rs. „Rewe-Zentralfinanz" („ITS"), vgl. 2.3.2.3.

Das Steueranrechnungsverfahren bei Unternehmensgewinnen stellt zwar rechtstechnisch die Grundregel dar, praktisch sehen aber fast alle von Deutschland geschlossenen DBA entsprechend Art. 7 Abs. 1 Satz 2 i.V.m. Art. 23 A Abs. 1 OECD-MA die **Freistellungsmethode** vor, so dass Deutschland als Ansässigkeitsstaat des Stammhauses die durch eine ausländische Betriebsstätte erzielten Einkünfte (ggf. unter Progressionsvorbehalt gem. Art. 23 A Abs. 3 OECD-MA; § 32 dEStG) von der Steuer freistellt. Positive und negative Einkünfte fließen demnach nicht in die Bemessungsgrundlage ein, m.a.W. wird also die Wirtschaftstätigkeit im Ausland bei Ermittlung des zu versteuernden Einkommens des Stammhauses ausgeblendet. Auf diese Weise soll es dem in Deutschland unbeschränkt steuerpflichtigen Unternehmen ermöglicht werden, durch die Betriebsstätte zu den im Ausland geltenden steuerrechtlichen Bedingungen dort am Markt teilzunehmen (Herstellung von **Kapitalimportneutralität**).

> **Beispiel:**
>
> Die A AG unterliegt durch den Betrieb der Fertigungsstätte (= Betriebsstätte) in Ungarn der beschränkten Steuerpflicht, so dass Ungarn die A AG (nicht die Betriebsstätte) in Höhe des durch die Fertigungsstätte erzielten Gewinns der Besteuerung unterwirft. Die Doppelbesteuerung wird gem. Art. 7 Abs. 1 Satz 2; 22 Abs. 1 lit. a DBA Deutschland-Ungarn 2011 dadurch beseitigt, dass Deutschland (als Ansässigkeitsstaat der A AG) die durch die Betriebsstätte erzielten Einkünfte freistellt. Erzielt die Betriebsstätte Verluste, bleiben diese bei der Ermittlung des Einkommens der A AG in Deutschland grds. außer Betracht. Ob und inwieweit der Verlust in Ungarn berücksichtigt wird (durch Verlustvor- und/oder Verlustrücktrag), hängt von der ungarischen Regelung ab und ist für die Besteuerung in Deutschland grds. unbeachtlich.

Dass demnach bei Anwendung der Freistellungsmethode nicht nur Gewinne bei der Ermittlung des zu versteuernden Einkommens außer Betracht bleiben, sondern auch Verluste, ist Kern der sog. **Symmetriethese**, die ursprünglich durch den RFH[295] entwickelt wurde

---

[295] Vgl. RFH, Urteil vom 26.06.1935, VI A 414/35, RFHE 38, 64 (65 f.), der die Bezeichnung „Symmetriethese" allerdings noch nicht verwendete.

und in ständiger Rechtsprechung auch vom BFH[296] vertreten wird. Während der RFH die Symmetriethese auf die räumliche Zuordnung (Allokation) der Erzielung von Einkünften stützte,[297] stellt der BFH zu ihrer Begründung insbesondere auf den Wortlaut der von Deutschland abgeschlossenen DBA ab, die i.d.R. vorsehen, dass „Einkünfte" von der Bemessungsgrundlage der Steuer des Wohnsitzstaates auszunehmen sind.[298] Nach Auffassung des BFH (und der h.M. im Schrifttum) ist der Begriff der Einkünfte in Ermangelung einer eigenständigen abkommensrechtlichen Definition in Übereinstimmung mit dem deutschen Steuerrecht dahingehend auszulegen, dass dieser Gewinne und Verluste erfasst.[299] Darüber hinaus stützt der BFH die Symmetriethese auf die Erwägung, dass bei einer uneingeschränkten Berücksichtigung im Ausland erlittener Verluste die Gefahr bestünde, dass Verluste doppelt berücksichtigt würden, nämlich in Ansässigkeits- und Quellenstaat.[300] Durch die Rechtsprechung des EuGH in den Rs. „Lidl Belgium" (vgl. 2.3.2.4), die ihrerseits an die Rechtsprechung in der Rs. „Marks & Spencer" (vgl. 2.3.2.2) anknüpft, wurde die Symmetriethese im Grundsatz durch den EuGH anerkannt, ihre Anwendung auf „finale Verluste" jedoch abgelehnt.

Die Rs. **„Krankenheim Ruhesitz am Wannsee - Seniorenheimstatt"** (vgl. 2.3.2.5) betraf zwar ebenfalls die steuerliche Berücksichtigung von Verlusten einer Betriebsstätte auf Ebene des Stammhauses, bezog sich allerdings auf die zwischen 1990 und 1998 geltende Regelung des § 2a Abs. 3 dEStG. Demnach wurden ausländische Betriebsstättenverluste auf Antrag trotz Bestehens eines DBA, das die Freistellungsmethode vorsieht, zunächst von der Bemessungsgrundlage abgezogen. Wurden allerdings später durch die ausländische Betriebsstätte Gewinne erzielt, wurde der zuvor abgezogene Betrag in Höhe dieser Gewinne den **Einkünften des Steuerpflichtigen wieder hinzugerechnet** („recapturing of losses"), so dass das zu versteuernde Einkommen entsprechend erhöht wurde. Der Steuerpflichtige erlangte dadurch einen Liquiditätsvorteil, bei einer dauerhaften Verlustsituation u.U. auch eine niedrigere Definitivbelastung. Diese Regelung zielte insbesondere darauf ab, die bei einer Investition typischerweise auftretenden Anlaufverluste entgegen der Symmetriethese in Abzug bringen zu können. Auf diese Weise sollte die Attraktivität von Investitionen in denjenigen Staaten gesteigert werden, mit denen ein Doppelbesteuerungsabkommen besteht, das Unternehmensgewinne der Freistellungsmethode unterwirft.[301]

Im Gegensatz zum Verhältnis zwischen Betriebsstätte und Stammhaus, die Teil ein- und desselben Unternehmens sind, gilt unter **Kapitalgesellschaften das Trennungsprinzip**. Da Mutter- und Tochtergesellschaft zivil- und steuerrechtlich selbstständige Subjekte sind,

---

[296] Vgl. nur BFH, Urteil vom 08.03.1989, X R 181/87, BStBl. II 1989, 541 (542); BFH, Urteil vom 08.03.1989, X R 148/87, BFH/NV 1990, 154 (155); BFH, Urteil vom 09.06.2010, I R 107/09, IStR 2010, 663 (664).

[297] RFH, Urteil vom 26.06.1935, VI A 414/35, RFHE 38, 64 (65 f.).

[298] Vgl. z.B. BFH, Urteil vom 17.07.2008, I R 84/04, IStR 2008, 704 ff. (zu Art. 20 Abs. 2 Satz 1 DBA Deutschland-Luxemburg 1958).

[299] BFH, Urteil vom 11.03.1970, I B 50/68, BFHE 98, 427 (430 f.).

[300] BFH Urteil vom 11.03.1970, I B 50/68, BFHE 98, 427 (430) ; vgl. zum Ganzen auch *Lampert* (2011), 415 ff.

[301] *Heinicke* (2012a), Rn. 50.

werden **positive und negative Einkünfte der Tochtergesellschaft** grds. nicht unmittelbar der Muttergesellschaft zugerechnet. Der Übergang der Gewinne auf die Muttergesellschaft erweist sich vielmehr als Gewinnverwendung (Ausschüttung von Dividenden), die auf Ebene der die Dividenden **empfangenden Muttergesellschaft** gemäß § 8b Abs. 1 und 5 dKStG zu 95% steuerfrei gestellt ist, wenn eine inländische oder ausländische Tochtergesellschaft an die inländische Muttergesellschaft ausschüttet. Im umgekehrten Fall der Ausschüttung der Dividende einer inländischen Tochtergesellschaft an die ausländische Muttergesellschaft ist zu differenzieren: Sind die Voraussetzungen des § 43b dEStG, durch den die Mutter-Tochter-Richtlinie in nationales Recht umgesetzt wird, erfüllt, unterliegt die Ausschüttung nicht der deutschen Besteuerung. Sind diese Voraussetzungen nicht erfüllt, unterliegt der Zahlungsempfänger i.R.d. beschränkten Steuerpflicht der Besteuerung. Die Tragung von Verlusten einer Tochtergesellschaft durch die Muttergesellschaft durch Zuführung frischen Kapitals erweist sich dagegen u.U. als den Gewinn der Muttergesellschaft nicht berührende Einlage.

Abweichend von diesem Grundsatz eröffnet das deutsche Körperschaftsteuergesetz durch die Regelungen über die **Organschaft** (§§ 14 ff. dKStG) die Möglichkeit, Gewinne und Verluste einer Tochtergesellschaft (Organgesellschaft) der Muttergesellschaft (Organträger) unmittelbar zuzurechnen. Dem liegt der Gedanke zugrunde, dass sich die Besteuerung nicht nur an zivilrechtlichen Rechtsformen, sondern auch nach den wirtschaftlichen Gegebenheiten richten soll, so dass auch der Existenz von Unternehmensgruppen Rechnung zu tragen ist.[302] Die §§ 14 Abs. 1 Satz 1; 17 dKStG sehen zu diesem Zweck vor, dass als Organgesellschaften nur Gesellschaften mit Sitz und Geschäftsleitung im Inland in Betracht kommen. Die EU-Kommission bewertete dieses Erfordernis eines „**doppelten Inlandsbezugs**" allerdings als Verstoß gegen die Niederlassungsfreiheit und leitete ein Vertragsverletzungsverfahren ein. Das Bundesministerium der Finanzen hat daraufhin durch Schreiben vom 28. März 2011 angeordnet, dass über den Wortlaut der §§ 14 Abs. 1 Satz 1; 17 dKStG hinaus auch im EU/EWR-Ausland gegründete Kapitalgesellschaften mit Geschäftsleitung in Deutschland ihr auf inländischen steuerpflichtigen Einkünften beruhendes Einkommen innerhalb einer steuerlichen Organschaft einem Organträger zurechnen können.[303]

Daneben ist es denkbar, die Verluste einer ausländischen Tochtergesellschaft bei der Muttergesellschaft durch **Abschreibungen auf den Wert der Beteiligung** an der Tochtergesellschaft zu berücksichtigen. Die Abschreibung einer Beteiligung, also der Ansatz eines niedrigeren Teilwerts, ist nach § 8b Abs. 3 Satz 3 dKStG allerdings steuerrechtlich nicht zulässig, da es sich insoweit um eine substanzbedingte Gewinnminderung handelt.[304] Auch diese Regelung findet ihre Rechtfertigung in der Herstellung eines symmetrischen Verhältnisses zwischen Aufwendungen und Einnahmen,[305] denn das Verbot der Abschreibung einer

---

[302] Vgl. bereits RFH, Urteil vom 12.05.1920, II A 94, RStBl. 1920, 357 (358); RFH, Urteil vom 6.10.1920, II A 141, RStBl. 1920, 639 (639); erstmals auf dem Gebiet der Körperschaftsteuer RFH, Urteil vom 31.03.1922, I A 10/22, RFHE 9, 167 (171).

[303] Bundesministerium der Finanzen (2011a), BStBl. I 2011, 300.

[304] Brandis (2011), Rn. 280 ff.

[305] Brandis (2011), Rn. 280 ff.; vgl. auch Roser (2009), Rn. 261.

Beteiligung auf den Teilwert korrespondiert mit der steuerlichen Freistellung der Dividendeneinnahmen und Veräußerungsgewinne gem. § 8b Abs. 1 und 2 dKStG. Unterliegen Dividenden und Veräußerungsgewinne dagegen der Besteuerung – was der Fall ist, wenn es sich bei dem Gesellschafter nicht um eine Kapitalgesellschaft handelt –, so ist eine Teilwertabschreibung grds. zulässig. Allerdings unterwirft § 2a Abs. 1 Satz 1 Nr. 3 lit. a dEStG negative Einkünfte, die aus dem Ansatz des niedrigeren Teilwerts eines zu einem Betriebsvermögen gehörenden Anteils an einer Drittstaaten-Körperschaft resultieren, dem oben erwähnten Verlustverrechnungskorb. Diese Bestimmung war Gegenstand der Entscheidung in der Rs. „Rewe-Zentralfinanz" („ITS"), vgl. 2.3.2.3.[306]

2.3.2.2   Urteil des EuGH in der Rs. C-446/03 zur Berücksichtigung finaler Verluste von Auslandstochtergesellschaften („Marks & Spencer")

Sachverhalt: Die britische Kapitalgesellschaft Marks & Spencer plc. (entspricht der Rechtsform der deutschen AG) expandierte in mehreren EU-Mitgliedsstaaten durch Auslandstochtergesellschaften, die Verluste erwirtschafteten. Nach der Beendigung dieser Auslandsaktivitäten beantragte Marks & Spencer die Verrechnung der im Ausland entstandenen Verluste mit den Gewinnen der britischen Muttergesellschaft. Das britische Körperschaftssteuerrecht enthält mit dem *group relief* zwar Regelungen über eine Gruppenbesteuerung, die auch die Verrechnung von Verlusten auf Ebene der Muttergesellschaft zulassen. Voraussetzung hierfür ist jedoch, dass es sich bei Mutter- und Tochtergesellschaft um in Großbritannien gebietsansässige Gesellschaften handelt.

Entscheidung des EuGH: In seinem Urteil führte der EuGH aus, dass die Bestimmungen über den *group relief* geeignet seien, die Muttergesellschaft in der Ausübung ihrer **Niederlassungsfreiheit zu behindern**, da sie durch die unterschiedliche steuerliche Behandlung von Verlusten einer gebietsansässigen und einer gebietsfremden Tochtergesellschaft von der Gründung einer Tochtergesellschaften in anderen Mitgliedstaaten abgehalten werde.[307] Der EuGH zog allerdings in Erwägung, dass diese Beschränkung aus zwingenden Gründen des Allgemeininteresses **gerechtfertigt** sein könne. Dabei rekurrierte der EuGH neben den Gründen der Vermeidung der Steuerflucht und der doppelten Verlustberücksichtigung auch auf die Aufteilung der Besteuerungsbefugnis.[308] So könne es zur Wahrung der **Aufteilung der Besteuerungsbefugnis** zwischen den Mitgliedstaaten erforderlich sein, auf die wirtschaftliche Tätigkeit der in einem dieser Staaten niedergelassenen Gesellschaften sowohl in Bezug auf Gewinne als auch auf Verluste nur dessen Steuerrecht anzuwenden.[309] Würde man nämlich den Gesellschaften die Möglichkeit einräumen, für eine Berücksichtigung ihrer Verluste im Mitgliedstaat ihrer Niederlassung oder aber in einem anderen Mitgliedstaat zu optieren, so würde dadurch nach Ansicht des EuGH die Ausgewogenheit der Aufteilung der Besteuerungsbefugnis zwischen den Mitgliedstaaten erheblich beeinträchtigt, da die Besteuerungsgrundlage in einem Staat um die übertragenen Verluste erweitert

---

[306]   EuGH vom 29.03.2007, C-347/04, Rewe Zentralfinanz.
[307]   EuGH vom 13.12.2005, Rs. C-446/03, Marks & Spencer, Rn. 33 f.
[308]   EuGH vom 13.12.2005, Rs. C-446/03, Marks & Spencer, Rn. 44 ff.
[309]   EuGH vom 13.12.2005, Rs. C-446/03, Marks & Spencer, Rn. 45.

und im anderen Staat entsprechend verringert würde.[310] In dem Ausnahmefall, dass in dem Mitgliedsstaat, in dem eine Tochtergesellschaft Verluste generiert hat, keine Möglichkeit besteht, diese dort zu verrechnen (sog. finale Verluste) müsse aber einer in einem Mitgliedsstaat ansässigen Muttergesellschaft die Möglichkeit eingeräumt werden, die Verluste der Tochtergesellschaft mit Inlandsgewinnen zu verrechnen.[311] Der EuGH hat jüngst in seiner Entscheidung in der **Rs. „A Oy"** (Ausschluss der Nutzung der Verluste einer gebietsfremden Tochtergesellschaft durch die gebietsansässige Muttergesellschaft nach Fusion beider Gesellschaften) die Rechtsprechung in der Rs. „Marks & Spencer" zu den finalen Verlusten im Kern bestätigt und punktuell einige Präzisierungen vorgenommen.[312]

Konsequenzen für die Rechtslage in Deutschland: Das deutsche Ertragsteuerrecht enthält bislang keine gesetzliche Regelung über die Berücksichtigung von Verlusten ausländischer Tochtergesellschaften (unabhängig davon, ob es sich um eine Organgesellschaft handelt), welche die durch den EuGH in der Rs. „Marks & Spencer" entwickelten Grundsätze in nationales Recht umsetzt. Die gesetzgeberische Untätigkeit beruhte auf der zweifelhaften Ansicht des Bundesfinanzministeriums, dass die Frage, unter welchen Umständen ein im Ausland entstandener Verlust als endgültig anzusehen ist, durch die Rechtsprechung des EuGH und des Bundesfinanzhofes[313] noch nicht abschließend geklärt sei.[314] Da der Bundesfinanzhof in seinen Entscheidungen zur Berücksichtigung ausländischer Betriebsstättenverluste eher einem weiten Verständnis des Begriffes der Finalität zuneigt, gerät der Gesetzgeber aufgrund der damit verbundenen finanziellen Risiken allerdings unter Handlungsdruck. Um eine Konkretisierung der Rechtslage herbeizuführen, soll daher entweder durch einen gesetzlichen Ausschluss der Berücksichtigung von Verlusten einer Auslandstochtergesellschaft oder -betriebsstätte oder durch eine sehr eng gefasste gesetzliche Definition des Begriffes „Finalität" ein Vorabentscheidungsverfahren vor dem EuGH provoziert werden.[315] Im Anschluss an die dadurch vom EuGH konkretisierten europarechtlichen Vorgaben ist eine entsprechende Kodifizierung zur Berücksichtigung finaler Auslandsverluste geplant. An diesem Vorgehen lässt sich wiederum die Tendenz in der deutschen Steuergesetzgebung erkennen, eine zu Rechtssicherheit bei den Steuerpflichtigen führende Normierung hinter dem Ziel des geringstmöglichen Verlustes von Steueraufkommen zurücktreten zu lassen.

---

[310] EuGH vom 13.12.2005, Rs. C-446/03, Marks & Spencer, Rn. 46.

[311] EuGH vom 13.12.2005, Rs. C-446/03, Marks & Spencer, Rn. 54 ff.

[312] EuGH vom 21.02.2013, Rs. C-123/11, A Oy; siehe hierzu die Besprechung von *Mitschke* (2013).

[313] In seinem Urteil vom 09.06.2010 (Az. I R 107/09) hat der Bundesfinanzhof, Aussagen über die Finalität von Verlusten ausländischer Betriebsstätten getroffen. Das Gericht sieht danach ausländische Betriebsstättenverluste als final an, wenn z.B. die Auslandsbetriebsstätte in eine Kapitalgesellschaft umgewandelt, sie auf einen anderen Rechtsträger übertragen oder endgültig aufgegeben wird. Eine Vorlage der zu entscheidenden Rechtssache hielt der Bundesfinanzhof aufgrund der aus seiner Sicht eindeutigen Gemeinschaftsrechtslage zur Finalität von Verlusten für nicht erforderlich.

[314] Bundesministerium der Finanzen (2011b), 69.

[315] Bundesministerium der Finanzen (2011b), 72 ff.

2.3.2.3   Urteil des EuGH in der Rs. C-347/04 zur Abschreibung von Beteiligungen („Rewe Zentralfinanz"/„ITS")

Sachverhalt: Die ITS Reisen GmbH, ein deutsches Unternehmen der Tourismusbranche, hatte eine Tochtergesellschaft in den Niederlanden. In ihren Jahresabschlüssen 1993 und 1994 nahm sie Abschreibungen auf den Wert der Beteiligung an ihrer niederländischen Tochtergesellschaft vor, was nach damaliger Rechtslage auch für Kapitalgesellschaften möglich war.[316] Das Finanzamt versagte jedoch die Berücksichtigung dieser Aufwendungen unter Hinweis auf § 2a Abs. 1 Satz 1 Nr. 3a, Abs. 2 dEStG a. F. Nach dieser Vorschrift waren Verluste aus Beteiligungen an Tochtergesellschaften mit Sitz in einem anderen Mitgliedstaat nur abzugsfähig, wenn die Tochtergesellschaften später positive Einkünfte gleicher Art erzielten oder aktiv gewerblich tätig waren. Eine Teilwertabschreibung war aber nicht zulässig, wenn die ausländische Gesellschaft Einkünfte ausschließlich oder nahezu ausschließlich durch passive Tätigkeiten (zu denen auch Tätigkeiten im Bereich des Fremdenverkehrs gehören) erzielte. Hiergegen klagte die Rewe Zentralfinanz e.G. als Rechtsnachfolgerin der ITS Reisen. Das FG Köln ersuchte den EuGH um Vorabentscheidung.

Entscheidung: Nach Auffassung des EuGH stellte die beschränkte Abzugsfähigkeit von Verlusten nach § 2a Abs. 1 Satz 1 Nr. 3 lit. a, Abs. 2 dEStG a.f. eine **Beschränkung der Niederlassungsfreiheit** dar. Die unterschiedliche Behandlung von Muttergesellschaften, je nachdem, ob ihre Verluste aus Abschreibungen auf Beteiligungswerte an einer gebietsansässigen oder an einer gebietsfremden Tochtergesellschaft stammen, halte Unternehmen davon ab, Tochtergesellschaften in einem anderen Mitgliedstaat zu gründen. Interessant ist das Urteil des EuGH insbesondere im Hinblick auf eine seitens Deutschlands vorgebrachte mögliche **Rechtfertigung** der Beschränkung gemäß dem Gedanken der **Symmetriethese**. Deutschland hatte insoweit vorgebracht, dass die Verluste einer Gesellschaft in dem Land zu berücksichtigen seien, das auch das Recht zur Besteuerung der korrespondierenden Gewinne innehabe. Dahinter steht die Erwägung, dass Deutschland über die Teilwertabschreibung die Verluste auf Ebene der Muttergesellschaft berücksichtigt, die laufenden Gewinne der Tochtergesellschaft allerdings nicht besteuern kann (lediglich einen etwaigen Veräußerungsgewinn bzgl. der Anteile an der Tochtergesellschaft). Der EuGH wies diesbezüglich darauf hin, dass die in der Rs. „Marks & Spencer" entwickelten Grundsätze stets differenziert und im Hinblick auf den konkreten Einzelfall betrachtet werden müssten.[317] Im Hinblick auf eine mögliche Rechtfertigung durch das Territorialitätsprinzip (auf dem auch die Symmetriethese fußt) führte der EuGH (ebenfalls unter Hinweis auf die Rs. „Marks & Spencer") aus, dass dieses Prinzip, demzufolge der Niederlassungsstaat der Muttergesellschaft die gebietsansässigen Gesellschaften für ihren gesamten weltweit erwirtschafteten Gewinn, die gebietsfremden Tochtergesellschaften jedoch nur für den Gewinn aus ihrer inländischen Tätigkeit besteuern kann, für sich genommen nicht rechtfertigen könne, dass der Niederlassungsstaat der Muttergesellschaft einen Vorteil verweigert, weil er den Gewinn ihrer gebietsfremden Tochtergesellschaften nicht besteuert. Eine solche

---

[316] Vgl. 8 Abs. 1 dKStG 1991 i.V.m. § 6 Abs. 1 Nr. 2 Satz 2 dEStG 1990.
[317] EuGH vom 29.03.2007, Rs. C- 347/04, Rewe Zentralfinanz/ITS, Rn. 41.

pauschale Verwehrung von Steuervorteilen nur aufgrund fehlender Besteuerungsrechte sei gemeinschaftsrechtswidrig.[318]

Konsequenzen für die Rechtslage in Deutschland: Nachdem zunächst durch BMF-Schreiben vom 11. Juni 2007 nur die Anwendung des § 2a Abs. 1 Satz 1 Nr. 3 dEStG a.F. im Anwendungsbereich der EU-Mitgliedsstaaten ausgeschlossen worden war, aber keine gesetzliche Änderung erfolgt war (diese ist nach Ansicht des EuGH aber erforderlich, vgl. die Entscheidung in der Rs. „Kommission/Luxemburg" („Biehl II"))[319], wurde von der Europäischen Kommission ein Vertragsverletzungsverfahren gegen Deutschland eingeleitet.[320] Als Reaktion darauf erfolgte durch das Jahressteuergesetz 2009 eine gesetzliche Änderung des § 2a dEStG, der nun die Verlustausgleichs- und Abzugsbeschränkung auf Tatbestände mit Drittstaatenbezug begrenzt.

2.3.2.4 Urteil des EuGH in der Rs. C-414/06 zur Berücksichtigung ausländischer Betriebsstättenverluste („Lidl Belgium")

Sachverhalt: Die Lidl Belgium GmbH & Co. KG mit Sitz in Deutschland war zunächst in Belgien geschäftstätig, ehe sie 1999 über eine in Luxemburg betriebene Betriebsstätte auch dort wirtschaftlich tätig wurde. Im Jahre 1999 erwirtschaftete die luxemburgische Betriebsstätte einen Verlust, den die Lidl Belgium GmbH & Co. KG bei der Ermittlung der Einkünfte berücksichtigen wollte. Das zuständige Finanzamt verweigerte einen solchen Verlustabzug, da nach dem Doppelbesteuerungsabkommen zwischen Deutschland und Luxemburg die auf eine Betriebsstätte entfallenden Einkünfte nur im Belegenheitsstaat der Betriebsstätte besteuert werden durften.[321] Die Auffassung des Finanzamts entsprach der vom BFH in ständiger Rechtsprechung vertretenen Symmetriethese (vgl. 2.3.2.1).

Entscheidung: Unter Rückgriff auf die im Urteil in der Rs. „Marks & Spencer" aufgestellten Grundsätze führte der EuGH aus, dass ein Außerachtlassen ausländischer Betriebsstättenverluste und die damit verbundene Ungleichbehandlung gegenüber den (stets zu berücksichtigenden) Verlusten einer inländischen Betriebsstätte eine **Beschränkung der Niederlassungsfreiheit** darstelle.[322] Diese Beschränkung konnte nach Auffassung des EuGH allerdings unter gewissen Umständen aus zwingenden Gründen des Allgemeininteresses gerechtfertigt sein. Der EuGH rekurrierte dabei auf den Rechtfertigungsgrund der ausgewogenen Aufteilung der Besteuerungsbefugnisse zwischen den Mitgliedsstaaten, da eine solche Aufteilung nicht mehr möglich wäre, wenn Gesellschaften frei entscheiden könnten,

---

318 EuGH vom 29.03.2007, Rs. C- 347/04, Rewe Zentralfinanz/ITS, Rn. 69.

319 EuGH vom 26.10.1995, Rs. C-151/94, Kommission/Luxemburg, Rn. 12, 21 f.

320 Europäische Kommission 2007.

321 Art. 20 Abs. 2 Satz 1 DBA Deutschland-Luxemburg 1958 sieht vor, dass die Bundesrepublik Deutschland als Wohnsitzstaat die *Einkünfte* und Vermögensteile *aus der Bemessungsrundlage ausnehmen* [Hervorhebung durch den Verf.] muss, für die nach den vorhergehenden Artikeln das Großherzogtum Luxemburg ein Besteuerungsrecht hat. Ein Besteuerungsrecht für Einkünfte, die auf eine auf dem Gebiet Luxemburgs befindliche Betriebsstätte des Unternehmens erzielt wurden, ergab sich im zu entscheidenden Fall aus Art. 5 Abs. 1 DBA Deutschland-Luxemburg 1958.

322 EuGH vom 15.05.2008, Rs. C-414/06, Lidl Belgium, Rn. 37; vgl. auch EuGH vom 13.12.2005, Rs. C-446/03, Marks & Spencer, Rn. 33 f.

in welchem Mitgliedsstaat sie ihre Verluste geltend machen. Zudem erkennt der EuGH wie auch in der Rechtsache „Marks & Spencer" den Rechtfertigungsgrund der Gefahr einer doppelten Verlustberücksichtigung an, sodass die Nichtberücksichtigung der in Luxemburg entstandenen Betriebsstättenverluste in Deutschland als grds. gemeinschaftsrechtskonform angesehen wurde. Allerdings erklärte das Gericht auch für den Fall der grenzüberschreitenden Verrechnung von Betriebsstättenverlusten die im Urteil in der Rs. „Marks & Spencer" aufgestellte Prämisse für gültig, derzufolge im (Ausnahme-) Fall „finaler" Betriebsstättenverluste eine grenzüberschreitende Verlustverrechnung zu ermöglichen sei. Allerdings ließ im vorliegenden Fall das luxemburgische Steuerrecht eine Berücksichtigung der 1999 angefallenen Verluste zu, sodass keine „finalen" Betriebsstättenverluste vorlagen.

Würdigung: In seiner Entscheidung in der Rechtsache „Lidl Belgium" überträgt der EuGH die in der Rechtsache „Marks & Spencer" für die Berücksichtigung grenzüberschreitender Verluste einer Tochtergesellschaft aufgestellten Grundsätze auf den Fall der grenzüberschreitenden Verrechnung von Betriebsstättenverlusten. Dementsprechend stellen sich auch ähnliche Folgeprobleme; namentlich ist zu klären, nach welchen Kriterien die „Finalität" zu bestimmen ist. Zudem wird nicht deutlich, ob eine grenzüberschreitende Verlustverrechnung im Finalitätsfall als „phasengleiche Verlustverrechnung" (d.h. Verrechnung im Veranlagungszeitraum der Entstehung) oder als „phasenverschobene Verlustverrechnung" (d.h. Verrechnung in demjenigen Veranlagungszeitraum, in dem mit Gewissheit feststeht, dass keine anderweitige Nutzung der Verluste im Belegenheitsstaat der Betriebsstätte mehr möglich ist) ausgestaltet werden muss.

2.3.2.5   Urteil des EuGH in der Rs. C-157/07 zur Berücksichtigung ausländischer Betriebsstättenverluste - alte Rechtslage („Krankenheim Ruhesitz am Wannsee - Seniorenheimstatt")

Sachverhalt: Die Krankenheim Ruhesitz am Wannsee - Seniorenheimstatt GmbH (im Folgenden: Krankenheim Wannsee GmbH) mit Sitz und Geschäftsleitung in Deutschland unterhielt in Österreich von 1982 bis 1994 eine Betriebsstätte. Bis zum Jahre 1990 erzielte sie in dieser Betriebsstätte Verluste. Diese Verluste wurden von der dt. Finanzverwaltung nach § 2a Abs. 3 dEStG a.F. mit den inländischen positiven Einkünften der Krankenheim Wannsee GmbH verrechnet (zur Wirkungsweise des § 2a Abs. 3 dEStG a.F. siehe 2.3.2.1). In den darauffolgenden Jahren erzielte die GmbH durch ihre österreichische Betriebsstätte Gewinne. Daher nahm die dt. Finanzverwaltung gemäß § 2a Abs. 3 Satz 3 dEStG a.F. eine Nachversteuerung der Beträge vor, die zuvor abgezogen worden waren. Gegen diese Nachversteuerung klagte die Krankenheim Wannsee GmbH unter anderem mit der Begründung, dass wegen der (unzweifelhaft gemeinschaftsrechtswidrigen) Beschränkung des Verlustvortrags in Österreich auf sieben Jahre eine Hinzurechnungsbesteuerung nach deutschem Recht rechtswidrig sei.

Entscheidung des EuGH: Nach Ansicht des EuGH führte die Hinzurechnung der ausländischen Betriebsstättenverluste i.R.d. Veranlagung im Inland dazu, dass gebietsansässige Gesellschaften mit Betriebsstätten in Österreich steuerlich ungünstiger behandelt werden als gebietsansässige Gesellschaften mit Betriebsstätten in Deutschland. Zwar sehe die in

Rede stehende deutsche Steuerregelung grundsätzlich eine Berücksichtigung der Verluste der in Österreich belegenen Betriebstätte bei den Einkünften des in Deutschland ansässigen Stammhauses vor, allerdings erfolge in einem zweiten Schritt die Hinzurechnung der Verluste der Betriebsstätte zum zu versteuernden Einkommen ihres Stammhauses, sobald die Betriebsstätte Gewinne erwirtschaftete.[323] Eine **Beschränkung der Niederlassungsfreiheit** liege daher vor.[324] Allerdings sei diese Beschränkung **aus Gründen der Kohärenz des deutschen Steuersystems gerechtfertigt**, da die Hinzurechnung der Betriebsstättenverluste zu den Einkünften des Stammhauses das untrennbare und logische Pendant der vorangegangenen Berücksichtigung dieser Verluste darstelle. Die damalige deutsche Regelung der temporären Verlustverrechnung war somit nach Auffassung des EuGH gemeinschaftsrechtskonform und berechtigte auch dann zur Nachversteuerung, wenn das österreichische Recht (durch die unzulässige Beschränkung des Verlustvortrags) den Steuerpflichtigen benachteiligt. Hierzu führte der EuGH aus, die Niederlassungsfreiheit sei nicht dahingehend zu verstehen, dass ein Mitgliedstaat verpflichtet sei, seine Regelungen derart den Normen eines anderen Mitgliedstaates anzupassen, dass in allen Situationen eine Besteuerung gewährleistet werde, die etwaige Ungleichheiten aus Gründen der nationalen Steuerregelungen eines anderen Mitgliedsstaates beseitige.[325]

Auswirkungen in Deutschland: Der BFH hat in mehreren Entscheidungen die vom EuGH in den Rs. „Lidl Belgium" und „Krankenheim Ruhesitz am Wannsee-Seniorenheimstatt" aufgestellten Grundsätze berücksichtigt. So machte der BFH in der Schlussentscheidung zum Fall „Lidl Belgium" deutlich, im Grundsatz auch zukünftig an der Symmetriethese festzuhalten, sie aber an die in den Rs. „Marks & Spencer" und „Lidl Belgium" entwickelten Einschränkungen anzupassen. Danach kommt eine Berücksichtigung der Verluste nur in Betracht, wenn nicht Verlustabzugsbeschränkungen und -verbote desjenigen Mitgliedstaates für die „Finalität" der fraglichen Verluste ausschlagegebend sind, in dem die Verluste erwirtschaftet wurden, sondern tatsächliche Gegebenheiten.[326] Liegen diese Voraussetzungen vor, sind Verluste in dem Jahr zu berücksichtigen, in dem die Voraussetzungen hierfür erfüllt waren, d.h. in dem Jahr, in dem die Verluste „final" geworden sind (Verlustabzug im „Finalitätsjahr").[327] Die Finanzverwaltung reagierte auf das Schlussurteil des BFH in der Rechtssache „Lidl Belgium" mit einem Nichtanwendungserlass und lehnt somit eine Berücksichtigung ausländischer Betriebsstättenverluste auch im Falle derartig verstandener Finalität ab.[328] Eine gesetzliche Regelung der Anerkennung finaler Verluste steht bislang aus (vgl. 2.3.2.2).

---

[323] EuGH vom 23.10.2008, Rs. C-157/07, Krankenheim Ruhesitz am Wannsee-Seniorenheimstatt, Rn. 34 ff.

[324] EuGH vom 23.10.2008, Rs. C-157/07, Krankenheim Ruhesitz am Wannsee-Seniorenheimstatt, Rn. 34 ff.

[325] EuGH vom 23.10.2008, Rs. C-157/07, Krankenheim Ruhesitz am Wannsee-Seniorenheimstatt, Rn. 39.

[326] BFH, Urteil vom 09.06.2010, I R 107/09, IStR 2010, 663 (665).

[327] BFH, Urteil vom 09.06.2010, I R 107/09, IStR 2010, 663 (666).

[328] Bundesministerium der Finanzen (2009) vom 13.07.2009 – IV B 5 – S 2118-a/07/10004.

Beispiel zur fehlenden Finalität von Verlusten:[329]

Die deutsche K-GmbH unterhielt eine Betriebsstätte in Frankreich, die im Jahr 1999 einen Verlust erwirtschaftet hatte. Das französische Steuerrecht sah diesbezüglich lediglich einen auf fünf Jahre vortragsfähigen Verlustabzug vor, sodass die Möglichkeit, diesen Verlust steuermindernd in Frankreich geltend zu machen, bei Einstellung der Betriebsstättentätigkeit im Jahr 2005 bereits nicht mehr gegeben war. Unter Berufung auf die soeben erwähnte Schlussentscheidung des BFH im Fall „Lidl Belgium" im Jahr 2008[330] beantragte die K-GmbH, den Verlust der französischen Betriebsstätte in die steuerliche Bemessungsgrundlage des deutschen Stammhauses einzubeziehen, da es sich insoweit um einen „finalen Verlust" handele. Im Laufe des weiteren Verfahrens hatte der BFH zu entscheiden, ob es sich im vorliegenden Fall tatsächlich um einen „finalen Verlust" handelte. Hierzu führte der BFH aus, dass eine „Finalität" von Verlusten nur dann vorliege, wenn diese *aus tatsächlichen Gründen* im Ausland nicht mehr berücksichtigt werden könnten. Ein Abzug der französischen Betriebsstättenverluste komme demnach nur dann in Betracht, wenn die K-GmbH die in Frankreich für den betreffenden Besteuerungszeitraum sowie für frühere Besteuerungszeiträume vorgesehenen Möglichkeiten zur Berücksichtigung des Verlustes tatsächlich ausgeschöpft habe. Diese Voraussetzung sei aber im zu entscheidenden Fall nicht erfüllt, da die Verluste nicht wegen der Einstellung der Betriebsstättentätigkeit in Frankreich im Jahre 2005 „final" geworden seien, sondern vielmehr deshalb, weil das französische Steuerrecht einen zeitlich begrenzten Verlustvortrag vorsah und dieser Zeitraum bereits vor der Aufgabe der Betriebsstätte abgelaufen war.

Beispiel zur Finalität von Verlusten:[331]

Eine GmbH mit Sitz in Deutschland unterhielt mehrere französische Betriebsstätten, die in den Jahren 1998 bis 2001 Verluste erwirtschafteten. Im Jahre 2001 wurden diese Betriebsstätten endgültig aufgegeben. Wie auch im vorangehenden Beispielsfall beantragte die GmbH, die ihrer Meinung nach „finalen" Verluste auf Ebene des inländischen Stammhauses in Abzug zu bringen. Im Gegensatz zum obigen Beispiel bejahte der BFH hier die Finalität, da ein nach französischem Recht grds. möglicher Verlustvortrag an der Aufgabe der Betriebsstätten gescheitert war. Im Gegensatz zum obigen Beispiel wurde der Umstand, dass die Verluste in Frankreich nicht mehr berücksichtigt werden können, also nicht durch die französischen Steuerregelungen herbeigeführt, sondern durch die tatsächliche Aufgabe der Betriebsstätten. Da die Betriebsstättenverluste somit *aus tatsächlichen Gründen* im Ausland nicht mehr berücksichtigt werden konnten, mussten die Verluste nach Auffassung des BFH in Deutschland berücksichtigt werden. Eine solche Berücksichtigung könne jedoch nicht schon im Verlustentstehungsjahr erfolgen, sondern erst in dem Veranlagungszeitraum, in dem die „Finalität" feststehe.

---

[329]   Vgl. hierzu BFH, Urteil vom 09.06.2010, I R 100/09, IStR 2010, 663 (670 ff.).
[330]   BFH, Urteil vom 17.07.2008, I R 84/04, IStR 2008, 704 ff.
[331]   BFH, Urteil vom 09.06.2010, I R 107/09, IStR 2010, 663 ff.

2.3.3   Hinzurechnungsbesteuerung

2.3.3.1   Rechtlicher Hintergrund

Die deutsche Hinzurechnungsbesteuerung ist in den §§ 7 ff. AStG geregelt und dient der **Durchbrechung der „Abschirmwirkung"**, die von einer Kapitalgesellschaft gegenüber ihren Gesellschaftern ausgeht. Sie ist Folge des auch im Steuerrecht geltenden Trennungsprinzips, demzufolge bei der Unternehmensbesteuerung zwischen der Ebene einer Kapitalgesellschaft als eigenständigem Steuersubjekt und der Ebene der Gesellschafter zu unterscheiden ist. Konsequenz ist, dass die durch die Kapitalgesellschaft erzielten Gewinne auf Ebene der Anteilseigner steuerlich nur berücksichtigt werden, wenn und soweit sie ausgeschüttet werden bzw. ein entsprechender Gewinnverwendungsbeschluss vorliegt. Solange Gewinne im Unternehmen verbleiben, d.h. während der Thesaurierungsphase, entfaltet das Unternehmen daher eine Abschirmwirkung. Dies gilt auch für ausländische Kapitalgesellschaften, sofern sie nach einem Rechtstypenvergleich inländischen Kapitalgesellschaften entsprechen. Es kann sich daher unter steuerplanerischen Gesichtspunkten als vorteilhaft erweisen, Investitionen oder konzerninterne Finanzierungen über eine im Ausland niedrig besteuerte Gesellschaft vorzunehmen, um so das zwischen Staaten bestehende Steuersatzgefälle zu nutzen. Da die ausländische Gesellschaft zwischen Anteilseigner und Investment geschaltet wird, wird sie als „Zwischengesellschaft" bezeichnet.

> **Beispiel:**
>
> Die in Deutschland unbeschränkt steuerpflichtige B-AG gewährt ihrer im Staat X gelegenen Tochtergesellschaft T1 ein Darlehen über € 5 Mio. zu fremdüblichen Konditionen. In Deutschland unterliegt die B-AG mit den Zinseinnahmen der Besteuerung gem. § 1 Abs. 1 Nr. 1, § 8 Abs. 1 KStG. Stattet dagegen die B-AG die im Staat Y ansässige Kapitalgesellschaft T2 mit dem entsprechendem Kapital aus und gewährt T2 der T1 ein Darlehen, werden die Einkünfte in Deutschland weder auf Ebene der T2 – soweit diese nicht der unbeschränkten Steuerpflicht unterliegt – noch auf Ebene der B-AG, die selbst keine Zinseinkünfte erzielt, besteuert.[332]

Die Hinzurechnungsbesteuerung zielt darauf ab, derartige Gestaltungen zu vermeiden, indem sie fingiert, dass die Gewinne der ausländischen Kapitalgesellschaft (abzüglich der im Ausland hierauf gezahlten Steuern) an ihre im Inland unbeschränkt steuerpflichtigen Anteilseigner ausgeschüttet wurden. Nach § 10 Abs. 2 Satz 1 AStG gehört dieser „Hinzurechnungsbetrag" zu den Einkünften i.S.d. § 20 Abs. 1 Nr. 1 dEStG und gilt unmittelbar nach Ablauf des maßgebenden Wirtschaftsjahrs der ausländischen Gesellschaft als zugeflossen. Da § 3 Nr. 40 Satz 1 lit. d dEStG, § 32d dEStG und § 8b Abs. 1 dKStG gem. § 10 Abs. 2 Satz 3 AStG nicht auf den Hinzurechnungsbetrag anzuwenden sind, finden das

---

[332] Sollte T2 die erzielten Zinsen in Form einer Dividende an die B-AG weiterreichen, sind diese gem. § 8b Abs. 3, Abs. 5 dKStG zu 95 % steuerbefreit.

Teileinkünfteverfahren, der pauschale Steuersatz i.H.v. 25 % für Einkünfte aus im Privatvermögen gehaltenen Beteiligungen und die weitgehende Befreiung der Dividenden von
der Körperschaftsteuer keine Anwendung.

Voraussetzung dieser Hinzurechnungsbesteuerung ist, dass eine unbeschränkt steuerpflichtige Person (ggf. gemeinsam mit anderen unbeschränkt Steuerpflichtigen) die ausländische Gesellschaft beherrscht, diese im Ausland einer niedrigen Besteuerung unterliegt
und bestimmte passive Einkünfte erzielt (sog. Zwischeneinkünfte, § 8 Abs. 1 AStG). Eine
niedrige Besteuerung liegt gem. § 8 Abs. 3 Satz 1 AStG bereits dann vor, wenn die Einkünfte der ausländischen Gesellschaft einer Belastung durch Ertragsteuern von weniger als 25 %
unterliegen. Einen „Motivtest", d.h. eine Überprüfung, ob die Einschaltung der Zwischengesellschaft nicht (nur) durch die Ausnutzung des Steuersatzgefälles, sondern (auch) durch
andere Gründe motiviert war, sah das deutsche Recht bis zum 29. Dezember 2007 nicht vor.

Als Leitentscheidung des EuGH zur Hinzurechnungsbesteuerung ist die Entscheidung in
der Rs. „**Cadbury Schweppes**" anzusehen, in der der EuGH die Vereinbarkeit der britischen Hinzurechnungsbesteuerung – die der deutschen in vielen Punkten ähnlich ist – mit
der Niederlassungsfreiheit prüfte (siehe dazu sogleich 2.3.3.2). Aus Sicht des deutschen
Außensteuerrechts erwähnenswert ist überdies die Entscheidung des EuGH in der
Rs. „**Columbus Container Services**", die sich auf die „switch-over"-Klausel des § 20 Abs. 2
AStG bezog (vgl. 2.3.3.3).

2.3.3.2   Entscheidung des EuGH in der Rs. C 196/04 („Cadbury Schweppes")

Sachverhalt: Zum britischen Nahrungsmittelkonzern Cadbury Schweppes gehörte im
Streitjahr 1996 u.a. die im International Financial Services Centre Dublin (den sog. Dublin
Docks) ansässige Cadbury Schweppes Treasury Services (CSTS), deren konzerninterne
Aufgabe es war, Geldmittel zu beschaffen und anderen Tochtergesellschaften des Cadbury-
Schweppes-Konzerns zur Verfügung zu stellen. Die CSTS unterlag in Irland einem Körper-
schaftsteuersatz von 10 %. Die Anteile an der CSTS wurden z.T. von der Cadbury Schweppes Overseas Ltd. gehalten. Nach dem im Streitjahr in Großbritannien geltenden Recht
wurden – dem Trennungsprinzip entsprechend – die Gewinne von Tochtergesellschaften
im Zeitpunkt der Erzielung dieser Gewinne *nicht* auf Ebene der im Inland ansässigen Muttergesellschaft – hier der Cadbury Schweppes Overseas Ltd. – besteuert. Allerdings sehen
die Bestimmungen des britischen Rechts über beherrschte ausländische Gesellschaften
Ausnahmen von diesem Grundsatz vor. Handelt es sich bei der ausländischen Gesellschaft
um eine niedrig besteuerte Gesellschaft, werden ihre Gewinne der im Inland ansässigen
Gesellschaft zugerechnet und bei dieser besteuert, wobei die von der ausländischen Gesellschaft in deren Ansässigkeitsstaat (hier Irland) entrichtete Steuer angerechnet wird. Eine
Ausnahme sah das britische Recht nur für diejenigen Fälle vor, in denen die ausländische
Gesellschaft eine „akzeptable Ausschüttungspolitik" betrieb, steuerbefreiten Tätigkeiten
nachging, 35 % ihrer Anteile im freien Verkehr gehandelt wurden oder die zu versteuernden Gewinne der beherrschten ausländischen Gesellschaft eine Geringfügigkeitsgrenze
nicht überstiegen. Die Regelungen über die Hinzurechnungsbesteuerung fanden davon

abgesehen auch keine Anwendung, wenn ein „Motivtest" bestanden wurde. Dieser sah im Wesentlichen vor, dass die Muttergesellschaft unter Zugrundelegung bestimmter Parameter nachweisen kann, dass Hauptmotiv der Einbeziehung der Auslandstochtergesellschaft nicht die Steuerumgehung war.

Entscheidung des EuGH: Der EuGH sah in den britischen Regelungen über die Hinzurechnungsbesteuerung eine **Beschränkung der Niederlassungsfreiheit**. Diesbezüglich stellte er in seiner Entscheidung[333] zunächst fest, dass die britischen Regelungen über die Hinzurechnungsbesteuerung im Inland ansässige Gesellschaften je nach dem Besteuerungsniveau, dem die beherrschte Gesellschaft unterliegt, unterschiedlich behandeln. Denn nur bei einer Beteiligung an einer Gesellschaft, die im Ausland einer niedrigen Besteuerung unterliegt, werde die ansässige Gesellschaft für Gewinne einer anderen juristischen Person zur Steuer herangezogen. Diese unterschiedliche steuerliche Behandlung und der daraus resultierende Nachteil für ansässige Gesellschaften, die an einer Tochtergesellschaft beteiligt sind, die im anderen Mitgliedstaat einem niedrigeren Besteuerungsniveau unterliegt, ist nach Auffassung des EuGH geeignet, Gesellschaften davon abzubringen, eine Tochtergesellschaft in einem solchen Mitgliedstaat zu gründen. Sie seien damit geeignet, diese Gesellschaften bei der Ausübung der Niederlassungsfreiheit zu behindern.[334]

Eine derartige Beschränkung ist nach der ständigen Rechtsprechung des EuGH nur statthaft, wenn sie durch **zwingende Gründe des öffentlichen Interesses gerechtfertigt** ist.[335] Ein derartiger Grund kann in der Bekämpfung rein künstlicher Gestaltungen liegen, die darauf ausgerichtet sind, der Anwendung der Rechtsvorschriften des betreffenden Mitgliedstaats zu entgehen.[336] Als derartige Gestaltung kann nach Auffassung des EuGH auch die Einbeziehung einer ausländischen Tochtergesellschaft angesehen werden, so dass eine beschränkende Maßnahme gerechtfertigt sein kann. Voraussetzung ist allerdings, dass sie sich auf rein künstliche, jeder wirtschaftlichen Realität bare Gestaltungen bezieht, die darauf abzielen, Steuern zu vermeiden, die normalerweise für im Inland ausgeübte Tätigkeiten anfallen.[337] Der EuGH hält die Hinzurechnungsbesteuerung zwar für geeignet, das Ziel der Vermeidung der Steuerumgehung zu verwirklichen, legt aber – wie häufig – besonderen Wert auf die Verhältnismäßigkeit der Regelung. So begründe allein der Umstand, dass eine ansässige Gesellschaft eine Zweitniederlassung, wie etwa eine Tochtergesellschaft, in einem anderen Mitgliedstaat gründe, *nicht* die allgemeine Vermutung der Steuerhinterziehung. Ebenso wenig könne aus dem Umstand, dass die ins Ausland verlagerten Tätigkeiten ebenso gut von einer inländischen Gesellschaft hätten ausgeführt werden können, auf eine Umgehungsabsicht geschlossen werden.[338] Vielmehr muss eine Regelung zur Missbrauchs-

---

[333]   EuGH vom 02.05.2006, Rs. C-196/04, Cadbury Schweppes.
[334]   EuGH vom 02.05.2006, Rs. C-196/04, Cadbury Schweppes, Rn. 46.
[335]   EuGH vom 02.05.2006, Rs. C-196/04, Cadbury Schweppes, Rn. 47.
[336]   EuGH vom 02.05.2006, Rs. C-196/04, Cadbury Schweppes, Rn. 51; vgl. bereits zuvor EuGH vom 16.07.1998, Rs. C-264/96, ICI, Rn. 26 f.
[337]   EuGH vom 02.05.2006, Rs. C-196/04, Cadbury Schweppes, Rn. 55; vgl. auch EuGH vom 11.03.2004, Rs. C-9/02, de Lasteyrie du Saillant, Rn. 50; EuGH vom 13.12.2005, Rs. C-446/03, Marks & Spencer, Rn. 57.
[338]   EuGH vom 02.05.2006, Rs. C-196/04, Cadbury Schweppes, Rn. 69.

vermeidung nach der Rechtsprechung des EuGH sicherstellen, dass die Hinzurechnungsbesteuerung ausgeschlossen ist, wenn es sich auf der Grundlage objektiver und von dritter
Seite nachprüfbarer Anhaltspunkte erweist, dass die Tochtergesellschaft „**wirkliche wirtschaftliche Tätigkeiten**" im Aufnahmemitgliedstaat ausübt.[339] Dabei ist der **Muttergesellschaft Gelegenheit zu geben, Beweise** für die tatsächliche Ansiedlung der beherrschten
ausländischen Gesellschaft und deren tatsächliche Betätigung **vorzulegen.**[340] Die Behörden
hätten dann die Möglichkeit, die erforderlichen Informationen über die tatsächliche Lage
der beherrschten ausländischen Gesellschaft im Wege der Zusammenarbeit und des Infor-
mationsaustauschs zwischen nationalen Steuerverwaltungen zu ermitteln.[341] Festzuhalten
bleibt damit, dass die Hinzurechnungsbesteuerung bei Tochtergesellschaften, die keine
wirkliche wirtschaftliche Tätigkeit im Hoheitsgebiet des Aufnahmemitgliedstaats entfalten
(z.B. bei einer „Briefkastenfirma"), gerechtfertigt ist.[342]

Würdigung: Anzumerken ist, dass der EuGH in seiner Begründung darauf rekurriert, dass
die Niederlassungsfreiheit das Ziel habe, Staatsangehörigen eines Mitgliedstaats zu erlauben, in einem anderen Mitgliedstaat eine Zweitniederlassung zu gründen, um dort ihren
Tätigkeiten nachzugehen und so die gegenseitige wirtschaftliche und soziale Durchdringung auf dem Gebiet der selbstständigen Erwerbstätigkeit innerhalb der Gemeinschaft zu
fördern.[343] Vor diesem Hintergrund ist **zu erwägen**, dass der **Schutzbereich der Niederlassungsfreiheit bei rein künstlichen Gestaltungen überhaupt nicht eröffnet** ist. Der EuGH
hat diesen Weg indes nicht beschritten und die Hinzurechnungsbesteuerung als gerechtfertigte Beschränkung angesehen.

Konsequenzen für die Rechtslage in Deutschland: Der deutsche Gesetzgeber hat auf die
Entscheidung des EuGH in der Rs. „Cadbury Schweppes" durch die **Einfügung des § 8
Abs. 2 AStG im Jahressteuergesetz 2008 reagiert.** § 8 Abs. 2 Satz 1 AStG sieht vor, dass
eine Gesellschaft, die ihren Sitz oder ihre Geschäftsleitung in einem Mitgliedstaat der Europäischen Union oder einem Vertragsstaat des EWR-Abkommens hat, nicht Zwischengesellschaft für Einkünfte ist, für die die Gesellschafter *nachweisen*, dass die Gesellschaft insoweit einer *tatsächlichen wirtschaftlichen Tätigkeit* in diesem Staat nachgeht. Der Gesetzgeber
hat damit die vom EuGH verwendete Voraussetzung der „wirklichen wirtschaftlichen
Tätigkeit" aufgegriffen. Da die Ausübung einer *tatsächlichen wirtschaftlichen Tätigkeit* im
Ausland nach der Rechtsprechung des EuGH auf der Grundlage objektiver und von dritter
Seite nachprüfbarer Anhaltspunkte festgestellt werden muss, setzt § 8 Abs. 2 Satz 2 AStG
ferner voraus, dass zwischen der Bundesrepublik Deutschland und dem ausländischen
Staat aufgrund der EG-Amtshilferichtlinie oder einer vergleichbaren zwei- oder mehrseiti-
gen Vereinbarung diejenigen Auskünfte erteilt werden, die erforderlich sind, um die Besteuerung durchzuführen.

---

339   EuGH vom 02.05.2006, Rs. C-196/04, Cadbury Schweppes, Rn. 68.
340   EuGH vom 02.05.2006, Rs. C-196/04, Cadbury Schweppes, Rn. 70 ff.
341   EuGH vom 02.05.2006, Rs. C-196/04, Cadbury Schweppes, Rn. 71.
342   EuGH vom 02.05.2006, Rs. C-196/04, Cadbury Schweppes, Rn. 68; vgl. auch EuGH vom 02.05.2006,
      Rs. C-341/04, Eurofood IFSC, Rn. 34 f.
343   EuGH vom 02.05.2006, Rs. C-196/04, Cadbury Schweppes, Rn. 53; so bereits EuGH vom 21.06.1974,
      Rs. 2/74, Reyners, Rn. 21.

2.3.3.3   Entscheidung in der Rs. C-298/05 („Columbus Container Services")

Sachverhalt: Mehrere in Deutschland unbeschränkt steuerpflichtige Personen waren an der Columbus Container Services BVBA & Co[344] beteiligt. In Belgien unterlag Columbus Container Services als steuerbegünstigtes „Koordinierungszentrum"[345] einer niedrigen Besteuerung. Für die Besteuerung von Columbus Container Services bzw. ihrer Anteilseigner in Deutschland ist im Ausgangspunkt festzuhalten, dass die steuerliche Einordnung eines ausländischen Rechtsgebildes als Körperschaft oder Mitunternehmerschaft davon abhängt, ob ein Rechtstypenvergleich[346] ergibt, dass die ausländische Gesellschaft aufgrund der für sie geltenden (insb. Gesellschafts-) rechtlichen Bestimmungen und aufgrund der über ihre Struktur und Organisation getroffenen Vereinbarungen der Gesellschafter rechtlich und wirtschaftlich einer inländischen Körperschaft oder sonstigen juristischen Person gleicht.[347] Ist dies nicht der Fall, ist sie als Mitunternehmerschaft zu qualifizieren. Da Columbus Container Services nach dem Rechtstypenvergleich einer deutschen Personengesellschaft (GmbH und Co. KG) ähnlich war, wurden – dem Transparenzprinzip entsprechend – die durch Columbus Container Services erzielten (überwiegend gewerblichen) Einkünfte den in Deutschland ansässigen Gesellschaftern zugerechnet.

Das Finanzamt qualifizierte die von Columbus Container Services erzielten Einkünfte aus Gewerbebetrieb und besteuerte sie auf Ebene der Gesellschafter unter Anrechnung der darauf in Belgien erhobenen Steuer. Zwar sieht Art. 7 Abs. 1 i.V.m. Art. 23 Abs. 1 Nr. 1 DBA Deutschland-Belgien 1958 vor, dass Betriebsstätteneinkünfte – solche lagen hier vor – im Ansässigkeitsstaat des Unternehmens – hier in Deutschland als dem Ansässigkeitsstaat der Gesellschafter – steuerfrei gestellt sind, das Finanzamt ließ aber anstatt der Freistellung lediglich die Anrechnung der im Ausland auf diese Einkünfte gezahlten Steuern gem. § 20 Abs. 2 und 3 AStG a.F. zu.[348] Diese Bestimmungen sahen vor, dass bei Einkünften mit Kapitalanlagecharakter die Doppelbesteuerung nicht durch Freistellung, sondern durch Anrechnung der auf diese Einkünfte erhobenen ausländischen Steuern zu vermeiden sei („switch-over"-Klausel), was im konkreten Fall zu einer um 53 % höheren Steuerlast der Gesellschafter führte. Das zuständige Finanzgericht Münster konnte indes nicht ausschließen, dass § 20 Abs. 2 und Abs. 3 AStG die Niederlassungsfreiheit verletzen könnte und bezweifelte außerdem die Vereinbarkeit dieser Regelungen mit der Kapitalverkehrsfreiheit.

---

[344] Bei einer BVBA (Besloten Vennootschap met Beperkte Aansprakelijkheid) handelt es sich um eine Gesellschaft mit beschränkter Haftung, ähnlich einer GmbH; bei einer BVBA & Co um eine Kommanditgesellschaft.

[345] Die Kommission erklärte die belgischen Koordinierungsstellen in ihrer Entscheidung vom 17.02.2003 [Kommission (2003), ABl. 2003, L 258/52] als unzulässige Beihilfe. Die Nichtigkeitsklage des Königreichs Belgien gegen diese Entscheidung hatte im Hinblick auf die Gewährung von Übergangsfristen Erfolg (EuGH vom 22.06.2006, Rs. C-182 und 217/03, Belgien/Kommission).

[346] Grundlegend RFH, Urteil vom 12.02.1930 - VI A 899/27, RFHE 27, 73 sowie nachfolgend BFH, Urteil vom 23.06.1992, IX R 182/87, BStBl II 1992, 972 (974) m.w.N. zur Rspr.

[347] Vgl. *Lampert* (2010), 30 f. m.w.N.; siehe z.B. Bundesministerium der Finanzen (2004), BStBl. I 2004, 411.

[348] EuGH vom 06.12.2007, Rs. C-298/05, Columbus Container Services, Rn. 4 ff.; siehe auch FG Münster, Beschluss vom 05.07.2005, 15 K 1114/99 F, EW, DStRE 2006, 412.

Es ersuchte daher den EuGH um eine Vorabentscheidung.[349]

Die bis heute – allerdings in veränderter Form – fortbestehende Regelung des § 20 AStG verfolgt das Ziel, den der Hinzurechnungsbesteuerung zugrundeliegenden Gedanken (d.h. die Vermeidung der Verlagerung von Einkünften in Niedrigsteuerländer) auf Fälle auszudehnen, in denen die Hinzurechnungsbesteuerung konzeptionell nicht eingreift. Wird eine der in § 8 Abs. 1 AStG genannten „schädlichen" Tätigkeiten durch eine ausländische Personengesellschaft ausgeübt, sind die so erzielten Gewinne aufgrund der Anwendung des Transparenzprinzips zwar nicht per se der deutschen Besteuerung entzogen; wird aber der Besteuerungsanspruch durch eine in einem DBA vorgesehene Steuerfreistellung eingeschränkt, kommt es zu einer Nichtbesteuerung der im Ausland erzielten Einkünfte in Deutschland. Insoweit ähnelt diese Situation der Einschaltung einer Abschirmwirkung entfaltenden Auslandstochtergesellschaft.[350]

Anzumerken ist, dass diese Ersetzung der abkommensrechtlich vorgesehenen Steuerfreistellung durch eine Steueranrechnung ein sog. treaty override darstellt, dessen verfassungsrechtliche Zulässigkeit stark umstritten ist und dem BVerfG im Hinblick auf § 50d Abs. 8 dEStG zur Entscheidung vorliegt.[351] In der jüngeren deutschen Abkommenspraxis wird daher ein Vorbehalt in den die Freistellung anordnenden Methodenartikel aufgenommen, der diese von einer „effektiven Besteuerung" abhängig macht.[352]

Entscheidung des EuGH: Der EuGH stellte in seiner Entscheidung vom 6. Dezember 2007 fest, dass keine Beschränkung der Niederlassungsfreiheit und auch keine Beschränkung der Kapitalverkehrsfreiheit vorliege.

Zur Eröffnung des Anwendungsbereichs der **Niederlassungsfreiheit** führte der Gerichtshof aus, dass die entsprechenden Vertragsbestimmungen anwendbar seien, da im vorliegenden Fall nur natürliche Personen, die gleichgerichtete Interessen verfolgten und in einem Mitgliedstaat ihren Wohnort hätten, sämtliche Geschäftsanteile an einer Gesellschaft mit satzungsmäßigem Sitz in einem anderen Mitgliedstaat erworben hätten und dieser Erwerb ihnen einen **sicheren Einfluss auf die Entscheidungen der Gesellschaft** verleihe.[353] Im Hinblick auf das Vorliegen einer Beschränkung führte der EuGH entsprechend seiner ständigen Rechtsprechung aus, dass die Niederlassungsfreiheit jede Diskriminierung aufgrund des Ortes des Sitzes einer Gesellschaft untersage.[354] Daher war zu klären, ob der in § 20 Abs. 2 und 3 AStG vorgesehene Übergang von der Steuerfreistellung zur Steueranrechnung ausländische Personengesellschaften gegenüber in Deutschland ansässigen Personengesellschaften steuerlich benachteiligt. Da § 20 Abs. 2 und 3 AStG aber lediglich dazu führt, dass Gewinne ausländischer Personengesellschaften in Deutschland demselben Steu-

349   FG Münster, Beschluss vom 05.07.2005, 15 K 1114/99 F, EW, DStRE 2006, 412 (415 ff.).
350   Vgl. Bundestag (1991), BT-Drs. 12/1506.
351   BFH, Beschluss vom 10.01.2012, I R 66/09, BFHE 236, 304; Az. beim BVerfG: 2 BvL 1/12.
352   Vgl. z.B. Art. 23 Abs. 1 lit. a DBA Deutschland-Großbritannien 2010; Art. 22 Abs. 1 lit. a DBA-Deutschland-Niederlande 2012; Art. 22 Abs. 1 lit. a DBA Deutschland-Ungarn 2011.
353   EuGH vom 06.12.2007, Rs. C-298/05, Columbus Container Services, Rn. 30 ff.
354   EuGH vom 06.12.2007, Rs. C-298/05, Columbus Container Services, Rn. 39.

ersatz unterliegen wie Gewinne inländischer Personengesellschaften, lag nach Auffassung des EuGH insoweit eine Diskriminierung nicht vor.[355] Weiterhin führte der EuGH aus, dass sich eine Diskriminierung auch daraus ergeben könne, dass dieselbe Vorschrift auf unterschiedliche Situationen angewandt werde.[356] Insoweit sei zu erwägen, dass die Erzielung von Einkünften durch eine in einem anderen Mitgliedstaat ansässige, dort einer niedrigen Besteuerung unterliegenden Gesellschaft zu einer steuerrechtlich unterschiedlichen Behandlung im Inland führe.[357] Auch dies verneinte der EuGH im vorliegenden Fall unter Verweis darauf, dass das Gemeinschaftsrecht in der in Rede stehenden Situation in Bezug auf die Beseitigung der Doppelbesteuerung innerhalb der EG keine allgemeinen Kriterien für die Verteilung der Kompetenzen der Mitgliedstaaten untereinander vorschreibe.[358] Aus dieser verbleibenden Autonomie folgert der EuGH auch, dass die Mitgliedstaaten keineswegs verpflichtet seien, ihr eigenes Steuersystem den verschiedenen Steuersystemen der übrigen Mitgliedstaaten anzupassen, um zu gewährleisten, dass eine Gesellschaft, die beschlossen habe, sich in einem bestimmten Mitgliedstaat niederzulassen, auf nationaler Ebene genauso besteuert werde wie eine Gesellschaft, die sich dafür entschieden habe, sich in einem anderen Mitgliedstaat niederzulassen.[359]

Zur **Kapitalverkehrsfreiheit** führte der EuGH lediglich aus, dass die Regelung des § 20 Abs. 2, 3 AStG Steuerpflichtige eines Mitgliedstaats, denen Gewinne von in einem anderen Mitgliedstaat ansässigen Personengesellschaften zugerechnet werden, nicht diskriminiere. Zum Konkurrenzverhältnis zwischen Niederlassungs- und Kapitalverkehrsfreiheit äußerte sich das Gericht dabei nicht.[360]

Würdigung: Betrachtet man die Parallelität der in § 8 Abs. 2 AStG und § 20 Abs. 2 AStG getroffenen Regelungen, überrascht es auf den ersten Blick, dass der EuGH die in der Rs. „Cadbury Schweppes" entwickelten Grundzüge – und damit das Erfordernis der Möglichkeit eines Gegenbeweises – nicht auf die Rs. „Columbus Container Services" übertrug. Ein maßgeblicher Grund hierfür liegt in der Wahl der Vergleichsgruppe. Da der EuGH zur Feststellung einer Diskriminierung bzw. Beschränkung auf einen Vergleich zwischen unbeschränkt steuerpflichtigen Personen, die an einer ausländischen Personengesellschaft beteiligt sind, und solchen Personen, die an einer inländischen Personengesellschaft beteiligt sind, abstellte, lag in der durch die „switch-over"-Klausel ausgelöste Gleichbehandlung beider Personengruppen keine Einschränkung der Niederlassungsfreiheit. Anders wäre es

---

[355] EuGH vom 06.12.2007, Rs. C-298/05, Columbus Container Services, Rn. 40.

[356] EuGH vom 06.12.2007, Rs. C-298/05, Columbus Container Services, Rn. 41; vgl. insoweit u.a. auch EuGH vom 14.02.1995, Rs. C-279/93, Schumacker, Rn. 30; EuGH vom 29.04.1999, Rs. C-311/97, Royal Bank of Scotland, Rn. 26.

[357] Vgl. EuGH vom 06.12.2007, Rs. C-298/05, Columbus Container Services, Rn. 42.

[358] EuGH vom 06.12.2007, Rs. C-298/05, Columbus Container Services, Rn. 45. Ob ein Mitgliedstaat ein bestehendes DBA verletzte, entziehe sich der Überprüfung durch den EuGH (ebenda, Rn. 47).

[359] EuGH vom 06.12.2007, Rs. C-298/05, Columbus Container Services, Rn. 51.

[360] EuGH vom 06.12.2007, Rs. C-298/05, Columbus Container Services, Rn. 56. in diesem Sinne auch EuGH vom 12.12.2006, Rs. C-374/04, Test Claimants in Class IV of the ACT Group Litigation, Rn. 60.

gewesen, wenn der EuGH im Rahmen des Vergleichs auf Steuerpflichtige abgestellt hätte, die durch DBA freigestellte Betriebsstätten-Einkünfte erzielen.

Keine Änderung der Rechtslage in Deutschland: Im deutschen Schrifttum war vielfach davon ausgegangen worden, dass die Grundsätze der Entscheidung in der Rechtssache Cadbury Schweppes auf § 20 Abs. 2 AStG (a.f.) übertragbar sind.[361] Es hätte daher nahe gelegen, die in § 8 Abs. 2 AStG i.d.F. des Jahressteuergesetzes 2008 eröffnete Möglichkeit des Gegenbeweises auch bei Anwendung des Art. 20 Abs. 2 AStG zu berücksichtigen. Durch den ebenfalls i.R.d. Jahressteuergesetzes 2008 vorgenommenen Einschub „ungeachtet des § 8 Abs. 2" in § 20 Abs. 2 AStG wurde diesem Ansatz der Boden entzogen.[362] Allerdings stellte der BFH in einem obiter dictum i.R. seines Schlussurteils zur Rs. „Columbus Container Services" klar, dass diese gesetzgeberische Maßnahme nicht erfolgversprechend sein könne, da die nach den Grundsätzen der Rs. „Cadbury Schweppes" bei typisierenden Missbrauchsverhinderungsvorschriften erforderliche Möglichkeit eines Gegenbeweises im Einzelfall unmittelbar auf § 20 Abs. 2 AStG (a.f.) durchschlage.[363]

2.3.4   Die Besteuerung von Dividenden

Die Dividendenbesteuerung – präziser gesagt: die Vermeidung der Mehrfachbelastung ausgeschütteter Gewinne – gehört zu den „neuralgischen" Punkten des internationalen Steuerrechts. Hiervon zeugen die mit der Rs. „avoir fiscal" beginnende, ausgesprochen vielfältige Rechtsprechung des EuGH und die Reformbemühungen der Kommission. Zum besseren Verständnis insb. der die Rechtslage in Deutschland mitbestimmenden jüngeren Entscheidungen soll hier vorab neben einem historischen Überblick eine grundlegende Darstellung der dt. Rechtslage erfolgen. Grundsätzlich ist bei der Ausschüttung einer Dividende durch eine Körperschaft streng danach zu differenzieren, ob Empfänger der Dividende eine natürliche Person (u.U. vermittelt durch eine Personengesellschaft) oder eine Körperschaft ist. Auf die Besteuerung auf Ebene der Körperschaften werden sich die nachfolgenden Ausführungen dagegen nur am Rande beziehen.

2.3.4.1   Rechtslage in Deutschland

Da die Ertragsbesteuerung in Deutschland grds. dem zivilrechtlichen Trennungsprinzip folgt, werden Gewinne einer Körperschaft konsequenterweise auf Ebene der ausschüttenden Körperschaft und auf Ebene der Anteilseigner besteuert. Da diese **Doppelbelastung** gegenüber anderen Investitionsformen (wie z.B. der Investition in eine Personengesellschaft) tendenziell nachteilig ist, verfolgte der deutsche Gesetzgeber **in der Vergangenheit unterschiedliche Ansätze** zur Berücksichtigung der Körperschaftsteuervorbelastung einer

---

361 Vgl. *Rainer/Müller* (2007), 152; *Köhler/Eicker* (2007), 334.
362 Vgl. Bundesrat (2007), BR-Drucks. 544/07, 121 (126); kritisch hierzu *Wassermeyer/Schönfeld* (2011), § 20 AStG, Rn. 154.
363 BFH v. 21.10.2009 – I R 114/08, 774 (777), BStBl. II 2010, 774. Im Ergebnis stellt der BFH also in einer autonomen Entscheidung – d.h. ohne erneute Vorlage an den EuGH – die Europarechtswidrigkeit der Switch-Over Klausel fest (vgl. *Prinz* (2010), FR 2010, 378 (379)).

Gewinnausschüttung auf Ebene des Anteilseigners. In den Jahren 1977 bis 2000 wurde eine Doppelbelastung von Einkünften aus einer Beteiligung an einer Körperschaft auf Ebene der Anteilseigner sowohl bei natürlichen Personen als auch bei Kapitalgesellschaften durch das sog. **Anrechnungsverfahren** vermieden. Die auf Ebene der ausschüttenden Körperschaft gezahlte Körperschaftsteuer wurde dabei auf die Einkommensteuer bzw. Körperschaftsteuer des Anteilseignes angerechnet. Dieses Verfahren wurde insbesondere aufgrund europarechtlicher Bedenken (vgl. hierzu sogleich die Ausführungen zu den Rs. „Manninen" [2.3.4.2] und „Meilicke" [vgl. 2.3.4.3]) mit **Beginn des Jahres 2001 abgeschafft**. An Stelle des für alle Anteilseigner geltenden Anrechnungsverfahrens trat ein zwischen natürlichen Personen und Körperschaften als Anteilseigner differenzierendes System.

Für **natürliche Personen** galt zunächst das **Halbeinkünfteverfahren,** bei dem eine Doppelbelastung typisierend dadurch ausgeglichen wurde, dass der Anteilseigner seine Gewinnanteile aus der Beteiligung an einer Körperschaft nur zur Hälfte als Einkünfte aus Kapitalvermögen der Einkommensteuer unterwerfen musste. Ab dem Jahre 2009 wurde dieses Halbeinkünfteverfahren durch eine Kombination von **Teileinkünfteverfahren**[364] und **Abgeltungssteuer**[365] ersetzt, bei der danach differenziert wird, ob eine Beteiligung dem Betriebs- oder dem Privatvermögen zuzuordnen ist.

Die Kapitalertragsteuer mit abgeltender Wirkung wird als Quellensteuer erhoben, d.h. der Schuldner der Kapitalerträge muss einen Teil der Kapitalerträge als Kapitalertragsteuer nach § 44 Abs. 1 Satz 3, Satz 5 dEStG direkt an das Finanzamt abführen. Die Kapitalertragsteuer umfasst gemäß § 43 Abs. 1 Satz 1 Nr. 1 dEStG grundsätzlich auch Dividenden. Gemäß § 43 Abs. 5 Satz 1 dEStG ist mit der Erhebung der Abgeltungssteuer als Kapitalertragsteuer die Einkommensteuer abgegolten (daher auch die Bezeichnung als Abgeltungssteuer).

Bei unbeschränkt steuerpflichtigen Personen i.S.d. § 1 Abs. 1 Satz 1 dEStG, die dem „Teileinkünfteverfahren" nach § 3 Nr. 40 lit. d dEStG unterliegen, erfolgt ebenfalls zunächst ein Kapitalertragsteuerabzug i.H.v. 25 %. Der Abzugsbetrag wird dann dem an den Anteilseigner ausgeschütteten Betrag (Nettodividende) wieder hinzugerechnet. Sodann werden 60 % des so ermittelten Betrages dem persönlichen Steuersatz des Anteilseigners unterwor-

---

[364] Für Erträge aus Beteiligungen, die im Betriebsvermögen gehalten werden, gelten aufgrund der Subsidiaritätsbestimmung des § 20 Abs. 8 EStG weiterhin die Grundsätze des Halbeinkünfteverfahrens, wobei der steuerfreie Anteil nur noch 40% beträgt (§ 3 Nr. 40 Satz 1 EStG, sog. Teileinkünfteverfahren).

[365] Erträge aus Beteiligungen, die im Privatvermögen gehalten werden, werden mit einer Kapitalertragsteuer mit abgeltender Wirkung i.H.v. 25 % besteuert (§ 20 Abs. 1 Nr. 1, § 32d Abs. 1, 43 Abs. 1 Nr. 1, § 43a Abs. 1 Nr. 1 dEStG), es sei denn die Besteuerung nach dem persönlichen Steuersatz des Anteilseigners erweist sich als günstiger (§ 32d Abs. 6 dEStG). In diesem Fall ist der volle Beteiligungsertrag in die Bemessungsgrundlage der Einkommensteuer einzubeziehen und wird mit dem individuellen Steuersatz des Steuerpflichtigen „mitversteuert", wobei Werbungskosten auch hier grds. nicht über den Sparerpauschbetrag hinaus geltend gemacht werden können (§ 20 Abs. 9 Satz 1 Hs. 2 dEStG). Die bereits einbehaltene Abgeltungssteuer wird dann auf eine noch zu entrichtende Einkommensteuerschuld als Vorauszahlung angerechnet bzw. bei erfolgter Entrichtung zurückerstattet (vgl. § 36 Abs. 2 Nr. 2 dEStG).

fen. Die bereits abgeführte Kapitalertragssteuer i.H.v. 25 % wird dann auf die Einkommensteuer des Anteilseigners angerechnet.[366]

Hat eine natürliche Personen im Inland weder Wohnsitz noch gewöhnlichen Aufenthalt, unterliegt sie gem. §§ 1 Abs. 4, 49 Abs. 1 Nr. 5 lit. a dEStG mit Dividendeneinkünften nur der Einkommensteuer, wenn der Schuldner der Dividende Wohnsitz, Geschäftsleitung oder Sitz im Inland hat (**beschränkte Steuerpflicht**). Ebenso wie bei unbeschränkt steuerpflichtigen natürlichen Personen wird die Einkommensteuer im Rahmen der Kapitalertragsteuer nach §§ 43 Abs. 1 Nr. 1, Abs. 3 Satz 1 dEStG an der Quelle erhoben, wobei dieser Quellensteuerabzug nach § 50 Abs. 2 Satz 1 dEStG abgeltende Wirkung hat. Die Möglichkeit, aufgrund einer Günstigerprüfung in den Anwendungsbereich des Teileinkünfteverfahrens nach § 3 Nr. 40 lit. d dEStG zu gelangen, gibt es für beschränkt steuerpflichtige Dividendenempfänger – unabhängig davon, ob die Anteile im Betriebs- oder Privatvermögen gehalten werden – grundsätzlich nicht.

Für in Deutschland **unbeschränkt steuerpflichtige Körperschaften** als Anteilseigner gilt zur Vermeidung einer Doppelbelastung mit Ertragssteuern nach Abschaffung des Anrechnungsverfahrens § 8b Abs. 1 Satz 1 dKStG, der Gewinnausschüttungen grundsätzlich steuerfrei stellt, wobei gemäß § 8b Abs. 5 Satz 1 dKStG 5 % der Dividende als nicht abziehbare Betriebsausgaben anzusehen sind. Im Ergebnis sind damit Dividendeneinkünfte von Körperschaften zu 95 % steuerfrei gestellt.[367] Da diese Regelung weder eine Mindestbeteiligung voraussetzt noch auf Zahlungen inländischer oder in einem EU/EWR-Mitgliedstaat ansässiger Gesellschaften beschränkt ist, erfasst sie auch Zahlungen aus Drittstaaten. Motivation des Gesetzgebers für diese über die Anforderungen der Mutter-Tochter-Richtlinie hinausreichende Regelung war die Stärkung Deutschlands als Holdingstandort sowie die Förderung des Abbaus von Überkreuzbeteiligungen deutscher Kapitalgesellschaften (Entflechtung der „Deutschland-AG"). Die nur eingeschränkte Steuerfreistellung ist mit der Mutter-Tochter-Richtlinie vereinbar,[368] im Hinblick auf Doppelbesteuerungsabkommen ist sie aber nicht unproblematisch.[369] Trotz der Steuerfreistellung i.H.v. 95 % wird auf eine Dividende, deren Empfänger eine im Inland unbeschränkt steuerpflichtige Körperschaft ist, Kapitalertragsteuer nach § 43 Abs. 1 Satz 1 Nr. 1 dEStG erhoben, vgl. § 43 Abs. 1 Satz 3 dEStG. Diese Kapitalertragsteuer wird bei inländischen Kapitalgesellschaften allerdings i.R.d. Veranlagung zur Körperschaftsteuer nach § 31 Abs. 1 dKStG i.V.m. § 36 Abs. 2 Nr. 2 Satz 1 dEStG angerechnet.

Besonderheiten bestehen auch hier, wenn der **Dividendenempfänger in Deutschland weder Sitz noch Geschäftsleitung** hat. Eine solche Körperschaft unterliegt gemäß §§ 2, 8 Abs. 1 Satz 1 dKStG i.V.m. § 49 Abs. 1 Nr. 5 lit. a dEStG ebenso wie eine natürliche Person nur mit Dividendeneinkünften der deutschen Körperschaftsteuer, wenn der Schuldner dieser Dividende Wohnsitz, Geschäftsleitung oder Sitz im Inland hat. Zwar sind auch diese

---

[366] Vgl. hierzu das anschauliche Beispiel bei *Birk* (2013), 370 f.
[367] Diese Steuerfreistellung gilt ab dem 01.03.2013 gem. § 8b Abs. 4 dKStG nicht mehr für sog. Streubesitzdividenden; vgl. hierzu die Ausführungen zur Rs. „Amurta" unter 1.3.4.4.
[368] Art. 4 Abs. 3 Mutter-Tochter Richtlinie (2011).
[369] *Heurung/Engel/Seidel* (2010), DB 2010, 1551 (1554).

Dividenden grds. gem. § 8b Abs. 1 Satz 1 dKStG i.H.v. 95 % freigestellt,[370] Bemessungs-grundlage der Kapitalertragsteuer ist jedoch auch in diesem Fall nach § 43a Abs. 1 dEStG die gesamte Bruttodividende. Ein solcher Abzug von Kapitalertragsteuer unterbleibt nach § 43b Abs. 1, Abs. 2 dEStG ausnahmsweise auf Antrag, sofern es sich um eine Dividenden-ausschüttung an eine Körperschaft handelt, die im EU-Ausland ansässig ist und eine Min-destbeteiligungsquote der empfangenden Körperschaft von 10 % am Kapital der ausschüt-tenden Gesellschaft vorliegt.[371] Bei einer beschränkt steuerpflichtigen Körperschaft, die (inländische) Dividenden empfängt, kommt es allerdings nach § 32 Abs. 1 Nr. 2 dKStG zu keiner (Körperschaft-) Steuerveranlagung. Daher bleibt die **erhobene Kapitalertragsteuer** nach § 32 Abs. 1 Nr. 2 dKStG **definitiv, wenn** die in § 43b Abs. 1, Abs. 2 dEStG normierte **Mindestbeteiligungsquote nicht erreicht** wird. Der Abzug von Kapitalertragsteuer stellt sich insoweit nicht nur die bloße Erhebungsform der Körperschaftsteuer dar, sondern weist vielmehr materiellen Charakter auf. Es kommt dann infolge der Nichtveranlagung nach § 32 Abs. 1 Nr. 2 dKStG zu einer endgültigen Versagung der Begünstigung des § 8b dKStG (vgl. hierzu die Entscheidung in des EuGH in der Rs. „Amurta" sowie die sich hieraus für die Rechtslage in Deutschland ergebenden Konsequenzen [2.3.4.4]).

2.3.4.2   Entscheidung des EuGH in der Rs. C-319/02 („Manninen")

Sachverhalt: Der in Finnland unbeschränkt steuerpflichtige Petri Manninen erzielte Divi-denden aus einer Beteiligung an einer schwedischen Kapitalgesellschaft. Als Manninen für diese Dividenden in Finnland zur Einkommensteuer veranlagt wurde, beantragte er bei der zuständigen Finanzbehörde die Anrechnung der von der schwedischen Gesellschaft in Schweden gezahlten Körperschaftsteuer auf die finnische Einkommensteuer. Diese An-rechnung wurde ihm allerdings verwehrt, da eine solche Anrechnung nach finnischem Recht nur in Bezug auf Dividendeneinkünfte aus Anteilen an einer finnischen Kapitalge-sellschaft möglich war.

Entscheidung des EuGH: Durch Urteil vom 7. September 2004 entschied der EuGH, dass eine **Beschränkung der Kapitalverkehrsfreiheit** vorliege, wenn eine Steuergutschrift nur für Dividenden, die von einer finnischen Gesellschaft an in Finnland unbeschränkt steuer-pflichtigen Aktionäre ausgeschüttet werden, gewährt wird, nicht aber für Dividenden, die in Finnland unbeschränkt steuerpflichtige Aktionäre von in einem anderen Mitgliedsstaat ansässigen Gesellschaften empfangen. Die finnische Steuerregelung bewirke, dass in Finn-land unbeschränkt steuerpflichtige Personen davon abgehalten würden, ihr Kapital in Gesellschaften mit Sitz in einem anderen Mitgliedstaat zu investieren. Zugleich beeinträch-tige die fragliche Regelung auch in anderen Mitgliedsstaaten ansässige Gesellschaften da-rin, sich in Finnland Kapital zu beschaffen.[372] Auch befinden sich unbeschränkt steuer-pflichtige Aktionäre nach Auffassung des EuGH untereinander in einer **(objektiv) ver-gleichbaren Situation**, da der EuGH insoweit nicht auf den (unterschiedlichen) Sitz der

---

[370] *Rengers* (2012), Rn. 100.
[371] Vgl. auch Art. 3 Abs. 1 lit Mutter-Tochter Richtlinie (2011).
[372] EuGH vom 07.09.2004, Rs. C-319/02, Manninen, Rn. 22 f.

ausschüttenden Gesellschaft abstellt, sondern auf die hiervon unabhängige Doppelbesteuerung (bzw. -belastung) der Dividenden, die es zu vermeiden gilt.[373]

Nach Ansicht des EuGH ist die Nichtgewährung einer Steuergutschrift insbesondere **nicht aus Gründen der Kohärenz des Steuersystems gerechtfertigt**. Zwar zieht der EuGH die Möglichkeit der Rechtfertigung der finnischen Regelung aus Gründen der Kohärenz in Betracht,[374] jedoch „erscheint eine solche Regelung [...] nicht als für die Wahrung der Kohärenz des finnischen Steuersystems erforderlich."[375] Aus Sicht der Mitgliedstaaten erweist es sich freilich als problematisch, dass die Verpflichtung zur Berücksichtigung der Quellensteuer zu Lasten des Ansässigkeitsstaats des Anteilseigners geht.[376] Auch der EuGH erkennt das Problem, dass die Steuereinnahmen des Ansässigkeitsstaats in Bezug auf Dividenden, die von Gesellschaften mit Sitz in anderen Mitgliedstaaten gezahlt werden, verringert würden, allerdings erachtet der EuGH dies in seiner ständigen Rechtsprechung nicht als zwingenden Grund des Allgemeininteresses, der die Beschränkung einer Grundfreiheit rechtfertigen könne.[377]

Konsequenzen für die Rechtslage in Deutschland: Das deutsche Körperschaftsteuer-Anrechnungsverfahren nach § 36 Abs. 2 Satz 2 Nr. 3 dEStG a.F. sah – ähnlich der finnischen Regelung – eine Anrechnung der durch die ausschüttende Gesellschaft gezahlten Körperschaftsteuer durch den in Deutschland unbeschränkt steuerpflichtigen Anteilseigner nur vor, wenn die ausschüttende Gesellschaft ebenfalls in Deutschland ansässig war. Sie war daher ebenfalls als europarechtswidrig anzusehen, was vom EuGH in der Rs. „Meilicke" (siehe unten) ausdrücklich festgestellt wurde. Der vom deutschen Gesetzgeber vorgenommene Systemwechsel vom Anrechnungsverfahren zum Halbeinkünfteverfahren (seit 2009: Kombination von Abgeltungssteuer und Teileinkünfteverfahren) muss daher auch vor dem Hintergrund der Entscheidung des EuGH in der Rs. „Manninen" gesehen werden.

2.3.4.3   Entscheidung des EuGH in der Rs. C-292/04 („Meilicke")

Sachverhalt: Der in Deutschland unbeschränkt steuerpflichtige Hr. Meilicke bezog in den Jahren 1995 bis 1997 Dividenden von Gesellschaften aus den Niederlanden und Dänemark. Im Jahre 2000 beantragten seine Erben eine Steuergutschrift auf diese Dividenden. Eine solche Steuergutschrift wurde zum damaligen Zeitpunkt nach § 36 Abs. 2 Nr. 3 dEStG (a.F.) aber nur in Deutschland unbeschränkt Steuerpflichtigen gewährt, die Dividenden von einer in Deutschland ansässigen Gesellschaft erhielten. Das FG Köln ersuchte den EuGH um eine Vorabentscheidung.[378]

---

[373]   EuGH vom 07.09.2004, Rs. C-319/02, Manninen, Rn 39.
[374]   EuGH vom 07.09.2004, Rs. C-319/02, Manninen, Rn. 42 ff.
[375]   EuGH vom 07.09.2004, Rs. C-319/02, Manninen, Rn. 45.
[376]   Vgl. in diesem Zusammenhang auch EuGH vom 12.12.2006, Rs. C-374/04, Test Claimants in Class IV of the ACT Group Litigation.
[377]   EuGH vom 07.09.2004, Rs. C-319/02, Manninen, Rn. 49.
[378]   FG Köln, Beschluss vom 24.06.2004, DSTRE 2004, 1026.

Entscheidung des EuGH: Der EuGH erachtete in seiner Entscheidung vom 6. März 2007 die deutsche Regelung als Beschränkung der Kapitalverkehrsfreiheit. Insoweit verwies der EuGH ausdrücklich auf seine Argumentation in der Rs. „Manninen" (vgl. 2.3.4.2) und stellte fest, dass § 36 Abs. 2 Nr. 3 dEStG a.F. bewirke, dass in Deutschland unbeschränkt steuerpflichtige Personen davon abgehalten würden, ihr Kapital in Gesellschaften mit Sitz in einem anderen Mitgliedstaat zu investieren. Zugleich beeinträchtige die fragliche Regelung somit auch diese in anderen Mitgliedsstaaten ansässigen Gesellschaften darin, sich in Deutschland Kapital zu beschaffen.[379] Auch im Hinblick auf die mögliche **Rechtfertigung** der Begrenzung des Steueranrechnungsverfahrens auf Ausschüttungen inländischer Körperschaften bezog sich der EuGH ausdrücklich auf die Rs. „Manninen". So zog der EuGH auch hier die Kohärenz des Steuersystems zwar als Rechtfertigungsgrund in Betracht, führte aber aus, die **deutsche Regelung erscheine für die Wahrung der Kohärenz des deutschen Steuersystems nicht erforderlich.**[380] Das vom deutschen Gesetzgeber verfolgte Ziel (d.h. die Beseitigung der Doppelbelastung der Dividenden mit Ertragsteuern) könne ebenso dadurch erreicht werden, dass eine **Steuergutschrift** auch für Dividenden gewährt werde, die von nicht in Deutschland ansässigen Gesellschaften an in Deutschland unbeschränkt steuerpflichtige Personen ausgeschüttet werden.[381]

Konsequenzen für die Rechtslage in Deutschland: Die Entscheidung des EuGH in der Rs. „Meilicke" bestätigte die infolge der Rs. „Manninen" aufgekommene Vermutung, dass das deutsche Körperschaftsteuer-Anrechnungsverfahren mit dem Gemeinschaftsrecht nicht zu vereinbaren ist. Zwar hatte Deutschland aus diesem Grunde bereits im Jahr 2001 das gemeinschaftsrechtskonforme Halbeinkünfteverfahren eingeführt, jedoch stellte sich die Frage, wie mit Altfällen zu verfahren war, d.h. ob Deutschland verpflichtet war, im Ausland gezahlte Quellensteuer auf Ebene des Anteilseigners nachträglich für die gesamte Geltungsdauer des Körperschaftsteuer-Anrechnungsverfahrens (1977-2000) zu berücksichtigen. Der EuGH setzte sich in der Entscheidung mit dem von Seiten Deutschlands vorgebrachten Wunsch nach einer zeitlichen Beschränkung des Urteils zwar auseinander, lehnte eine solche Beschränkung aber unter anderem unter Berufung auf das Urteil in der Rs. Verkooijen[382] ab.[383] Deutschland drohten daher eine weitreichende Geltendmachung der Berücksichtigung von im Ausland gezahlter Körperschaftsteuer und somit erhebliche Haushaltsbelastungen. Der deutsche Gesetzgeber reagierte hierauf mit der Einführung des § 175 Abs. 2 Satz 2 AO, demzufolge die nachträgliche Erteilung oder Vorlage einer Bescheinigung oder Bestätigung nicht als rückwirkendes Ereignis i.S.d. § 175 Abs. 1 Nr. 2 AO gilt.[384] Allerdings verstößt § 175 Abs. 2 Satz 2 AO nach Ansicht des EuGH gegen den Effek-

---

[379] EuGH vom 06.03.2007, Rs. C- 292/04, Meilicke, Rn. 23 f.
[380] EuGH vom 06.03.2007, Rs. C- 292/04, Meilicke, Rn. 25 ff. unter Verweis auf EuGH vom 07.09.2004, Rs. C-319/02, Manninen, Rn. 45.
[381] EuGH vom 06.03.2007, Rs. C- 292/04, Meilicke, Rn. 29.
[382] EuGH vom 06.06.2000, Rs. C-35/98, Verkooijen.
[383] EuGH vom 06.03.2007, Rs. C- 292/04, Meilicke, Rn. 41.
[384] Diese auch als „lex Manninen" bezeichnete Regelung sollte einer nachträglichen Anrechnung ausländischer Körperschaftsteuer auf Grund entsprechender Steuerbescheinigungen zuvorkommen und ist daher als (prophylaktische) Abwehrmaßnahme vor den Folgen des EuGH-Urteils in der Rs. „Manninnen" einzuordnen (vgl. *v. Groll* (2007), Rn. 15).

tivitätsgrundsatz, da den betroffenen Anteilseignern keine angemessene (Übergangs-) Frist zur Geltendmachung ihres Anspruchs auf eine Steuergutschrift eingeräumt wurde.[385]

2.3.4.4   Entscheidung des EuGH in der Rs. C-379/05 („Amurta")

Sachverhalt: Die portugiesische Holdinggesellschaft Amurta SGPS bezog im Jahr 2002 Gewinnausschüttungen von einer niederländischen Gesellschaft, an der sie zu 14 % beteiligt war. Auf diese Gewinnausschüttung wurde in den Niederlanden eine Dividendensteuer in Höhe von 25 % einbehalten, da die niederländischen Regelungen erst ab einer Beteiligungsquote von mind. 25 % am Kapital der ausschüttenden Gesellschaft von der Erhebung einer solchen Quellensteuer absahen. Bei einem in den Niederlanden ansässigen Anteilseigner ließen die niederländischen Steuernormen einen solchen Quellensteuerabzug allerdings bereits dann entfallen, wenn eine Beteiligungsquote von mehr als 5 % bestand.

Entscheidung des EuGH: Nach Ansicht des EuGH stellten die niederländischen Regelungen, die einen Quellensteuerabzug bei Dividendenausschüttungen in Abhängigkeit von der Ansässigkeit des Dividendenempfängers vorsahen, eine **Beschränkung der Kapitalverkehrsfreiheit** dar.[386] Dividenden, die an gebietsfremde Gesellschaften ausgeschüttet wurden, unterlägen im Gegensatz zu den Dividenden, die an in den Niederlanden ansässige Gesellschaften ausgeschüttet werden, einer „wirtschaftlichen Doppelbesteuerung". Dies könne in einem anderen Mitgliedstaat ansässige Gesellschaften davon abhalten, in den Niederlanden zu investieren.[387] Im vorliegenden Fall beriefen sich die Niederlande zur **Rechtfertigung** der Regelung unter anderem darauf, dass eine Doppelbesteuerung dadurch ausgeschlossen worden sei, dass die portugiesischen Steuernormen einer in Portugal ansässigen und aus dem Ausland Dividenden empfangenden Gesellschaft ohnehin eine volle Steuergutschrift gewähren würden.[388] Diese Tatsache war dem EuGH zufolge aber nicht geeignet die Beeinträchtigung der Kapitalverkehrsfreiheit *durch die niederländischen Steuerregelungen* zu rechtfertigen. Der Quellenstaat müsse die Gefahr einer Doppelbelastung selbst vermeiden und könne sich insbesondere nicht darauf berufen, dass im Sitzstaat des Dividendenempfängers Regelungen anwendbar seien, durch die eine Doppelbesteuerung vermieden werde.[389]

Konsequenzen für die Rechtslage in Deutschland: Die Rs. „Amurta" betraf zwar Regelungen des niederländischen Steuerrechts, allerdings ist das Urteil auch für das deutsche Steuerrecht relevant, da in Deutschland eine dem niederländischen Recht ähnliche Rechtslage bestand. Wie bereits an anderer Stelle erwähnt, wird für Dividendenausschüttungen an Körperschaften unabhängig von der Ansässigkeit des Empfängers zunächst nach § 8 Abs. 1 Satz 1 dKStG i.V.m. §§ 43 Abs. 1 Nr. 1, Abs. 3 Satz 1 dEStG Kapitalertragsteuer einbehalten. Dividenden, die an Gesellschaften mit Sitz in Deutschland ausgeschüttet werden, bleiben jedoch (mit Ausnahme der nicht abzugsfähigen Betriebsausgaben i.H.v. 5 %) nach

---

[385] EuGH vom 30.06.2011, Rs. C-262/09, Meilicke II.
[386] EuGH vom 08.11. 2007, Rs. C- 379/05, Amurta.
[387] EuGH vom 08.11. 2007, Rs. C- 379/05, Amurta, Rn. 28.
[388] EuGH vom 08.11. 2007, Rs. C- 379/05, Amurta, Rn. 69 f.
[389] EuGH vom 08.11. 2007, Rs. C- 379/05, Amurta, Rn. 78.

§ 8b Abs. 1 Satz 1 dKStG bei der Ermittlung des Einkommens außer Acht, sodass es insoweit zu einer Anrechnung der Quellensteuer nach § 31 Abs. 1 dKStG i.V.m. § 36 Abs. 2 Nr. 2 Satz 1 dEStG im Rahmen der Körperschaftsteuerveranlagung kommt. Unbeschränkt steuerpflichtige Empfängergesellschaften unterliegen daher bezüglich ihrer empfangenen Dividenden weitgehend keiner ertragsteuerlichen Belastung.

Im Hinblick auf solche Dividenden, die gem. §§ 2, 8 Abs. 1 Satz 1 dKStG i.V.m. § 49 Abs. 1 Nr. 5 lit. a dEStG durch beschränkt steuerpflichtige Körperschaften mit Sitz in einem anderen Mitgliedstaat bezogen werden, gilt hingegen für den Fall, dass die in Art. 3 Abs. 1 lit. a der Richtlinie 2011/96/EU vorgesehene Mindestbeteiligung der Muttergesellschaft am Kapital der Tochtergesellschaft nicht erreicht ist (§ 43b Abs. 1, Abs. 2 dEStG), die Quellensteuer nach deutschem Steuerrecht gemäß § 32 Abs. 1 Nr. 2 dKStG als endgültig erhoben. Diese zwischen unbeschränkt steuerpflichtigen und beschränkt steuerpflichtigen (Streubesitz-) Anteilseignern differenzierende Besteuerung der Dividenden wurde vom EuGH in einem durch die EU-Kommission initiierten Vertragsverletzungsverfahren erwartungsgemäß unter Bezugnahme auf die Rs. „Amurta" als Verstoß gegen die Kapitalverkehrsfreiheit gewertet.[390] Insofern besteht für die deutsche Regelung im Hinblick auf Streubesitzdividenden ausländischer Anteilseigner akuter Anpassungsbedarf. Diesbezüglich hatte der Bundesrat am 14. Dezember 2012 die Zustimmung zum EuGHDivUmsG, welches eine umfassende Steuerfreiheit für Streubesitzdividenden vorsah, aufgrund der hiermit einhergehenden finanziellen Auswirkungen verweigert. Der Bundesrat favorisierte stattdessen eine Begrenzung der Steuerbefreiung für Streubesitzdividenden auf das europarechtlich gebotene Minimum.[391] Mit dem Ziel einer grundlegenden Überarbeitung wurde der Vermittlungsausschuss angerufen, dessen Einigungsvorschlag zunächst vom Bundestag und am 01.03.2013 auch vom Bundesrat angenommen wurde. Demzufolge werden Dividenden aus Streubesitz bei Körperschaften gem. § 8b Abs. 4 dKStG i.V.m. § 34 Abs. 7a dKStG ab dem 01.03.2013 generell zu 100 % steuerpflichtig. Die pauschale Hinzurechnung nicht abzugsfähiger Betriebsausgaben nach § 8b Abs. 5 KStG entfällt insoweit. Zudem wird EU-/ EWR-Kapitalgesellschaften bei einem Dividendenbezug bis zum 28.02.2013 und einer Beteiligung von weniger als 10% eine rückwirkende Erstattung der deutschen Kapitalertragsteuer zugestanden.

2.3.5 Überführung von Wirtschaftsgütern ins Ausland und Wegzugsbesteuerung

2.3.5.1 Gefährdung des Steuersubstrats als Grundproblem

Die derzeit wohl größte Herausforderung des deutschen Steuerrechts stellt die Sicherung der Besteuerung nichtrealisierter Wertzuwächse durch den deutschen Fiskus dar. Ein Verlust von Besteuerungssubstrat droht zum einen, wenn Steuersubjekte entweder vollständig aus der unbeschränkten Steuerpflicht ausscheiden oder – bei Fortbestehen der unbe-

---

[390] EuGH vom 20.10.2011, Rs. C-284/09, Kommission/Deutschland.
[391] Vgl. die Stellungnahme des Bundesrats zum JStG 2013 [Bundesrat (2012), BR-Drs. 302/12].

schränkten Steuerpflicht im Inland und gleichzeitiger Begründung der unbeschränkten Steuerpflicht im Ausland – Deutschland das Besteuerungsrecht infolge der Anwendung der „tie-breaker"-Regelung eines DBA verliert.[392] Zum anderen droht der Verlust von Besteuerungssubstrat, wenn Wirtschaftsgüter ins Ausland transferiert werden. Wie nachfolgende Ausführungen zeigen werden, erweist sich aus unionsrechtlicher Sicht nicht die Legitimität des Steueranspruchs als solches als problematisch, sondern vor allem die bei dessen Verwirklichung entstehenden Liquiditätsnachteile beim Steuerpflichtigen sowie die Berücksichtigung nachträglicher Entwicklungen des Wertes. Die in den letzten Jahren seitens des Gesetzgebers getroffenen Maßnahmen bestanden daher vor allem darin, die Verpflichtung zur Steuerentrichtung gänzlich aufzuschieben bzw. auf mehrere Jahre zu verteilen.

2.3.5.2   Wegzugsbesteuerung bei natürlichen Personen

Scheidet eine natürliche Person aus der unbeschränkten Steuerpflicht aus, kann dies zum Verlust des Rechts des deutschen Fiskus zur Besteuerung des Gewinns aus der Veräußerung einer Beteiligung an einer Kapitalgesellschaft führen. Zwar unterliegt die Veräußerung einer „substantiellen" Beteiligung an einer Kapitalgesellschaft i.S.d. § 17 dEStG durch einen Gebietsfremden gem. § 1 Abs. 4 i.V.m. § 49 Abs. 1 Nr. 2 lit. e) ff) dEStG der beschränkten Steuerpflicht, sofern diese ihren Sitz oder ihre Geschäftsleitung im Inland hat. Sieht jedoch ein zwischen Deutschland und dem Zuzugsstaat geschlossenes Abkommen zur Vermeidung der Doppelbesteuerung eine Art. 13 Abs. 5 OECD-MA entsprechende Regelung vor, sind die Gewinne aus der Anteilsveräußerung in Deutschland von der Besteuerung freigestellt. Zur Vermeidung des Verlusts an Steuersubstrat sah § 6 AStG a.F. vor, dass der bloße Wegzug einer Person die sofortige Versteuerung der stillen Reserven von Beteiligungen i.S.d. § 17 dEStG auslöst. Diese Rechtsfolge kann auch eintreten, wenn eine natürliche Person unter Beibehaltung der inländischen unbeschränkten Steuerpflicht in einem anderen Staat unbeschränkt steuerpflichtig und entsprechend Art. 4 Abs. 2 OECD-MA für Zwecke der Anwendung eines DBA als im anderen Staat ansässig behandelt wird.

Zu den wegweisenden Entscheidungen im Bereich der Wegzugsbesteuerung gehört das Urteil des EuGH in der Rs. C-9/02 („de Lasteyrie du Saillant").

Entscheidung des EuGH in der Rs. C-9/02 („de Lasteyrie du Saillant"):
Hughes de Lasteyrie du Saillant gab im Jahr 1998 seinen Wohnsitz in Frankreich auf und nahm seinen Wohnsitz in Belgien. Er wurde daher im Hinblick auf die Wertsteigerungen einer von ihm gehaltenen qualifizierten Beteiligung an einer französischen Kapitalgesellschaft der Besteuerung unterworfen. Der EuGH ging in seiner Entscheidung davon aus, dass in der französischen Regelung eine Beschränkung der Niederlassungsfreiheit zu sehen sei.[393] So liege in einer allein durch die Wohnsitzverlagerung ausgelöste Besteuerung nicht realisierter Wertsteigerungen eine Benachteiligung gegenüber ei-

---

[392] Die „tie-breaker"-Regelung eines DBA (vgl. Art. 4 Abs. 2 und 3 OECD-MA) regelt, welcher Staat bei doppelter Ansässigkeit einer Person als „Ansässigkeitsstaat" i.S. eines DBA anzusehen ist. Auf diese Weise können Besteuerungsansprüche eines Vertragsstaats eingeschränkt werden, obwohl die Person nach nationalem Recht als im Inland unbeschränkt steuerpflichtig anzusehen ist.

[393] EuGH vom 11.03.2004, Rs. C-9/02, de Lasteyrie du Saillant, Rn. 41-48.

ner Person, die ihren Wohnsitz in Frankreich beibehält, da jene insoweit nur steuerpflichtig würde, wenn und soweit die Wertsteigerungen tatsächlich realisiert worden wären. Diese unterschiedliche Behandlung sei geeignet, einen Steuerpflichtigen von einer solchen Wohnsitzverlegung abzuhalten.[394] Zu betonen ist, dass der EuGH nicht allein auf die Besteuerung als solche abstellt, sondern auch darauf, dass nicht realisiertes Einkommen nicht „verfügbar" sei.[395] Damit bezieht der EuGH auch Liquiditätsnachteile in seine Überlegungen ein. Konsequenterweise führt er aus, dass ein möglicher Zahlungsaufschub an strenge Voraussetzungen geknüpft sei zu denen u.a. die Leistung von Sicherheiten gehöre. Diese Sicherheiten *als solche* hätten eine beschränkende Wirkung, da sie den Steuerpflichtigen an der Nutzung der als Sicherheit geleisteten Vermögenswerte hinderten.[396]

Diese **Beschränkung der Niederlassungsfreiheit** war nach Auffassung des EuGH **nicht gerechtfertigt**, da die französische Regelung mit der Unterstellung, dass Steuerpflichtige, die ihren Wohnsitz ins Ausland verlegen, die Umgehung des französischen Steuerrechts beabsichtigen, weit über das hinausgehe, was zur Erreichung des mit ihm verfolgten Zieles erforderlich sei.[397] Denn latente Wertsteigerungen würden bei jedem Wohnsitzwechsel erfasst, unabhängig davon, ob sich der Steuerpflichtige dauerhaft oder bloß vorübergehend im Ausland niederlassen möchte.[398] Der EuGH erachtete die **Regelung** daher **nicht** als **erforderlich**; vielmehr hätte das **Ziel der Vermeidung einer Steuerumgehung** auch durch Maßnahmen erreicht werden können, die sich spezifisch gegen eine vorübergehende Wohnsitzverlegung richteten.[399]

Bemerkenswert ist, dass die französische Regierung die in Rede stehende Regelung nur auf die Vermeidung der Steuerflucht stützte. Auch der EuGH befasste sich folglich nur mit diesem Rechtfertigungsgrund.[400] Die Aussagen des EuGH in der Rs. „de Lasteyrie du Saillant" dürfen daher nicht unbesehen auf sämtliche Konstellationen der Besteuerung stiller Reserven übertragen werden. In anderen Entscheidungen befasste sich der EuGH dagegen auch mit Regelungen der Mitgliedstaaten, die darauf abzielen, nicht realisierte Wertzuwächse zum Zeitpunkt des Wegzugs des Steuerpflichtigen zu besteuern (siehe dazu sogleich zur Entscheidung in der Rs. „N").

---

[394] EuGH vom 11.03.2004, Rs. C-9/02, de Lasteyrie du Saillant, Rn. 46.
[395] EuGH vom 11.03.2004, Rs. C-9/02, de Lasteyrie du Saillant, Rn. 46.
[396] EuGH vom 11.03.2004, Rs. C-9/02, de Lasteyrie du Saillant, Rn. 47.
[397] EuGH vom 11.03.2004, Rs. C-9/02, de Lasteyrie du Saillant, Rn. 52.
[398] EuGH vom 11.03.2004, Rs. C-9/02, de Lasteyrie du Saillant, Rn. 52 f.
[399] EuGH vom 11.03.2004, Rs. C-9/02, de Lasteyrie du Saillant, Rn. 54.
[400] § 6 AStG soll zwar nach ausdrücklicher Begründung des Gesetzgebers nur deklaratorisch klarstellen, dass bei Personen die ins Ausland verziehen für wesentliche Beteiligungen auch ohne Veräußerung eine Steuerpflicht besteht, vgl. dazu BT-Drs. VI/2883, Tz. 75 f. Nach einhelliger Ansicht von Literatur und Rechtsprechung ist § 6 AStG aber nicht nur deklaratorischer Natur, sondern soll die in den Beteiligungen enthaltenen stillen Reserven bei Wegzug ins Ausland der Besteuerung unterwerfen und somit verhindern, dass Steuerpflichtige unter Ausnutzung des internationalen Steuergefälles mithilfe einer Verlagerung von Besteuerungssubstrat ungerechtfertigte Steuervorteile erlangen (vgl. *Wöhrle/Schelle/Gross* (2006), Rn. 4; *Kraft* (2009a), Rn. 1).

Entscheidung des EuGH in der Rs. C-470/04 („N")

In seiner Entscheidung in der Rs. C-470/04 („N") setzte sich der Gerichtshof mit den niederländischen Regelungen über die Wegzugsbesteuerung auseinander.[401] Nach diesen Regelungen unterliegt der Gewinn aus der Veräußerung von Anteilen, die zu einer wesentlichen Beteiligung gehören, der Besteuerung. Da der Veräußerung die Beendigung der Steuerpflicht als Gebietsansässiger in anderer Weise als durch Tod gleichgestellt wird, wurde N bei Verlagerung seines Wohnsitzes von den Niederlanden ins Vereinigte Königreich so behandelt, als habe er seine Anteile an drei Gesellschaften veräußert. Auf Antrag des N wurden diese Forderungen allerdings gestundet. Gemäß der nationalen Regelung, die zu dem im Ausgangsverfahren maßgeblichen Zeitpunkt galt, wurde die Stundung jedoch von der Leistung von Sicherheiten abhängig gemacht. N verpfändete daraufhin Teile seiner Anteile. Im Anschluss an die Entscheidung des EuGH in der Rs. „de Lasteyrie du Saillant" vertrat die niederländische Finanzverwaltung die Auffassung, dass die Stundung nicht mehr von einer Sicherheitsleistung abhängig gemacht werden könne, so dass die von N geleisteten Sicherheiten freigegeben wurden.

Der EuGH nahm aus den in der Rs. „de Lasteyrie du Saillant" genannten Gründen auch im Falle der niederländischen Wegzugsbesteuerung eine **Beschränkung der Niederlassungsfreiheit** an.[402] Im Hinblick auf die **Rechtfertigung** liegt der Schwerpunkt der Argumentation aber – anders als bei der Entscheidung in der Rs. „de Lasteyrie du Saillant" – nicht auf dem Ziel der Vermeidung der Steuerflucht, sondern auf dem Ziel der **Aufteilung der Besteuerungsbefugnisse** zwischen Mitgliedstaaten. Insoweit erkannte der EuGH an, dass die Regelungen der niederländischen Wegzugsbesteuerung ein im Allgemeininteresse liegendes Ziel verfolgten und geeignet seien, die Erreichung dieses Zieles zu gewährleisten.[403] Damit erachtete der EuGH zwar die Besteuerung als solche als gemeinschaftsrechtskonform, nicht aber ihre Durchführung. Insoweit führte der EuGH aus, dass die Verpflichtung zur Stellung von Sicherheiten zwar die Erhebung der Steuer vereinfache, aber über das hinausgehe, was unbedingt erforderlich sei, um die Funktionsfähigkeit und Wirksamkeit eines auf den Grundsatz der steuerlichen Territorialität gestützten Besteuerungssystems zu gewährleisten.[404] Als weniger einschränkende Mittel verwies der EuGH im Hinblick auf die Steuerfestsetzung auf die Amtshilfe und im Hinblick auf die Verwirklichung des Steueranspruchs auf die Beitreibungsrichtlinie.[405] Insoweit führt der EuGH seine Linie fort, etwaige Schwierigkeiten in der **verfahrensrechtlichen Zusammenarbeit** der Mitgliedstaaten nicht als rechtfertigend anzuerkennen.[406] Anzumerken ist, dass der EuGH in der Entscheidung in der Rs. „X & Y" eine Regelung, die eine Kaution oder sonstige Garantien, um im Falle eines endgültigen Wegzugs ins Ausland die Steuerzahlung zu gewährleisten, als weniger beeinträchti-

---

[401]   EuGH vom 07.09.2006, Rs. C-470/04, N.
[402]   EuGH vom 07.09.2006, Rs. C-470/04, N, Rn. 35.
[403]   EuGH vom 07.09.2006, Rs. C-470/04, N, Rn. 41-47.
[404]   EuGH vom 07.09.2006, Rs. C-470/04, N, Rn. 51.
[405]   EuGH vom 07.09.2006, Rs. C-470/04, N, Rn. 52 f.
[406]   Vgl. auch EuGH vom 02.05.2006, Rs. C-196/04, Cadbury Schweppes, Rn. 71.

gende Maßnahme anerkannte (vgl. hierzu 2.2.2.6 zum Rechtfertigungsgrund der Kohärenz).[407]

Bemerkenswert ist die Auffassung des EuGH, dass überdies nur ein solches System zur Beitreibung der Steuer auf den Ertrag von Wertpapieren als verhältnismäßig gegenüber dem verfolgten Ziel angesehen werden könne, das die Wertminderungen, die möglicherweise nach der Verlegung des Wohnsitzes des betroffenen Steuerpflichtigen eingetreten sind, im Wegzugsstaat vollständig berücksichtigt, soweit sie nicht bereits im Aufnahmemitgliedstaat berücksichtigt worden sind.[408]

Zur Rechtslage in Deutschland: Die in § 6 AStG enthaltene Regelung über die Besteuerung nicht realisierter Wertzuwächse wurde **in jüngerer Vergangenheit mehrfach geändert**. § 6 AStG in seiner gegenwärtigen Fassung hält grundsätzlich an der Besteuerung der Wertzuwächse bei natürlichen Personen, die insgesamt mindestens zehn Jahre nach § 1 Abs. 1 dEStG unbeschränkt steuerpflichtig waren, fest (Abs. 1). Beruht die Beendigung der unbeschränkten Steuerpflicht allerdings auf vorübergehender Abwesenheit und wird der Steuerpflichtige innerhalb von fünf (in besonderen Fällen auch bis zu zehn) Jahren seit Beendigung der unbeschränkten Steuerpflicht wieder unbeschränkt steuerpflichtig, so entfällt dieser Steueranspruch. Voraussetzung ist u.a., dass die Anteile zwischenzeitlich nicht veräußert wurden und der Steuerpflichtige im Zeitpunkt der (erneuten) Begründung der unbeschränkten Steuerpflicht nicht nach einem Doppelbesteuerungsabkommen als in einem ausländischen Staat ansässig gilt, da ansonsten das Besteuerungsrecht Deutschlands i.d.R. weiterhin beschränkt wäre. Abs. 4 sieht vor, dass die geschuldete Einkommensteuer auf Antrag in regelmäßigen Teilbeträgen für einen Zeitraum von höchstens fünf Jahren seit Eintritt der ersten Fälligkeit gegen Sicherheitsleistung zu stunden ist, wenn ihre alsbaldige Einziehung mit erheblichen Härten für den Steuerpflichtigen verbunden wäre.

§ 6 Abs. 5 AStG sieht darüber hinaus in Folge der Entscheidung des EuGH in der Rs. „N" weitergehende Erleichterungen vor, wenn der Steuerpflichtige Staatsangehöriger eines EU/EWR-Mitgliedstaates ist *und* nach Beendigung der unbeschränkten Steuerpflicht in Deutschland in einem EU/EWR-Mitgliedstaat (Zuzugsstaat) einer der deutschen unbeschränkten Einkommensteuerpflicht vergleichbaren Steuerpflicht unterliegt. In diesen Fällen wird der Wertzuwachs zwar auch besteuert, doch ist die **Steuer zinslos und ohne Sicherheitsleistung zu stunden**. Voraussetzung ist, dass die Amtshilfe und die gegenseitige Unterstützung bei der Beitreibung der geschuldeten Steuer zwischen der Bundesrepublik Deutschland und diesem Staat gewährleistet sind. Ist der Veräußerungsgewinn im Zeitpunkt der Beendigung der Stundung niedriger als der ursprünglich zu versteuernde Vermögenszuwachs und wird die Wertminderung bei der Einkommensbesteuerung durch den Zuzugsstaat nicht berücksichtigt, ist der Steuerbescheid insoweit aufzuheben oder zu ändern. Dies gilt allerdings nur, soweit der Steuerpflichtige nachweist, dass die Wertminde-

---

407 EuGH vom 21.11.2002, Rs. C-436/00, X & Y, Rn. 59.
408 EuGH vom 07.09.2006, Rs. C-470/04, N, Rn. 54. Damit wird das Risiko der Nichtberücksichtigung im Zuzugsstaat dem ehemaligen Ansässigkeitsstaat überantwortet.

rung betrieblich veranlasst ist und nicht auf eine gesellschaftsrechtliche Maßnahme, insbesondere eine Gewinnausschüttung, zurückzuführen ist.

2.3.5.3 Wegzugs- bzw. Liquidationsbesteuerung bei Kapitalgesellschaften

Ähnlich wie der Wegzug natürlicher Personen stellt auch der Wegzug von Kapitalgesellschaften die nationalen Steuergesetzgeber vor das Problem, einerseits die Besteuerung stiller Reserven sicherzustellen, zugleich aber eine mit der Niederlassungsfreiheit vereinbare Regelung zu treffen. Auch hier meint „Wegzug" nicht nur die Beendigung der unbeschränkten Steuerpflicht i.S.d. § 1 Abs. 1 dKStG, sondern u.U. auch die bloße Verlegung des Verwaltungssitzes mit der Folge, dass die Kapitalgesellschaft in Deutschland zwar unbeschränkt körperschaftsteuerpflichtig bleibt, jedoch entsprechend Art. 4 Abs. 3 OECD-MA für Zwecke der Anwendung eines DBA als im anderen Staat ansässig angesehen wird, so dass Deutschland u.U. Besteuerungsansprüche verliert.

In Deutschland sah § 12 Abs. 1 dKStG a.F.[409] für den Fall, dass eine unbeschränkt steuerpflichtige Körperschaft oder Vermögensmasse ihre Geschäftsleitung und/oder ihren Sitz ins Ausland verlegt und infolgedessen aus der unbeschränkten Steuerpflicht ausscheidet, vor, dass § 11 dKStG, der die Auflösung und Abwicklung bestimmter Körperschaftsteuersubjekte betrifft, entsprechend anzuwenden ist. Konsequenz war, dass es zu einer Aufdeckung der stillen Reserven der Kapitalgesellschaft in Höhe der Differenz zwischen Buchwert und gemeinem Wert der Wirtschaftsgüter kam.

Die **gegenwärtige Fassung des § 12 dKStG** sieht demgegenüber eine differenziertere Regelung vor, die deutlich zwischen Sachverhalten mit Bezug zu EU-/EWR-Mitgliedstaaten einerseits und Drittstaaten andererseits unterscheidet. So ist gemäß § 12 Abs. 3 Satz 1 dKStG weiterhin § 11 dKStG anzuwenden, wenn eine Körperschaft, Vermögensmasse oder Personenvereinigung ihre Geschäftsleitung oder ihren Sitz ins Ausland verlegt, doch setzt diese Bestimmung voraus, dass sie infolge der Verlegung aus der unbeschränkten Steuerpflicht in einem EU/EWR-Mitgliedstaat ausscheidet. Auf diese Weise sollen Verlegungen innerhalb der EU und des EWR und zwischen der EU und dem EWR vom Anwendungsbereich des § 12 Abs. 3 dKStG ausgenommen werden.[410] Die zuvor in § 12 Abs. 1 dKStG a.F. enthaltene uneingeschränkte sofortige Aufdeckung stiller Reserven findet somit nur noch beim Wegzug in Drittstaaten Anwendung. Im Übrigen gilt § 12 Abs. 1 dKStG. Dieser knüpft nicht an den „Wegzug" eines Körperschaftsteuersubjekts als solches an, sondern an die Überführung von Wirtschaftsgütern. Wird bei einem Körperschaftsteuersubjekt das Besteuerungsrecht Deutschlands hinsichtlich des Gewinns aus der Veräußerung oder der Nutzung eines Wirtschaftsguts ausgeschlossen oder beschränkt – unabhängig davon, ob das Besteuerungsrecht aufgrund einer unbeschränkten oder beschränkten Körperschaftsteuerpflicht besteht[411] –, so gilt dies gem. § 12 Abs. 1 Satz 1 dKStG als Veräußerung oder

---

[409]　Gültig bis zum 07.12.2006 (geändert durch SEStEG vom 07.12.2006, BGBl. I 2006, 2782).
[410]　Hofmeister (2011), § 12 Rn. 94.
[411]　Hofmeister (2011), § 12 Rn. 32.

Überlassung des Wirtschaftsguts zum gemeinen Wert und löst – wie auch § 4 Abs. 1 Satz 3 dEStG – die **zeitlich gestreckte Besteuerung stiller Reserven** aus.

Insbesondere die Entscheidung des EuGH in der Rs. „N" hat deutlich gemacht, dass der EuGH das Recht der Mitgliedstaaten zur **Besteuerung** der in ihrem Hoheitsgebiet entstandenen **stillen Reserven prinzipiell anerkennt**. Aus Sicht der Grundfreiheiten problematisch ist daher weniger die Besteuerung als solche als vielmehr ihre Durchführung.

Entscheidung des EuGH in der der Rs. C-371/10 („National Grid Indus")
In seiner Entscheidung vom 29. November 2011 in der der Rs. C-371/10 („National Grid Indus") setzte sich der EuGH mit den niederländischen Regelungen über die Wegzugsbesteuerung bei Kapitalgesellschaften auseinander. Im der Entscheidung zugrundeliegenden Fall hatte die nach niederländischem Recht in Form der Besloten Vennootshap (BV; entspricht der deutschen GmbH) gegründete National Grid Indus ihren tatsächlichen Verwaltungssitz von den Niederlanden in das Vereinigte Königreich verlegt. National Grid Indus verfügte über eine seit geraumer Zeit bestehende, auf britische Pfund Sterling lautende Forderung gegen eine britische Gesellschaft. Zum Zeitpunkt der Verlegung des Verwaltungssitzes war im Hinblick auf diese Forderung ein erheblicher, nicht realisierter Kursgewinn entstanden. Zwar blieb National Grid Indus weiterhin in den Niederlanden unbeschränkt steuerpflichtig, das Recht zur Besteuerung der Unternehmensgewinne (und damit auch des Kursgewinns) stand den Niederlanden aber entsprechend Art. 7 Abs. 1; 4 Abs. 3 OECD-MA nicht mehr zu. National Grid Indus wurde daraufhin mit dem nicht realisierten Kursgewinn in den Niederlanden der Besteuerung unterworfen.

Der EuGH sah in den Regelungen der niederländischen Wegzugsbesteuerung eine **Beschränkung der Niederlassungsfreiheit.** So führe die unterschiedliche Behandlung von nach niederländischem Recht gegründeten Gesellschaften, die ihren tatsächlichen Verwaltungssitz in einen anderen Mitgliedstaat verlegen, gegenüber solchen Gesellschaften, die ihren tatsächlichen Verwaltungssitz innerhalb des niederländischen Hoheitsgebiets verlegen, zu einer Besteuerung nichtrealisierter Wertzuwächse und damit einem Liquiditätsnachteil, der Gesellschaften nach niederländischem Recht davon abhalten könne, ihren Sitz in einen anderen Mitgliedstaat zu verlegen.[412] Im Hinblick auf die **Rechtfertigung** erkennt der EuGH wie bereits in der Rs. „N" **im Grundsatz** an, dass der Wegzugsstaat die in einem Wirtschaftsgut gespeicherten **stillen Reserven besteuern** darf. Wörtlich führt der EuGH hierzu aus: „Die Verlegung des tatsächlichen Verwaltungssitzes einer Gesellschaft eines Mitgliedstaats in einen anderen Mitgliedstaat kann nicht bedeuten, dass der Herkunftsmitgliedstaat auf sein Recht zur Besteuerung eines Wertzuwachses, der im Rahmen seiner Steuerhoheit vor dieser Verlegung erzielt wurde, verzichten muss."[413]

---

[412] EuGH vom 29.11.2011, Rs. C-371/10, National Grid Indus, Rn. 37, 41 unter Verweis auf EuGH vom 11.03.2004, Rs. C-9/02, De Lasteyrie du Saillant, Rn. 46 und EuGH vom 07.09.2006, Rs. C-470/04, N, Rn. 35.

[413] EuGH vom 29.11.2011, Rs. C-371/10, National Grid Indus, Rn. 46 unter Verweis auf EuGH vom

Weiterhin führte der EuGH aus, die Regelung der niederländischen Wegzugsbesteuerung sei geeignet, die Wahrung der Aufteilung der Besteuerungsbefugnis zwischen den betreffenden Mitgliedstaaten zu gewährleisten.[414] Hinsichtlich der Verhältnismäßigkeit dieser Regelung differenzierte der EuGH – wie auch in der Rs. „N" – zwischen der Festsetzung des Steuerbetrags und dessen Einziehung. Im Hinblick auf die **Festsetzung des Steuerbetrags** sah es der EuGH im Gegensatz zur Rs. „N"[415] nicht als unverhältnismäßig an, dass der niederländischen Regelung zufolge Wertminderungen[416], die nach der Verlegung eintreten, unberücksichtigt bleiben.[417] Zur Begründung stellt der EuGH maßgeblich auf den Gesichtspunkt der Symmetrie ab: So würden die Gewinne der Gesellschaft nach der Verlegung nur im Aufnahmemitgliedstaat besteuert, der wegen der Symmetrie zwischen dem Recht zur Besteuerung der Gewinne und der Möglichkeit, Verluste in Abzug zu bringen, in seinem Steuersystem Wertschwankungen der Vermögenswerte der betreffenden Gesellschaft zu berücksichtigen habe, die ab dem Zeitpunkt des Wegzugs aus dem Herkunftsmitgliedstaat aufgetreten seien.[418] Dass eine Wertminderung durch den Aufnahmemitgliedstaat eventuell nicht berücksichtigt werde, verpflichte den Herkunftsmitgliedstaat nicht, zum Zeitpunkt der Realisierung der betreffenden Vermögenswerte eine Steuerschuld neu zu bewerten, die zur Zeit des Wegzugs endgültig bestimmt wurde.[419] Im Hinblick auf die Unbeachtlichkeit der Rechtslage im Zuzugsstaat folgt der EuGH damit dem in der Entscheidung in der Rs. „Deutsche Shell" eingeschlagenen und in der Rs. „Krankenheim Wannsee-Seniorenheimstatt" fortgeführten Weg (vgl. 2.3.2.5).

Im Hinblick auf die **Verhältnismäßigkeit der sofortigen Einziehung** der Steuer zum Zeitpunkt der Verlegung des tatsächlichen Verwaltungssitzes folgt der EuGH der Linie, die er bereits in seinen Entscheidungen in den Rs. „de Lasteyrie du Saillant" und „N" eingeschlagen hat. Hierzu stellt der EuGH fest, dass die **Nachverfolgung** der Vermögensgegenstände, bei denen ein Wertzuwachs im Zeitpunkt der Sitzverlegung festgestellt worden sei, einer Gesellschaft, die sich für die aufgeschobene Zahlung dieser Steuern entscheide[420], keinen übermäßigen Verwaltungsaufwand bereite. Daher könne der Aufwand, der auf der Steuerverwaltung des Herkunftsmitgliedstaats laste und der mit der Kontrolle der Erklärungen hinsichtlich einer solchen Nachverfolgung verbun-

---

      12.12.2006, Rs. C-374/04, Test Claimants in Class IV of the ACT Group Litigation, Rn. 59; im Übrigen wiederholt der EuGH seine in der Rs. „N" getätigten Ausführungen unter Verweis auf ebendiese, vgl. Rn. 46.

[414] EuGH vom 29.11.2011, Rs. C-371/10, National Grid Indus, Rn. 47.

[415] Vgl. EuGH vom 07.09.2006, Rs. C-470/04, N, Rn. 54.

[416] Zwar entfällt durch die Verlegung des tatsächlichen Verwaltungssitzes von National Grid Indus in das Vereinigte Königreich das Kursrisiko für die im auf Pfund Sterling lautende Forderung, jedoch könnte sich die Werthaltigkeit dieser Forderung verändern.

[417] EuGH vom 29.11.2011, Rs. C-371/10, National Grid Indus, Rn. 56, 64.

[418] EuGH vom 29.11.2011, Rs. C-371/10, National Grid Indus, Rn. 58.

[419] EuGH vom 29.11.2011, Rs. C-371/10, National Grid Indus, Rn. 61.

[420] Zum Wahlrecht zwischen sofortiger und aufgeschobener Besteuerung siehe EuGH vom 29.11.2011, Rs. C-371/10, National Grid Indus, Rn. 70-73.

den sei, auch nicht als übermäßig eingestuft werden.[421] Zweifel an der Fähigkeit des Herkunftsstaates, die Richtigkeit der Angaben der Gesellschaft zu überprüfen, lässt der EuGH – wiederum unter Verweis auf Art. 4 Abs. 1 der Beitreibungsrichtlinie[422] – nicht gelten.[423] Im Hinblick auf die Gefahr der Nichteinziehung der Steuer führt der EuGH aus, diesem Risiko könne der fragliche Mitgliedstaat im Rahmen seiner für aufgeschobene Zahlungen von Steuerschulden geltenden nationalen Regelung durch Maßnahmen wie der Stellung einer Bankgarantie begegnen.[424]

Im Ergebnis wird durch die an die Verhältnismäßigkeit der Steuererhebung zu stellenden Anforderungen die faktische Möglichkeit zur Besteuerung stiller Reserven insoweit eingeschränkt, als ein tatsächlicher **Besteuerungszugriff weiterhin nur im Realisationsfall erfolgen darf**.

Wie beim Wegzug natürlicher oder juristischer Personen besteht auch beim **Transfer von Wirtschaftsgütern ins Ausland** die Gefahr, dass stille Reserven der Besteuerung in Deutschland entzogen werden. In Deutschland ist diese Problematik eng mit der sog. Theorie der finalen Entnahme verbunden. Nach der mittlerweile aufgegebenen Rechtsprechung des BFH lag eine Entnahme i.S.d. § 4 Abs. 1 S. 2 dEStG auch vor, wenn ein Steuerpflichtiger ein Wirtschaftsgut aus dem inländischen Betrieb in eine ausländische Betriebsstätte überführte, da nach Auffassung des BFH Deutschland dadurch das Besteuerungsrecht aufgrund der Bestimmung der von Deutschland geschlossenen Doppelbesteuerungsabkommen verlöre.[425] Dieser Rechtsprechung ist entgegengehalten worden, dass das Besteuerungsrecht Deutschlands für im Inland entstandene stille Reserven bei Überführung des Wirtschaftsguts in eine ausländische Betriebsstätte nicht verloren geht.[426] Nachdem der BFH die Theorie der finalen Entnahme durch Entscheidung vom 17. Juli 2008 aufgegeben hatte,[427] kodifizierte der Gesetzgeber das zentrale Element dieser Theorie in § 4 Abs. 1 Satz 3 dEStG. Dieser sieht seitdem vor, dass einer Entnahme für betriebsfremde Zwecke der Ausschluss oder die Beschränkung des Besteuerungsrechts der Bundesrepublik Deutschland hinsichtlich des Gewinns aus der Veräußerung oder der Nutzung eines Wirtschaftsguts gleichsteht. Dem Einwand, dass das Besteuerungsrecht Deutschlands für im Inland entstandene stille Reserven bei Überführung des Wirtschaftsguts ins Ausland nicht verloren geht, begegnete der Gesetzgeber durch Einfügung des § 4 Abs. 3 Satz 4 dEStG, demzufolge ein Ausschluss oder eine Beschränkung des Besteuerungsrechts hinsichtlich des Gewinns aus der Veräußerung eines Wirtschaftsguts insbesondere vorliegt, wenn ein bisher einer inländischen Betriebsstätte des Steuerpflichtigen zuzuordnendes Wirtschaftsgut einer ausländischen Betriebsstätte zuzuordnen ist.

---

[421] EuGH vom 29.11.2011, Rs. C-371/10, National Grid Indus, Rn. 77.
[422] Beitreibungsrichtlinie (2008), ABl. 2008, L 150/28.
[423] EuGH vom 29.11.2011, Rs. C-371/10, National Grid Indus, Rn. 78.
[424] EuGH vom 29.11.2011, Rs. C-371/10, National Grid Indus, Rn. 74.
[425] Vgl. BFH, Urteil vom 16.07.1969, I 266/65, BStBl II 1970, 175 (176).
[426] Vgl. *Schaumburg* (2011), Rn. 18.49; *Mick/Dykmans* (2012), Rn. 8.141.
[427] BFH, Urteil vom 07.07.2008, I R 77/06, IStR 2008, 814 ff.

Eine Parallelregelung hat der Gesetzgeber in § 12 Abs. 2 Satz 1 dKStG getroffen, der die entsprechende Anwendung der § 4 Abs. 1 Satz 5, § 4g und § 15 Abs. 1a dEStG vorsieht. § 12 Abs. 2 Satz 2 dKStG sieht – in Übereinstimmung mit § 4 Abs. 1 Satz 4 dEStG – vor, dass ein Ausschluss oder eine Beschränkung des Besteuerungsrechts hinsichtlich des Gewinns aus der Veräußerung eines Wirtschaftsguts insbesondere vorliegt, wenn ein bisher einer inländischen Betriebsstätte einer Körperschaft, Personenvereinigung oder Vermögensmasse zuzuordnendes Wirtschaftsgut einer ausländischen Betriebsstätte dieser Körperschaft, Personenvereinigung oder Vermögensmasse zuzuordnen ist.

Da die Zuordnung eines Wirtschaftsguts zu einer anderen Betriebsstätte innerhalb Deutschlands keine steuerpflichtige Entnahme darstellt, liegt es auf der Hand, dass die genannten Regelungen isoliert betrachtet eine Beschränkung der Niederlassungsfreiheit darstellen. Allerdings hat der EuGH das Ziel, im Inland entstandene stille Reserven auch im Inland zu besteuern, ausdrücklich anerkannt.

Beispiel:

Die A-GmbH überführt ein Wirtschaftsgut des Anlagevermögens aus ihrer deutschen Betriebsstätte in eine portugiesische Betriebsstätte. Das Wirtschaftsgut ist auf einen Erinnerungswert von € 1 abgeschrieben; der Marktwert liegt deutlich höher. Wird das Wirtschaftsgut in Portugal zur Wertschöpfung eingesetzt und verbraucht, sind die durch den Einsatz des Vermögensgegenstands in Portugal erzielten Gewinne in Deutschland nach DBA (entsprechend Art. 7 Abs. 1 Satz 2 i.V.m. Art. 23 A Abs. 1 OECD-MA) steuerfrei. § 4 Abs. 3 Satz 3 dEStG stellt hier die Besteuerung der stillen Reserven in Deutschland sicher.

Als problematisch erweist sich damit nicht der Zweck der Wahrung des Besteuerungssubstrats als vielmehr die mit der Besteuerung zum Zeitpunkt des Wegzugs verbundenen Liquiditätsnachteile. Der Gesetzgeber hat versucht, diese Problematik bei Überführung von Wirtschaftsgütern ins Ausland dadurch zu lösen, dass er in § 4g dEStG die Bildung eines Ausgleichspostens für den Fall vorgesehen hat, dass ein Wirtschaftsgut infolge seiner Zuordnung zu einer Betriebsstätte desselben Steuerpflichtigen in einem anderen Mitgliedstaat der EU gemäß § 4 Abs. 1 Satz 3 dEStG als entnommen gilt. Dieser Ausgleichsposten ist gem. § 4g Abs. 2 Satz 1 dEStG im Wirtschaftsjahr der Bildung und in den vier folgenden Wirtschaftsjahren zu jeweils einem Fünftel gewinnerhöhend aufzulösen. Damit wird die Besteuerung des aus der fiktiven Entnahme resultierenden Gewinns auf fünf Jahre verteilt. Auch diese Regelung begegnet allerdings unionsrechtlichen Bedenken.[428]

---

[428] Vgl. *Heinicke* (2012b), Rn. 1; Brinkmann/Reiter (2012), DB 2012, 16 ff.

2.3.6   Ertragsteuerliche Folgen der Fremdkapitalfinanzierung bei Körperschaften

Auch der praktisch sehr bedeutsame Bereich der Finanzierung einer Körperschaft durch Fremdkapital ist durch die Rechtsprechung des EuGH geprägt worden. Im Vordergrund stehen dabei Urteile zu Bestimmungen, welche die steuerliche Berücksichtigung des Finanzierungsaufwandes beschränken.

2.3.6.1   Fremdfinanzierung als Instrument der internationalen Steuerplanung

Nach dem Grundsatz der Finanzierungsfreiheit ist es Gesellschaften selbst überlassen, sich durch Eigen- und/oder durch Fremdkapital zu finanzieren.

Bei einer Eigenkapitalfinanzierung erfolgt zunächst eine Besteuerung des auf Ebene der Gesellschaft erwirtschafteten Gewinns und bei einer anschließenden Gewinnausschüttung eine zusätzliche Besteuerung auf der Ebene der Anteilseigner. Da es für die Ermittlung des Einkommens gem. § 8 Abs. 3 Satz 1 dKStG ohne Bedeutung ist, ob das Einkommen verteilt wird, mindert die Ausschüttung den Gewinn der Gesellschaft nicht. Bei einer Fremdkapitalfinanzierung mindern die Zinsaufwendungen zwar als betrieblicher Aufwand das Einkommen der fremdfinanzierten Körperschaft, allerdings stellen die Zinszahlungen beim Empfänger ebenso steuerpflichtige Erträge dar wie der Bezug von Dividenden. Die Fremdfinanzierung verlagert somit einen Teil der Steuerlast von der Gesellschaft auf den Gesellschafter. Unter ertragsteuerlichen Gesichtspunkten ergeben sich somit bei einem rein inländischen Sachverhalt allenfalls marginale Unterschiede zwischen einer eigen- und einer fremdkapitalfinanzierten Körperschaft.

Bei grenzüberschreitenden Sachverhalten liegen die Dinge dagegen anders. Hier erweist sich die Möglichkeit, eine Gesellschaft in erheblichem Maße mit Fremdkapital auszustatten, als Instrument, um innerhalb eines Konzerns Einkünfte aus einem Staat in einen anderen Staat zu verlagern. So kann die Finanzierung einer Körperschaft durch Fremdkapital, das ihr durch eine mit ihr verbundene Körperschaft zur Verfügung gestellt wird, unter Berücksichtigung eines grenzüberschreitenden Steuergefälles steuermindernd genutzt werden: Während der im Ansässigkeitsstaat der das Darlehen empfangenden Körperschaft erwirtschaftete Gewinn durch die Zinszahlungen gemindert wird, erhöht sich der Gewinn im Ansässigkeitsstaat der das Darlehen gewährenden Körperschaft. Dabei liegt die Ertragsteuererbelastung im zuletzt genannten Staat typischerweise deutlich niedriger als im erstgenannten Staat.

Aus Sicht des Gesetzgebers besteht daher namentlich bei grenzüberschreitenden Sachverhalten die Notwendigkeit, die (konzerninterne) Finanzierungsfreiheit einer Körperschaft durch eine Begrenzung der steuerlichen Abzugsfähigkeit von Vergütungen für Fremdkapital einzuschränken. Hinzuweisen ist in diesem Zusammenhang auch auf die oben (vgl. 2.3.3.2) dargestellte Entscheidung des EuGH in der Rs. „Cadbury Schweppes". Diese betraf zwar die britische Hinzurechnungsbesteuerung, doch stand im Hintergrund der Entschei-

dung die steuerplanerische Entscheidung des „Cadbury Schweppes"-Konzerns, die konzerninterne Fremdfinanzierung über eine niedrig besteuerte Gesellschaft in Irland abzuwi-
ckeln.

2.3.6.2 Entscheidung des EuGH in der Rs. C-324/00 („Lankhorst-Hohorst")

Zugrundeliegende deutsche Rechtslage: Nach dem durch das Standortsicherungsgesetz
1992 eingeführten § 8a dKStG (a.F.) konnten (Zins-) Aufwendungen für eine Fremdfinanzierung nicht als Betriebsausgaben steuermindernd geltend gemacht werden, wenn einer in
Deutschland unbeschränkt steuerpflichtigen Körperschaft durch einen wesentlich (d.h. zu
mehr als 25 %) beteiligten ausländischen Gesellschafter Fremdkapital zur Verfügung gestellt wurde und ein bestimmtes Fremd-/Eigenkapitalverhältnis bei der Gesellschaft vorlag.
§ 8a Abs. 1 Satz 1 dKStG (a. F.) sah für diesen Fall vor, dass die von der Gesellschaft an den
wesentlich beteiligten Gesellschafter gezahlten Fremdkapitalvergütungen als verdeckte
Gewinnausschüttungen qualifiziert und dem Gewinn der fremdfinanzierten Gesellschaft
wieder hinzugerechnet wurden.[429]

Sachverhalt: Alleiniger Gesellschafter der Lankhorst-Hohorst GmbH mit Sitz in Deutschland war die niederländische Lankhorst-Hohorst BV, deren Anteile wiederum zu 100 %
durch die niederländische Lankhorst Taselaar BV gehalten wurden. 1996 gewährte die
Lankhorst Taselaar BV der GmbH ein Darlehen. Nach § 8a Abs. 1 Satz 1 dKStG (a.F.) waren
die von der GmbH an die Lankhorst Taselaar BV gezahlten Darlehenszinsen als verdeckte
Gewinnausschüttungen zu qualifizieren und konnten daher nicht von der GmbH als Betriebsausgaben steuermindernd gelten gemacht werden.

Entscheidung des EuGH: Der EuGH entschied, dass die Regelung des § 8a dKStG (a.F.) die
Niederlassungsfreiheit beschränke, da die eingeschränkte Berücksichtigung des Fremdfi-
nanzierungsaufwandes nach § 8a dKStG (a.F.) nur Anwendung fand, wenn die Finanzierung durch einen wesentlich beteiligten Gesellschafter erfolgte, der in Deutschland nicht
unbeschränkt steuerpflichtig war. § 8a dKStG (a.F.) bewirkte daher nach Ansicht des EuGH
in Bezug auf die Besteuerung von Zinsen, die Tochtergesellschaften an ihre Muttergesellschaften als Vergütung für Fremdkapital zahlen, eine unterschiedliche Behandlung gebietsansässiger Tochtergesellschaften, je nachdem, ob ihre Muttergesellschaft ihren Sitz in
Deutschland hat oder nicht.[430] Die Regelung mache daher den Erwerb, die Gründung oder
die Beibehaltung einer Tochtergesellschaft in Deutschland weniger attraktiv.[431]

Nach der Ansicht des EuGH war die Regelung des § 8a dKStG (a.F.) insbesondere **nicht
dadurch gerechtfertigt, dass sie dazu diente, mögliche Steuerumgehungen zu bekämpfen.** Die Gefahr einer Steuerumgehung sei zwar ein anzuerkennender Rechtfertigungsgrund, es bestehe zudem auch die Möglichkeit, dass internationale Konzerne über eine

---

[429] Vgl. hierzu *Bartone* (2001).
[430] EuGH vom 12.12.2002, Rs. C-324/00, Lankhorst-Hohorst, Rn. 27.
[431] EuGH vom 12.12.2002, Rs. C-324/00, Lankhorst-Hohorst, Rn. 32.

Fremdkapitalfinanzierung durch die Muttergesellschaft die Gewinne einer Tochtergesellschaft in Form von Zinsen auf die Muttergesellschaft übertragen und dadurch die Steuerschuld der Tochtergesellschaft unter Ausnutzung eines grenzüberschreitenden Steuergefälles steuergünstig in ein anderes Land verlagerten.[432] Allerdings sei § 8a dKStG (a.F.) nicht speziell darauf ausgerichtet, die Abzugsfähigkeit nur bei rein künstlichen Konstruktionen, die darauf ausgerichtet seien, der Anwendung des deutschen Steuerrechts zu entgehen, zu versagen, sondern erfasse in unverhältnismäßiger Weise generell jede Situation, in der die Muttergesellschaft ihren Sitz außerhalb der Bundesrepublik Deutschland habe.[433]

2.3.6.3   Konsequenzen für die Rechtslage in Deutschland

Das Urteil des EuGH führte zur Nichtanwendbarkeit des § 8a dKStG (a.F.) in Fällen mit EU-/EWR-Bezug. Zudem betraf das Urteil auch viele andere europäische Staaten, die überwiegend dem § 8a dKStG (a.F.) ähnliche Regelungen („thin capitalisation rules") in ihren Steuergesetzen vorsahen. Der deutsche Gesetzgeber änderte mit Wirkung zum 1. Januar 2004 § 8a dKStG (a.F.) dahingehend, dass die Beschränkung einer Geltendmachung von Fremdfinanzierungsaufwand gleichermaßen auf unbeschränkt und beschränkt steuerpflichtige (wesentlich beteiligte) Gesellschafter Anwendung fand. Durch diese Ausdehnung des Anwendungsbereichs des § 8a dKStG (a.F.) auf inländische Anteilseigner erhöhte sich die Zahl der betroffenen Fremdfinanzierungen erheblich. Die Regelung zur Gesellschafterfremdfinanzierung nach § 8a dKStG (a.F.) wurde im Rahmen des UntStRefG 2008 durch die sog. Zinsschrankenregelung des § 8a dKStG i.V.m. § 4h dEStG ersetzt. Der Anwendungsbereich des § 8a dKStG umfasst nunmehr nicht nur Aufwendungen für Fremdkapital von wesentlich beteiligten Gesellschaftern, sondern ordnet an, dass Zinsaufwendungen einer Körperschaft generell nur noch beschränkt abzugsfähig sind. § 4h dEStG erfasst neben der Verweisung in § 8a dKStG zwar auch Personengesellschaften, allerdings können Zinszahlungen einer Personengesellschaft an einen ihrer Gesellschafter gemäß § 15 Abs. 1 Satz 1 Nr. 2 dEStG ohnehin als Sondervergütungen nicht gewinnmindernd in Ansatz gebracht werden, sodass der Hauptanwendungsbereich der Zinsschrankenregelung im Körperschaftsteuerrecht liegt. Hier ordnet § 8a dKStG i.V.m. § 4h Abs. 1 Satz 1 dEStG an, dass die den eigenen Zinsertrag desselben Wirtschaftsjahres übersteigenden Zinsaufwendungen einer Körperschaft (der negative Zinssaldo) nur bis zu 30 % des steuerlichen EBITDA abzugsfähig sind. Diesbezüglich sieht § 4h Abs. 2 dEStG einige Ausnahmen – insbesondere eine Freigrenze („Fallbeileffekt") für ein negatives Zinssaldo von 3 Millionen Euro – vor. Der generelle Betriebsausgabenabzug für tatsächlich angefallene Zinsaufwendungen nach § 8a dKStG i.V.m. § 4h dEStG verstößt möglicherweise gegen das objektive Nettoprinzip. Dementsprechend äußerte auch der BFH mit Beschluss vom 13. März 2012 (zumindest bezüglich eines Teils der Zinsschrankenregelung („Stand-alone"- Klausel des § 4h Abs. 2 Nr. 2 dEStG) verfassungsrechtliche Bedenken.[434] Die Zinsschrankenregelung stellt sich somit als verfassungsrechtlich bedenkliche generelle Beschränkung von tatsächlichen Zinsaufwendungen dar. Diesbezüglich ist darauf hinzuweisen, dass der EuGH in der Rs. C-

---

[432]   EuGH vom 12.12.2002, Rs. C-324/00, Lankhorst-Hohorst, Rn. 34.
[433]   EuGH vom 12.12.2002, Rs. C-324/00, Lankhorst-Hohorst, Rn. 37.
[434]   BFH, Beschluss vom 13.03.2012, I B 111/11, DStRE 2012, 716.

524/04 („Test Claimants in the Thin Cap Group Litigation") zwar grundsätzlich bestätigt hat, dass eine allein auf grenzüberschreitende Fälle anwendbare, generelle Regelung zur Begrenzung von Fremdkapitalfinanzierungen bei Körperschaften (wie § 8a dKStG a.F.) unionsrechtswidrig sei, dass aber eine auf Auslandssachverhalte begrenzte Missbrauchsvermeidungsvorschrift durchaus als unionsrechtskonform angesehen werden könne.[435]

2.3.7   Buchführungs- und Mitwirkungspflichten

Buchführungspflichten: In der Rs. „Futura Participations und Singer"[436] hatte der EuGH bereits im Jahr 1997 festgestellt, dass Luxemburg gegen die Niederlassungsfreiheit verstoße, indem es die Gewährung eines Verlustvortrags im Rahmen der beschränkten Steuerpflicht davon abhängig mache, dass ein Unternehmer für seine Zweigniederlassung gemäß dem luxemburgischen Recht Bücher über seine dortigen Tätigkeiten führen und aufzubewahren hat.

§ 146 Abs. 1 AO sieht bereits seit dem Inkrafttreten der AO vor, dass Bücher und die sonst erforderlichen Aufzeichnungen grds. im Inland zu führen und aufzubewahren sind. Eine Ausnahme gilt nur, soweit für ausländische Betriebstätten nach dortigem Recht eine Verpflichtung besteht, Bücher und Aufzeichnungen zu führen, und diese Verpflichtung erfüllt wird. Dies lässt sich dadurch erklären, dass Betriebsstätteneinkünfte i.d.R. ohnehin steuerfrei gestellt sind und die fiskalischen Folgen fehlerhafter Buchführung dadurch überschaubar sind. Im Hinblick auf „inbound"-Konstellationen wie sie auch der Rs. „Futura Participations und Singer" zugrunde lagen, sah § 146 AO indes keine Ausnahme vom Grundsatz inländischer Buchführung vor. Erst mit dem Jahressteuergesetz 2009 wurde es durch Einfügung des § 146 Abs. 2a AO ermöglicht, die EDV-gestützte Buchführung unter bestimmten Voraussetzungen in andere Mitgliedsstaaten zu verlagern.[437] Diese Regelung wurde mittlerweile auch auf eine Verlagerung in Drittstaaten ausgedehnt.

Daneben stellt sich die Frage, ob die **erweiterten Mitwirkungspflichten bei Auslandssachverhalten** gem. § 90 Abs. 2 und 3 AO mit Unionsrecht vereinbar sind. Hierbei ist insb. zu klären, ob und inwieweit die Amtshilferichtlinie[438] Instrumente bereithält, die im Hinblick auf eine wirksame Steueraufsicht ein ebenso wirksames, aber milderes Mittel darstellen als die erweiterten Mitwirkungspflichten des Steuerpflichtigen.[439]

---

[435] EuGH vom 13.03.2007, Rs. C-524/04, Test Claimants in the Thin Cap Group Litigation, Rn. 79.
[436] EuGH vom vom 15.05.1997, Rs. C-250/95, Futura Participations.
[437] Jahressteuergesetz (2009), BGBl. I 2008, 2794 (2828).
[438] Amtshilferichtlinie (2011), ABl. 2011, L 64/1.
[439] Vgl. dazu bspw. *Möllenbeck* (2010), 246 f.

2.4 Zusammenfassung

Da die EU-Mitgliedstaaten verpflichtet sind, ihre Befugnisse auf dem Gebiet der direkten Steuern unter Wahrung des Unionsrechts auszuüben, kommt den Grundfreiheiten als Prüfungsmaßstab nationaler Steuernormen große Bedeutung zu. Im Unternehmenssteuerrecht gilt dies insb. für die Niederlassungsfreiheit. Während der Schwerpunkt der Rechtsprechung des EuGH auf dem Gebiet der Unternehmensbesteuerung anfangs auf der Ungleichbehandlung Gebietsansässiger und -fremder und damit im Bereich der Inländerbehandlung lag, standen im vergangenen Jahrzehnt Beschränkungen der Niederlassungsfreiheit im Rahmen von outbound-Situationen im Fokus. Im Bereich der Rechtfertigung der Beeinträchtigungen der Niederlassungsfreiheit spielen zwingende Gründe des Allgemeininteresses eine überragende Rolle. Zu diesen im Wege der Rechtsfortbildung vom EuGH entwickelten Rechtfertigungsgründen zählen insbesondere die Aufteilung der Besteuerungsbefugnisse unter den Mitgliedstaaten und die Vermeidung der Steuerumgehung. Die Rechtsprechung des EuGH zeigt, dass die Rechtfertigung häufig nicht am Fehlen eines tauglichen Rechtfertigungsgrundes scheiterte, sondern an der mangelnden Verhältnismäßigkeit innerstaatlicher Maßnahmen. In rechtspolitischer Hinsicht ist anzumerken, dass sich der EuGH durch die Prüfung nationaler Steuernormen am Maßstab der Grundfreiheiten – anders als in den Verträgen ursprünglich vorgesehen – zum „Motor der Integration" entwickelt hat.

2.5   Literaturverzeichnis

Bartone R (2001) Gesellschafterfremdfinanzierung. Die Frage der Vereinbarkeit des § 8a KStG mit Verfassungs-, Europa- und Völkerrecht. Erich Schmidt Verlag, Berlin.

Becker U (2012) Art. 34 AEUV. Verbot von Einfuhrbeschränkungen. In: Schwarze J (Hrsg) EU-Kommentar. Helbing Lichtenhahn Verlag, Freiburg.

Bieber R, Epiney A, Haag M (2011) Die Europäische Union. Nomos, Baden-Baden.

Birk D (2013) Steuerrecht. C.F. Müller, Heidelberg.

Brandis P (2012) § 8c KStG. In: Blümich, hrsg v. Heuermann B, Brandis P, EStG, KStG, GewStG Kommentar. Franz Vahlen Verlag, München.

Elicker M (2005) Die "steuerliche Kohärenz" in der Rechtsprechung des Europäischen Gerichtshofs. Internationales Steuerrecht 3/2005: 89-92.

Eicker K (2007) Kritische Anmerkung zum BMF-Schreiben „Cadbury Schweppes" vom 8.1.2007. Deutsches Steuerrecht 8/2007: 331-334.

Franzen M (2012) Art. 45 AEUV. Freizügigkeit der Arbeitnehmer. In: Streinzen R (Hrsg) EUV AEUV Kommentar. C.H. Beck, München.

Frotscher G (2009) Internationales Steuerrecht. C.H. Beck, München.

Glaser A (2011) Auf dem Weg zur sachgerechten Konzernbesteuerung – Die GKKB als Leitbild? Deutsches Steuerrecht 49/2011: 2317-2325.

Groll R v. (2007) § 175 AO. Aufhebung oder Änderung von Steuerbescheiden in sonstigen Fällen. In: Hübschmann W, Hepp E, Spitaler A (Hrsg) AO-Kommentar (193. Ergänzungslieferung März 2007). Dr. Otto-Schmidt, Köln.

Heinicke W (2012a), § 2a EStG. In: Schmidt, Einkommensteuergesetz, C.H. Beck, München.

Heinicke W (2012b), § 4g EStG. In: Schmidt, Einkommensteuergesetz, C.H. Beck, München.

Heurung R, Engel B, Seidel P (2010) Das DBA-Schachtelprivileg in Körperschaft- und Gewerbesteuer. Der Betrieb 29/2010: 1551-1556.

Hobe S (2012) Europarecht. Franz-Vahlen Verlag, München.

Hofmeister F (2011) § 8c KStG. Verlustabzug bei Körperschaften. In: Heuermann B, Brandis P (Hrsg) EStG, KStG, GewStG Kommentar. Franz Vahlen Verlag, München.

Kellersmann D, Treisch C (2001) Europäische Unternehmensbesteuerung. Gabler, Wiesbaden.

Kessler W, Spengel C (2013) Checkliste potenziell EU-rechtswidriger Normen des deutschen direkten Steuerrechts, Der Betrieb 4/2013, Beilage 1: 1-43.

Kilian W (2005) Anmerkung zu EuGH, Urt. v. 02.06.2005, C-174/04, Kommission/Italien, EuGHE 2005, 4933. Europäische Zeitschrift für Wirtschaftsrecht 14/2005: 438-441.

Kingreen T (2011) Art. 34-36 AEUV. Verbot von Einfuhrbeschränkungen. In: Callies C, Ruffert K (Hrsg) EUV AEUV Kommentar. C.H. Beck Verlag, München.

Köhler S (2007) Kritische Anmerkung zum BMF-Schreiben „Cadbury Schweppes" vom 8.1.2007. Deutsches Steuerrecht 8/2007: 331-334.

Kraft G (2009a) § 6 AStG. Besteuerung des Vermögenszuwachses. In: Kraft G (Hrsg) Außensteuergesetz Kommentar. C.H. Beck, München.

Kraft G (2009b) § 20 AStG. Bestimmungen zur Anwendung von DBA. In: Kraft G (Hrsg) Außensteuergesetz Kommentar. C.H. Beck, München.

Lach A (2007) Umgekehrte Diskriminierungen im Gemeinschaftsrecht. Peter Lang Verlag, Frankfurt a. M.

Lampert S (2010) Doppelbesteuerungsrecht und Lastengleichheit. Nomos, Baden-Baden.

Lampert S (2011) The Compensation of Losses incurred in a PE within the EU. In: Lang M u. a. (Hrsg) Tax Treaty Case Law around the Globe – 2011. Linde, Wien 2011, 413-424.

Lampert S (2013) Die Wahl der zutreffenden Vergleichsgruppe bei der Anwendung des allgemeinen Gleichheitssatzes auf grenzüberschreitende Steuersachverhalte. Neue Zeitschrift für Verwaltungsrecht 4/2013: 195-199.

Mick M, Dyckmans J (2012) Inlandsaktivitäten ausländischer Unternehmen (Inbound-Investitionen) – Beteiligung an inländischen Personengesellschaften. In: Mössner M u.a. (Hrsg) Steuerrecht international tätiger Unternehmen. Dr. Otto-Schmidt, Köln.

Mitschke W (2013) Finale Verluste in der „Zwickmühle" des Europäischen Steuerrechts. Internationales Steuerrecht 6/2013: 209-213.

Möllenbeck C (2010) Das Verhältnis der EG-Amtshilfe zu den erweiterten Mitwirkungspflichten bei internationalen Steuerfällen. Peter Lang, Frankfurt a. M.

Müller-Graff H (2012) Art 49 AEUV. Recht auf freie Niederlassung. In: Streinz R (Hrsg) EUV AEUV Kommentar. C.H. Beck, München.

Müller S (2007) Anmerkung zum BMF Schreiben v. 8.1.2007, IV B 4 – S. 1351 – 1/07. Internationales Steuerrecht 4/2007: 151-152.

Prinz U (2010) Wirren der Rechtsprechung im Columbus Container Fall – Gesetzgeberischer Handlungsbedarf bei der Hinzurechnungsbesteuerung! Finanzrundschau 08/2010: 378-381.

Rainer A (2007) Anmerkung zum BMF Schreiben v. 8.1.2007, IV B 4 – S. 1351 – 1/07. Internationales Steuerrecht 4/2007: 151-152.

Rehm H, Nagler, J (2013): Europäisches Steuerrecht, Springer Verlag, Wiesbaden.

Rengers J (2012) § 8b KStG. In: Blümich, hrsg v. Heuermann B, Brandis P, EStG, KStG, GewStG Kommentar. Franz Vahlen Verlag, München.

Ress G, Ukrow J (2010) Art. 63 AEUV. Der Kapital- und Zahlungsverkehr. In: Nettesheim M (Hrsg) Das Recht der Europäischen Union Kommentar. C.H. Beck, München.

Rödel S (2009) § 20 AStG. Bestimmungen zur Anwendung von DBA. In: Kraft G (Hrsg) Außensteuergesetz Kommentar. C.H. Beck, München.

Roser F (2009) § 8 KStG. Ermittlung des Einkommens. In: Gosch D (Hrsg) Körperschaftsteuergesetz Kommentar. C.H. Beck, München.

Schaumburg H (2011) Internationales Steuerrecht, Außensteuerrecht, Doppelbesteuerungsrecht. Dr. Otto-Schmidt, Köln.

Sedlaczek M, Züger M (2012) Art. 63. Freier Kapital-und Zahlungsverkehr. In: Streinz R (Hrsg) EUV AEUV Kommentar. C.H. Beck, München.

Schönfeld J (2011) § 20 AStG. Anwendung von DBA. In: Wassermeyer F, Baumhoff H, Schönfeld J (Hrsg) Außensteuerrecht Kommentar. Dr. Otto Schmidt Verlag, Köln.

Schroeder W (2011) Grundkurs Europarecht. C.H. Beck, München.

Schroeder W (2012) Art 34 AEUV. Der freie Warenverkehr. In: Streinz R (Hrsg) EUV AEUV Kommentar. C.H. Beck, München.

Streinz R (2012) Europarecht. C.F. Müller Verlag, Heidelberg.

Tempel, A.J. von den (1971): Körperschaftsteuer und Einkommensteuer in den Europäischen Gemeinschaften. Kollektion Studien der Europäischen Gemeinschaften. Reihe Wettbewerb – Rechtsangleichung, Nr. 15. Brüssel.

Tsourouflis, Andreas (1996/1997): Die Harmonisierung der Körperschaftsteuer in der Europäischen Union. Peter Lang, Frankfurt am Main u.a.

Wassermeyer F (2011) § 20 AStG. Anwendung von DBA. In: Wassermeyer F, Baumhoff H, Schönfeld J (Hrsg) Außensteuerrecht Kommentar. Dr. Otto Schmidt Verlag, Köln.

Wöhrle W, Schelle D, Gross E (2006) § 6 AStG. Besteuerung des Vermögenszuwachses. In: Wöhrle W, Schelle D, Gross E (Hrsg) Außensteuergesetz-Kommentar (25. Ergänzungslieferung Oktober 2006). Schäffer-Poeschel, Stuttgart.

2.6 Quellenverzeichnis

[Amtshilferichtlinie 2011] Richtlinie des Rates über die Zusammenarbeit der Verwaltungsbehörden im Bereich der Besteuerung und zur Aufhebung der Richtlinie 77/799/EWG. Vom 15. Februar 2011. 2011/16/EU, ABl. 2011, L 64/1.

[Beitreibungsrichtlinie 2008] Richtlinie des Rates über die gegenseitige Unterstützung bei der Beitreibung von Forderungen in Bezug auf bestimmte Abgaben, Zölle, Steuern und sonstige Maßnahmen. Vom 26. Mai 2008. 2008/55/EG, ABl. 2008, L 150/28.

[Bundesministerium der Finanzen (2004)] Schreiben des Bundesministeriums der Finanzen. Betr.: Steuerliche Einordnung der nach dem Recht der Bundesstaaten gegründeten Limited Liability Company. Vom 19.03.2004. IV B 4 – S 1301 USA – 22/04, BStBl. I 2004, S. 411.

[Bundesministerium der Finanzen (2009)] Schreiben des Bundesministeriums der Finanzen. Betr.: Nichtanwendungserlass hinsichtlich der Urteilsgrundsätze des BFH-Urteils vom 17.7.2008 – I R 84/04 zur Behandlung ausländischer Betriebsstättenverluste und den Konsequenzen des BFH aus dem EuGH-Urteil „Lidl Belgium". Vom 13.07.2009. IV B 5 – S 2118-a/07/10004 [2009/0407190].

[Bundesministerium der Finanzen (2011a)] Schreiben des Bundesministeriums der Finanzen. Betr.: Körperschaftsteuer; Anwendung des § 14 Absatz 1 Satz 1 KStG und des § 17 KStG; Vertragsverletzungsverfahren Nr. 2008/4909 zum doppelten Inlandsbezug für Organgesellschaften. Vom 28.03.2011. IV C 2 S 2770/09/10001, BStBl. I 2011, S. 300.

[Bundesministerium der Finanzen (2011b)] Prüfbericht des Bundesministeriums der Finanzen (BMF) vom 10.11.2011. Betr.: Verlustverrechnung und Gruppenbesteuerung.

[Bundesrat (2006)] Entwurf eines Gesetzes über steuerliche Begleitmaßnahmen zu Einführung der Europäischen Gesellschaft und zur Änderung weiterer steuerrechtlicher Vorschriften (SEStEG). Vom 18.08.2006. BR-Drs. 542/06.

[Bundesrat (2007)] Entwurf eines Jahressteuergesetzes 2008. Vom 10.08.2007. BR-Drs. 544/07.

[Bundesrat (2012)] Entwurf eines Jahressteuergesetzes 2013. Vom 25.05.2012. BR-Drs. 302/12.

[Bundestag (1991)] Bericht des Finanzausschusses zum Entwurf des Steueränderungsgesetzes 1992. Vom 01.11.1991. BT-Drs. 12/1506.

[DBA Deutschland-Großbritannien (2010)] Abkommen vom 30. März 2010 zwischen der Bundesrepublik Deutschland und dem Vereinigten Königreich Großbritannien und Nordirland zur Vermeidung der Doppelbesteuerung und zur Verhinderung der Steuerverkürzung auf dem Gebiet der Steuern und vom Einkommen und Vermögen. Bundesgesetzblatt II 2010, S. 1333.

[DBA Deutschland-Luxemburg (1958)] Abkommen zwischen der Bundesrepublik Deutschland und dem Großherzogtum Luxemburg zur Vermeidung der Doppelbesteuerung und über gegenseitige Amts-und Rechtshilfe auf dem Gebiete der Steuern vom Einkommen und von Vermögen sowie der Gewerbesteuern und Grundsteuern. Vom 23.08.1958. Bundesgesetzblatt II 1959, S. 1269.

[DBA Deutschland-Niederlande (2012)] Abkommen vom 12. April 2012 zwischen der Bundesrepublik Deutschland und dem Königreich der Niederlande zur Vermeidung der Doppelbesteuerung und zur Verhinderung der Steuerverkürzung auf dem Gebiet der Steuern und vom Einkommen und Vermögen. BR-Drs. 479/12.

[DBA Deutschland-Ungarn (2011)] Abkommen vom 28. Februar 2011 zwischen der Bundesrepublik Deutschland und der Republik Ungarn zur Vermeidung der Doppelbesteuerung und zur Verhinderung der Steuerverkürzung auf dem Gebiet von Einkommen und Vermögen. BGBl II 2011, S. 919.

[Europäische Kommission (1967a)] Programm der Steuerharmonisierung. Mitteilung der Kommission an den Rat. Vom 08.02.1967. In: Bulletin der Europäischen Wirtschaftsgemeinschaft 1967, Beilage 8, S. 3-5.

[Europäische Kommission (1967b)] Programm für die Harmonisierung der direkten Steuern. Mitteilung der Kommission an den Rat. Vom 26.06.1967. In: Bulletin der Europäischen WABlirtschaftsgemeinschaft 1967, Beilage 8, S. 6.

[Europäische Kommission (1990)] Mitteilung der Kommission der Europäischen Gemeinschaften an das Parlament und an den Rat über Leitlinien zur Unternehmensbesteuerung. SEK (1990) 601 endg. Vom 18.05.1990. Ratsdok. 6128/90, BR-Drucks. 360/90.

[Europäische Kommission (2003)] Entscheidung der Kommission vom 17.02.2003 über die Beihilferegelung, die Belgien zugunsten von Koordinierungszentren mit Sitz in Belgien durchgeführt hat. Vom 01.01.2003. 2003/757/EG, ABl. 2003, L 258/52.

[Europäische Kommission 2007] Direkte Steuern: Vertragsverletzungsverfahren gegen Deutschland wegen seiner diskriminierenden Vorschriften zum grenzüberschreitenden Verlustausgleich, IP 07/1547 – Az. 1998/4684.

[Europäische Kommission (2011)] Vorschlag für eine Richtlinie für ein gemeinsames System zur Bemessung der Steuergrundlage für Unternehmen, die in der EU tätig sind. Vom 16.03.2011. IP/11/319.

[Fusionsrichtlinie (1990)] Richtlinie des Rates über das gemeinsame Steuersystem für Fusionen, Spaltungen, Einbringungen von Unternehmensteilen und den Austausch von Anteilen, die Gesellschaften verschiedener Mitgliedstaaten betreffen. Vom 23.07.1990. 90/434/EWG, Abl. 1990, L 225/1-5.

[Jahressteuergesetz 2009] Jahressteuergesetz 2009. Vom 19.12.2008. BGBl. I 2008, S. 2794.

[Körperschaftssteuersystemrichtlinie (1975)] Europäische Kommission: Unterrichtung durch die Bundesregierung. Vorschlag einer Richtlinie des Rates zur Harmonisierung der Körperschaftssteuersysteme und der Regelungen der Quellensteuer auf Dividenden. Vom 18.08.1975. BT-Drucks. VII/3981.

[Mutter-Tochter Richtlinie (1990)] Richtlinie des Rates über das gemeinsame Steuersystem der Mutter- und Tochtergesellschaften verschiedener Mitgliedstaaten. Vom 23. Juli 1990. 90/435/EWG, ABl. 1990, L 225/6-9.

[Mutter-Tochter Richtlinie (2011)] Richtlinie des Rates über das gemeinsame Steuersystem der Mutter- und Tochtergesellschaften verschiedener Mitgliedstaaten (Neufassung). Vom 29.12.2011. 2011/96/EU, ABl. 2011, L 345/8-16.

[Neumark Bericht (1962)] Kommission der Europäischen Wirtschaftsgemeinschaft: Bericht des Steuer- und Finanzausschusses. Brüssel 1962.

[Ruding-Bericht (1992)] Commission of the European Communities: Report of the committee of independent experts on company taxation. Luxembourg: Office for Official Publications of the European Communities 1992.

[Schiedsverfahrenskonvention (1990)] Übereinkommen über die Beseitigung der Doppelbesteuerung im Falle von Gewinnberichtigungen zwischen verbundenen Unternehmen. Vom 23.07.1990. 90/436/EWG, ABl. 1990, L 225/10-24.

[Zins- und Lizenzrichtlinie (2003)] Richtlinie des Rates über eine gemeinsame Steuerregelung für Zahlungen von Zinsen und Lizenzgebühren zwischen verbundenen Unternehmen verschiedener Mitgliedsstaaten. Vom 03.06.2003. 2003/49/EG, ABl. 2003, L 157/49-54

[Zinsrichtlinie (2003)] Richtlinie 2003/48/EG des Rates vom 3. Juni 2003 im Bereich der Besteuerung von Zinserträgen. Vom 03. Juni 2003. 2003/48/EG, ABl. 2003, L 157/38-48.

2.7   Rechtsprechungsverzeichnis

Gericht	Datum	Aktenzeichen	Bezeichnung der Entscheidung	Fundstelle
BFH	17.07.1968	I 121/64		BStBl II 1968, 695
BFH	16.07.1969	I 266/65		BStBl II 1970, 175
BFH	11.04.1970	I B 50/68		BFHE 98, 427
BFH	08.03.1989	X R 181/87		BStBl. II 1989, 541
BFH	08.03.1989	X R 148/87		BFH/NV 1990, 154
BFH	23.06.1992	IX R 182/87		BStBl II 1992, 972
BFH	07.07.2008	I R 77/06		IStR 2008, 814
BFH	17.07.2008	I R 84/04		IStR 2008, 704
BFH	21.10.2009	I R 114/08		BStBl. II 2010, 774
BFH	09.06.2010	I R 100/09		IStR 2010, 670
BFH	09.06.2010	I R 107/09		IStR 2010, 663
BFH	10.01.2012	I R 66/09		BFHE 236, 304
BFH	13.03.2012	I B 111/11		DStRE 2012, 716
BVerfG	17.01.1957	1 BvL 4/54		BVerfGE 6, 55
BVerfG	29.05.1990	1 BvL 20/84, 26/84, 4/86		BVerfGE 82, 60
EuGH	21.06.1974	Rs. 2/74	Reyners	Slg. 1974, I-631
EuGH	28.01.1986	Rs. C-270/83	Avoir fiscal	Slg. 1986, I-273
EuGH	12.03.1987	Rs. C-178/84,	Kommission /Deutschland	Slg. 1987, I-1227
EuGH	25.07.1991	Rs. C-221/89	Factortame u. a.	Slg. 1991, I-3905
EuGH	19.11.1991	Rs. C-6/90	Francovich & Bonifaci	Slg. 1991, 5357

EuGH	28.01.1992	Rs. C-204/90	Bachmann	Slg. 1992, I-249
EuGH	28.01.1992	Rs. 300/90	Kommission /Belgien	Slg. 1992, I-305
EuGH	24.03.1992	Rs. C-275/92	Schindler	Slg. 1994, I-1039
EuGH	20.05.1992	Rs. C-106/91	Ramrath	Slg. 1992, I-3351
EuGH	07.07.1992	Rs. C-370/90	Singh	Slg. 1992, I-4265
EuGH	13.07.1993,	C-330/91	Commerzbank	Slg. 1993, I-4017
EuGH	14.02.1995	Rs. C-279/93	Schumacker	Slg. 1995, I-225
EuGH	11.08.1995	Rs. C-80/94	Wielockx	Slg. 1995, I-2493
EuGH	26.10.1995,	Rs. C-151/94	Kommission /Luxemburg	Slg. 1995, I-3685
EuGH	14.11.1995	Rs. C 484/93	Svensson und Gustavsson	Slg. 1995, I-3955
EuGH	30.11.1995	Rs. C-55/94	Gebhard	Slg. 1995, I-4165
EuGH	15.05.1997	Rs. C-250/95	Futura Participations und Singer	Slg. 1997, I-2471
EuGH	09.07.1997	Rs. C-222/95	Parodi	Slg. 1997, I-3899
EuGH	28.04.1998	Rs. C-118/96	Safir	Slg. 1998, I-1897
EuGH	16.07.1998	Rs. C-264/96	ICI	Slg. 1998, I-4695
EuGH	16.03.1999	Rs. C-222/97	Trummer & Mayer	Slg. 1999, I-1661
EuGH	29.04.1999	Rs. C-311/97	Royal Bank of Scotland	Slg. 1999, I-2651
EuGH	21.09.1999	Rs. C-307/97	Saint-Gobain ZN	Slg. 1999 I, I-6161
EuGH	26.10.1999	Rs. C-294/97	Eurowings	Slg. 1999, I-7447
EuGH	16.05.2000	Rs. C-87/99	Zurstrassen	Slg. 2000, I-3337
EuGH	06.06.2000	Rs. C-35/98	Verkooijen	Slg. 2000, I-4071
EuGH	26.09.2000	Rs. C-478/98	Kommission /Belgien	Slg. 2000, I-7587

EuGH	08.03.2001	Rs. C-397, 410/98	Metallgesell-schaft/Hoechst	Slg. 2001, I-1727
EuGH	08.03.2001	Rs. C-405/98	Gourmet International Products	Slg. 2001, I-1795
EuGH	22.01.2002	Rs. C-390/99	Canal Satélite Digital	Slg. 2002, I-607
EuGH	04.06.2002	Rs. C-367/98	Kommission /Portugal	Slg. 2002, I-4731
EuGH	21.11.2002	Rs. C-436/00	X & Y	Slg. 2002, I-10829
EuGH	12.12.2002	Rs. C-324/00	Lankhorst-Hohorst	Slg. 2002, I-11779
EuGH	16.01.2003	Rs. C-388/01	Kommission/Italien	Slg. 2003, I-721
EuGH	12.06.2003	Rs. C-234/01	Gerritse	Slg. 2003, I-05933
EuGH	04.03.2004	Rs. C-334/02	Kommission /Frankreich	Slg. 2004, I-2229
EuGH	11.03.2004	Rs. C-9/02	De Lasteyrie du Saillant	Slg. 2004, I-2409
EuGH	07.09.2004	Rs. C-319/02	Manninen	Slg. 2004, I-7477
EuGH	05.10.2004	Rs. C-442/02	CaixaBank France	Slg. 2004, I-8961
EuGH	26.05.2005	Rs. C-20/03	Burmanjer	Slg. 2005, I-4133
EuGH	13.12.2005	Rs. C-446/03	Marks & Spencer	Slg. 2005, I-10837
EuGH	02.05.2006	Rs. C-196/04	Cadbury Schweppes	Slg. 2006, I-7995
EuGH	02.05.2006	Rs. C-341/04	Eurofood IFSC	Slg. 2006, I-3813
EuGH	22.06.2006	Rs. C-182, 217/03	Belgien /Kommission	Slg. 2003, I-6887 und Slg. 2006, I-5479
EuGH	07.09.2006	Rs. C-470/04	N	Slg. 2006, I-7409
EuGH	03.10.2006	Rs. C-290/04	FKP Scorpio Konzertproduktionen	Slg. 2006, I-9461
EuGH	12.12.2006	Rs. C-374/04	Test Claimants in Class IV of the	Slg. 2006, 11673

			ACT Group Litigation	
EuGH	06.03.2007	Rs. C-292/04	Meilicke	Slg. 2007, I-1835
EuGH	13.03.2007	Rs. C-524/04	Test Claimants in the Thin Cap Group Litigation	Slg. 2007, I-2107
EuGH	29.03.2007	Rs. C-347/04	Rewe Zentralfinanz	Slg. 2007, I-2647
EuGH	10.05.2007	Rs. C-196/04	Lasertec	
EuGH	18.07.2007	Rs. C-231/05	Oy AA	Slg. 2007, I-6373
EuGH	08.11.2007	Rs. C- 379/05	Amurta	Slg. 2007, I-9569
EuGH	06.12.2007	Rs. C-298/05	Columbus Container Services	Slg. 2007, I-10451
EuGH	28.02.2008	Rs. C-293/06	Deutsche Shell	Slg. 2008, I-1129
EuGH	15.05.2008	Rs. C-147/06	SECAP & Santorso	Slg. 2008, I-3565
EuGH	15.05.2008	Rs. C-414/06	Lidl Belgium	Slg. 2008, I-3601
EuGH	23.10.2008	Rs. C-157/07	Krankenheim Ruhesitz am Wannsee - Seniorenheimstatt	Slg. 2008, I-8061
EuGH	26.03.2009	Rs. C-326/07	Kommission /Italien	Slg. 2009, I-2291
EuGH	15.04.2010	Rs. C-96/08	CIBA	Slg. 2010, I-2911
EuGH	30.06.2011	Rs. C-262/09	Meilicke II	IStR 2011, 551
EuGH	20.10.2011	Rs. C-284/09	Kommission /Deutschland	DStR 2011, 2038
EuGH	29.11.2011	Rs. C-371/10	National Grid Indus	IStR 2012, 27
EuGH	21.02.2013	Rs.C-123/11	A Oy	FR 2013, 370

FG Köln	24.06.2004	2 K 2241/02		DSTRE 2004, 1026
FG Münster	05.07.2005	15 K 1114/99 F, E		DStRE 2006, 412
RFH	12.05.1920	II A 94		RStBl. 1920, 357
RFH	06.10.1920	II A 141		RStBl. 1920, 639
RFH	31.03.1922	I A 10/22		RFHE 9, 167 (171)
RFH	12.02.1930	VI A 899/27		RFHE 27, 73
RFH	26.06.1935	VI A 414/35		RFHE 38, 64

3 Steuervergünstigungen als unerlaubte Beihilfen

Dietrich Kellersmann

Zu den zentralen Zielen der Europäischen Union gehört die Errichtung eines Binnenmarktes (Art. 3 Abs. 3 EUV)[440]. Der Binnenmarkt ist u.a. dadurch gekennzeichnet, dass der Wettbewerb vor Verfälschungen geschützt wird (Protokoll 27 zum AEUV und EUV). Dieses Ziel und die dazu dienende Tätigkeit beruhen auf der Annahme der klassischen liberalen Theorie, nach der es in einem funktionierenden Markt, in dem die Entscheidungen über die Verwendung knapper Güter frei von staatlicher Beeinflussung getroffen werden, zu einer optimalen Faktorallokation und damit zu einer Mehrung des Wohlstandes kommt. Dieser Marktmechanismus wird gestört, wenn der Staat die jeweilige Fähigkeit der Unternehmen, sich im Konkurrenzkampf auf dem Markt zu behaupten, durch Beihilfen verändert. Deshalb verbietet Art. 107 Abs. 1 AEUV grundsätzlich die Gewährung von staatlichen Beihilfen an Unternehmen in den Mitgliedstaaten und deshalb gibt Art. 108 AEUV der Kommission Kompetenzen an die Hand, dieses Verbot durchzusetzen. Unter Beihilfen sind dabei nicht nur staatlichen Zahlungen an Unternehmen, sondern auch Steuervergünstigungen zu verstehen. Deshalb hat das Thema auch für das Steuerrecht große Bedeutung. Im Folgenden werden das Verbot staatlicher Beihilfe und das Verfahren zur Umsetzung des Verbots näher erläutert. Dabei wird der Umgang mit dem Beihilfeverbot in Deutschland dargestellt und das Thema anhand aktueller Anwendungsfragen vertieft.

3.1 Grundlagen des Beihilferechts

Bei der Umsetzung des Beihilfeverbots ist in den letzten Jahren die Vereinbarkeit nationaler Steuervorschriften mit dem Verbot staatlicher Beihilfen verstärkt in das Blickfeld der Kommission und als Folge davon auch der Mitgliedstaaten geraten. Hier hat sich insbesondere die im **Verhaltenskodex gegen schädlichen Steuerwettbewerb**[441] enthaltene Ankündigung, dass die Kommission verstärkt Vorschriften des nationalen Steuerrechts auf ihren Beihilfecharakter untersuchen will, ausgewirkt. Das Thema ist also von zunehmender praktischer Relevanz. Angesichts der Tatsache, dass ungefähr 30% aller Beihilfen in steuerlicher Form gewährt werden[442], sollte das eigentlich kein überraschender Tatbestand sein.

---

[440] AEUV und EUV sprechen nur noch vom Binnenmarktziel, während in älteren Vertragsfassungen die Ziele Gemeinsamer Markt und Binnenmarkt nebeneinander bestanden (vgl. z.B. Art. 2 und 3 EGV i.d.F. des Vertrages von Amsterdam). Daher beziehen sich ältere sekundäre Rechtsakte noch auf das Ziel des Gemeinsamen Marktes. Soweit deren Inhalt hier wiedergegeben wird, wird an dieser Begrifflichkeit festgehalten.

[441] Europäischer Rat (1998), ABl. 1998, C 2/2.

[442] *Schön* (1999), S. 911.

Die das Beihilfeverbot ausgestaltenden Rechtsgrundlagen sind vielschichtig. Zunächst enthält der AEUV selbst verschiedene Regeln zur Beihilfeproblematik. Art. 107 AEUV verbietet staatliche Beihilfen an bestimmte Unternehmen oder Produktionszweige, die den Wettbewerb verfälschen oder zu verfälschen drohen, soweit sie den Handel zwischen den Mitgliedstaaten beeinträchtigen. Nach Art. 106 Abs. 2 AEUV gilt das Beihilfeverbot für Unternehmen, die Dienstleistungen im allgemeinen wirtschaftlichen Interesse (DAWI) erbringen oder den Charakter von Finanzmonopolen haben, nur, soweit dessen Anwendung nicht die Erfüllung ihrer Aufgaben rechtlich und tatsächlich behindert. Zur Berücksichtigung der sozial- und rechtspolitischen Zielsetzung der Mitgliedstaaten sieht Art. 107 Abs. 2 AEUV einige generelle Ausnahmen vom Beihilfeverbot vor. Zudem regelt Art. 93 AEUV, dass Beihilfen, die den Erfordernissen der Koordinierung des Verkehrs oder der Abgeltung bestimmter, mit dem Begriff des öffentlichen Dienstes zusammenhängender Leistungen entsprechen, zulässig sind. Von diesen schon durch den Vertrag selbst vorgesehenen Ausnahmen vom Beihilfeverbot sind die Erlaubnistatbestände des Art. 107 Abs. 3 AEUV zu unterscheiden. Beihilfen, die unter diese Vorschrift fallen, kann die Kommission genehmigen. Eine Ermächtigung zur Genehmigung von Beihilfen im Landwirtschaftssektor enthält Art. 42 AEUV. Art 109 AEUV sieht eine Ermächtigung für den Rat, Verordnungen zur Durchführung des Beihilfeverbots zu erlassen, vor.

Aufgrund der Verordnungsermächtigung in Art. 109 AEUV sind sowohl eine Verordnung zur Regelung des Verfahrens in Beihilfesache ergangen[443] als auch die Verordnung (EG) Nr. 994/98[444], die die Kommission ermächtigt, bestimmte Beihilfen für mit dem Gemeinsamen Markt vereinbar und nicht der Anmeldepflicht nach Art. 108 Abs. 3 AEUV unterliegend zu erklären. Von dieser Verordnungsermächtigung hat die Kommission durch verschiedene Kommissionsverordnungen und Beschlüsse Gebrauch gemacht. Zu den aufgrund der Verordnung (EG) Nr. 994/98 eingeführten Erleichterungen gehört die generelle Erlaubnis geringfügiger Beihilfen (De-minimis-Beihilfen[445]). In der sog. Freistellungsverordnung[446] ist geregelt, unter welchen Voraussetzungen Beihilfen für spezifische Zwecke, z.B. an kleine und mittlere Unternehmen oder durch Umweltsteuerermäßigungen, zulässig sind.

Nach Art. 108 Abs. 1 AEUV prüft die Kommission fortwährend in Zusammenarbeit mit den Mitgliedstaaten die bestehenden Beihilferegelungen. Kommt sie zu dem Schluss, dass Beihilfen gegen Art. 107 AEUV verstoßen oder missbräuchlich angewendet werden, kann sie den betroffenen Mitgliedstaat anweisen, diese aufzuheben oder umzugestalten. Nach Art. 108 Abs. 3 AEUV ist jede beabsichtigte Beihilfegewährung zunächst der Kommission anzuzeigen (zu notifizieren). Nur wenn die Kommission keine Einwände gegen die geplante Maßnahme erhebt, darf sie durchgeführt werden (Durchführungsverbot, Art. 108 Abs. 3 S. 3 AEUV).

---

[443]   Beihilfeverfahrensverordnung (1999), ABl. 1999, L 83/1.
[444]   Verordnung betreffend horizontale Beihilfen (1998), ABl. 1998, L 142/1.
[445]   De-minimis-Beihilfen Verordnung (2006), ABl. 2006, L 379/5.
[446]   Allgemeine Freistellungsverordnung (2008), Abl. 2008, L 214/3.

Schließlich nutzt die Kommission auch das Instrument der Mitteilung, um ihre Rechtsauffassung von der Anwendung des Beihilfeverbots bekannt und somit vorhersehbar zu machen. Von besonderer Bedeutung für das Steuerrecht ist die Mitteilung der Kommission über die Anwendung des Beihilfeverbots im Bereich der direkten Unternehmensbesteuerung[447]. Diese stellt zwar nur eine verwaltungsinterne Regelung und keine Rechtsnorm dar. Gleichwohl führt sie zu einer Selbstbindung der Kommission bei der Auslegung des Begriffs der Beihilfe. Diese darf von ihr nur abweichen, wenn sie dafür mit dem Grundsatz der Gleichbehandlung vereinbare Gründe hat[448]. Ebenso besteht die Selbstbindung bei der Anwendung des Art. 107 Abs. 2 AEUV und bei der Ermessensausübung nach Art. 107 Abs. 3 AEUV[449].

Stellt eine Steuervergünstigung tatbestandlich keine staatliche Beihilfe dar, kann die Kommission nicht auf die Kompetenzen der Beihilfekontrolle zurückgreifen. Das bedeutet aber nicht, dass solche Steuervergünstigungen aus Gemeinschaftssicht unbedenklich sind. Es kann sich um eine nach dem Verhaltenskodex gegen schädlichen Steuerwettbewerb zu unterlassende Maßnahme handeln.

3.2   Verbotene Beihilfen

3.2.1   Begriff der Beihilfe

Beihilfen sind staatliche oder aus staatlichen Mitteln[450] gewährte Hilfeleistungen jeder Art, die **bestimmte** Unternehmen oder Produktionszweige begünstigen. Sie müssen folgende Voraussetzungen erfüllen:

- Es muss sich um Maßnahmen zugunsten eines Unternehmens handeln.

- Die Maßnahme muss begünstigende Wirkung für das Unternehmen haben.

- Die Maßnahme muss aus staatlichen Mitteln finanziert werden.

- Die Maßnahme muss ein bestimmtes Unternehmen oder einen bestimmten Produktionszweig begünstigen (Selektivität).

3.2.1.1   Maßnahme

Dass steuerliche Regelungen dem Beihilfeverbot unterfallende Maßnahmen sein können, entspricht der ständigen Praxis der Kommission und ist von der Rechtsprechung des EuG und EuGH gebilligt worden. Die Einführung von Steuerregeln falle zwar in die Kompetenz der Mitgliedstaaten, doch könne sich die Ausübung dieser Kompetenz als mit Art. 107

---

[447]   Europäische Kommission (1998c), ABl. 1998, C 384/3.
[448]   Vgl. EuGH vom 15.11.2011, Rs. C-106 und 107/09 P, Kommission/Gibraltar, Rn. 128.
[449]   Vgl. EuG vom 12.12.1996, Rs. T-380/94, AIUFASS, Rn. 57
[450]   Vgl. EuGH vom 07.05.1998, Rs. C-52-54/97, Viscido u.a., Rn. 13.

AEUV unvereinbar erweisen[451]. Auch begrifflich **können Steuerregelungen Beihilfen sein**. Der Begriff der Beihilfe ist weiter als der der Subvention. Er umfasst nicht nur positive Leistungen, sondern auch Maßnahmen, die in verschiedener Form Belastungen mindern, die ein Unternehmen normalerweise zu tragen hat[452]. Deshalb können z.B. Abgabenbefreiungen eine steuerliche Beihilfe darstellen[453]. Andere denkbare Formen steuerlicher Beihilfen sind die Ermäßigung des Steuersatzes, die beschleunigte Abschreibung oder Stundung oder der Erlass von Steuerschulden[454]. Die Form der Maßnahme ist nicht beschränkt. Steuerliche Beihilfen können sowohl unmittelbar durch gesetzliche Vorschriften als auch erst bei ihrer Umsetzung im Einzelfall durch Verwaltungsvorschriften oder Einzelfallentscheidungen gewährt werden.

3.2.1.2 Zugunsten eines Unternehmens

Unter Unternehmen wird eine organisatorisch abgrenzbare Einheit verstanden, die eine wirtschaftliche Tätigkeit ausübt. Eine rechtliche Eigenständigkeit ist nicht erforderlich. Deshalb können auch Eigen- und Regiebetriebe der öffentlichen Hand begünstigte Unternehmen sein[455].

Beispiel:

Die Stadt S verfügt über einen defizitären Nahverkehrsbetrieb und ein gewinnbringendes Stadtwerk, das die Bürger mit Strom und Gas versorgt. § 4 Abs. 6 S. 1 Nr. 3 KStG erlaubt es der Stadt, die Betriebe steuerlich zusammenzufassen, so dass die Gewinne des Versorgungsbereichs mit den Verlusten des Nahverkehrsbereichs verrechnet werden können. Das senkt die Belastung mit Körperschaft- und Gewerbesteuer für den Versorgungsbereich und erleichtert so die Querfinanzierung des Nahverkehrs mit Gewinnen der Versorgung. Entsprechendes gilt nach § 8 Abs. 9 S. 1 Nr. 2 KStG, wenn die Stadt S die beiden Bereiche in einer GmbH (Eigengesellschaft) zusammenfassen würde. Dieser sog. kommunale Querverbund könnte eine unzulässige Beihilfe darstellen, weil in beiden Fällen eine Maßnahme zugunsten eines Unternehmens des Nahverkehrs vorliegen kann[456].

Manchmal macht es Schwierigkeiten festzustellen, wer eigentlich der von einer Beihilfe Begünstigte ist. Nur wenn das feststeht, kann entschieden werden, ob eine Beihilfe bestimmte Unternehmen oder Produktionszweige begünstigt.

---

[451] So ausdrücklich EuG vom 27.01.1998, Rs. T-67/94, Ladbroke Racing, Rn. 54; bestätigt durch EuGH vom 16.05.2000, Rs. C-83/98 P, Ladbroke Racing, Rn. 4 ff.; EuGH vom 15.11.2011, Rs. C-106 und 107/09 P, Kommission/Gibraltar, Rn. 97.

[452] Vgl. EuGH vom 19.09.2000, Rs. C-156/98, Kommission/Deutschland, Rn. 25; EuGH vom 15.11.2011 Rs. C-106 und 107/09 P, Kommission/Gibraltar, Rn. 71.

[453] Vgl. EuGH vom 15.03.1994, Rs. C-387/92, Banco Exterior de España, Rn. 13f; EuGH vom 19.05.1999 Rs. C-6/97, Italien/Kommission, Rn. 16.

[454] Vgl. *de Weerth* (2000), S. 517 f.

[455] Vgl. FG Köln vom 09.03.2010, 13 K 3181/08, EFG 2010 S. 1350; *Weitemeyer* (2009), S. 13 f.

[456] Vgl. FG Köln vom 09.03.2010, 13 K 3181/08, EFG 2010, 1350; Sächsisches FG vom 15.12.2010, 4 K 635/08, ZKF 2011, 110; Sächsisches FG vom 09.12.2010, 1 K 184/07, Haufe-Index 2742845 (Revision anhängig unter I R 58/11).

> **Beispiel:**
>
> Dass bei der Feststellung des Begünstigten nicht nur auf den unmittelbaren Empfänger des Steuervorteils abzustellen ist, macht der Fall Deutschland/Kommission[457] zur Ausdehnung des § 6b EStG auf den Erwerb von Anteilen an Kapitalgesellschaften in den Neuen Bundesländern deutlich. § 6b EStG in der damaligen Fassung ermöglichte es Steuerpflichtigen u.a. einen Gewinn aus der Veräußerung von Anteilen an Kapitalgesellschaften dadurch von der Besteuerung vorläufig auszunehmen, dass sie den Gewinn von den Anschaffungskosten einer Beteiligung an einer Kapitalgesellschaft abzogen, die ihren Sitz und ihre Geschäftsleitung in den neuen Bundesländern oder in Ost-Berlin hatte und deren Kapital sie erhöhten oder die sie neu gründeten. Die dadurch bedingte Steuereinbuße aus der vorläufigen Nichtbesteuerung des Veräußerungsgewinns trat durch die Steuervorteile der Erwerber der Kapitalgesellschaftsanteile ein. Diese konnten aber überall in Deutschland ansässig sein. Um eine Förderung nur bestimmter Unternehmen oder Produktionszweige begründen zu können, musste hinsichtlich des Vorteils auf die Kapitalbeschaffung der in den neuen Ländern oder Ost-Berlin ansässigen Kapitalgesellschaften abgestellt werden. Diese erhielten das Kapital aber nicht aus staatlichen Mitteln. Die Beziehung zwischen Vorteil einerseits und staatlicher Mitteleinbuße andererseits ließ sich nur dadurch begründen, dass die Kapitalgeber mehr Kapital investieren konnten, weil sie Veräußerungsgewinne nicht (sofort) versteuern mussten.

3.2.1.3 Begünstigende Wirkung

Beihilfen sind Maßnahmen, die in verschiedener Form Belastungen vermindern, welche ein Unternehmen normalerweise zu tragen hätte[458]. Es muss sich um einen unentgeltlichen Vorteil handeln, für den keine Gegenleistung zu erbringen ist[459]. **Auf das mit der Hilfeleistung verfolgte Ziel kommt es nicht an.** Art. 107 AEUV beschreibt die Beihilfe allein von der Wirkung her[460]. Der Beihilfecharakter einer Maßnahme wird auch nicht dadurch ausgeschlossen, dass sie steuerliche oder soziale Ziele verfolgt[461]. Ebenso wenig entfällt die Begünstigung, wenn die Beihilfe einen Ausgleich für eine an anderer Stelle bestehende Belastung bieten soll, solange nicht eine rechtliche Verbindung zwischen Begünstigung und Belastung besteht[462]. Ein Vorteil entfällt nicht, weil eine Maßnahme nicht dauerhaft ist,

---

[457] Vgl. EuGH vom 19.09.2000, Rs. C-156/98, Deutschland/Kommission, Rn. 26 ff.
[458] Vgl. EuGH vom 23.02.1961, Rs. 30/59, Steenkolenmijnen Limburg, Slg. 1961, 3 (43); EuGH vom 15.11.2011, Rs. C-106 und 107/09 P, Kommission/Gibraltar, Rn. 71; *v. Wallenberg/Schütte* (2012), Rn. 28.
[459] Vgl. *Bär-Bouyssière* (2012), Rn. 25; *v. Wallenberg/Schütte* (2012), Rn. 50.
[460] Vgl. EuGH vom 02.07.1974, Rs. 173/73, Italien/Kommission (Familienzulagen), Rn. 26/28; EuGH vom 17.06.1999 Rs. C-75/97, Belgien/Kommission (Absenkung des Arbeitgeberanteils an der Sozialversicherung bei kleinen Unternehmen), Rn. 25; EuGH vom 15.11.2011, Rs. C-106 und 107/09 P, Kommission/Gibraltar, Rn. 87.
[461] Vgl. EuGH vom 02.07.1974, Rs. 173/73, Italien/Kommission (Familienzulagen), Rn. 26/28.
[462] Vgl. EuGH vom 08.12.2011, Rs. C-81/10 P, France Telekom, Rn. 43.

sondern in einem einmaligen Steuererlass besteht. **Auch eine verhältnismäßig geringe Höhe ist insoweit nicht bedeutsam**[463].

3.2.1.4   Finanzierung aus staatlichen Mitteln

Im Steuerrecht macht bei der Prüfung der Tatbestandsmerkmale der Beihilfe die Feststellung einer Vorteilgewährung aus staatlichen Mitteln meist keine Schwierigkeiten. Steuermindereinnahmen, die durch Beihilfevorschriften hervorgerufen werden, stammen naturgemäß aus staatlichen Mitteln[464]. Eine Saldierung mit Steuermehreinnahmen aus der durch die Beihilfe angeregten Wirtschaftstätigkeit ist nicht zulässig[465]. Andernfalls würde das Beihilfeverbot ausgehöhlt, weil jede erfolgreiche Beihilfe letztlich über Steuermehreinnahmen zu einer Entlastung des Staatshaushaltes führt.

Die Tatsache, dass Art. 107 AEUV nur aus staatlichen, nicht dagegen aus EU-Mitteln gewährte Beihilfen verbietet, hat für das Unternehmenssteuerrecht keine Bedeutung, weil die EU über keine eigenen Steuereinnahmen verfügt, zulasten derer sie Beihilfen gewähren könnte.

3.2.1.5   Selektivität

Beihilfen müssen bestimmte Unternehmen oder Produktionszweige begünstigen. Sie sind von den Maßnahmen zu unterscheiden, die der Wirtschaft insgesamt als Wirtschafts- oder Konjunkturpolitik zugutekommen[466]. So sind die Senkung des Körperschaftsteuersatzes oder günstige Abschreibungsregeln keine Beihilfen[467].

Die Feststellung dieser Selektivität ist das **Hauptproblem des Beihilfebegriffs im Steuerrecht**[468]. In der neueren Rechtsprechung des EuGH wird die Prüfung der Selektivität vielfach zweischrittig vorgenommen. Es sei zu prüfen, ob eine Norm eine Differenzierung zwischen Unternehmen vornehme. Sei das der Fall, sei sie a priori selektiv. Eine Beihilfe liege nur dann nicht vor, wenn der Mitgliedstaat nachweisen könne, dass die Maßnahme durch die Natur und den inneren Aufbau des Steuersystems gerechtfertigt sei[469].

Da das Steuerrecht voller Differenzierung steckt, wird bei dieser Prüfungsformel die Rechtfertigung der Differenzierung durch die Natur und den inneren Aufbau des Steuersystems zum entscheidenden Punkt. Zutreffender ist es daher, nur solche Differenzierungen für rechtfertigungsbedürftig zu erachten, die Unternehmen betreffen, die sich **in Bezug auf das**

---

[463]   Vgl. EuG vom 27.01.1998, Rs. T-67/94, Ladbroke Racing, Rn. 59.
[464]   Schwieriger kann die Feststellung schon sein, wenn Regeln außerhalb des Steuerrechts, z.B. die Absenkung von Mindestlöhnen, zu Steuereinbußen führen (vgl. dazu *Schön* [1999], S. 921).
[465]   A.A. möglicherweise *Visser* (1999), S. 226.
[466]   Vgl. *Dickertmann/Leiendecker* (2001), S. 77.
[467]   Vgl. *Kreuschitz/Wernicke* (2012), Rn. 20.
[468]   Zur Kritik daran, dass nur spezifische Maßnahmen, nicht aber eine größere Zahl von Unternehmen begünstigende und den Wettbewerb deshalb stärker verzerrende Maßnahmen unter das Beihilfeverbot fallen vgl. *Vanistendael* (2000), S. 311 ff.
[469]   Vgl. EuGH vom 21.06.2012, Rs. C-452/10 P, BNP Paribas, Rn. 103, 120 f.

mit der Regelung verfolgte Ziel in einer vergleichbaren Situation befinden[470].

Die Kommission geht in der Mitteilung aus dem Jahre 1998[471] dagegen dreischrittig vor. Hat sie eine Differenzierung zwischen Unternehmen festgestellt, untersucht sie zunächst, ob diese als **wirtschaftspolitische Maßnahme** allen Unternehmen offen steht oder nur bestimmte Unternehmen oder Produktionszweige begünstigt. Auch der EuGH erweitert seine Prüfung teilweise um diesen Schritt[472]. Erst dann wird die Rechtfertigung durch die Natur und den inneren Aufbau des Steuersystems geprüft[473].

Welches Prüfungsvorgehen man auch wählt, das sachliche Problem ist stets das gleiche. Da das Regelungskonzept von Steuergesetzen von vielen Wertungswidersprüchen gekennzeichnet ist, fällt es schwer zu bestimmen, ob eine Regel Ausdruck eines allgemeinen Prinzips oder eine selektive Begünstigung ist.

> **Beispiel:**
>
> § 8c Abs. 1 KStG sieht vor, dass Verlustvorträge von Körperschaften teilweise wegfallen, wenn deren Anteilseigner zu mehr als 25% bis zu 50% wechseln. Überschreitet der Anteilseignerwechsel 50%, fällt der Verlustvortrag ganz weg. Davon macht die sog. **Sanierungsklausel des § 8c Abs. 1a KStG** eine Ausnahme, wenn der Beteiligungserwerb zum Zwecke der Sanierung erfolgt. Die Kommission beurteilt diese Regel als unzulässige Beihilfe, weil sie vom allgemeinen Prinzip des Wegfalls der Verlustvorträge beim Anteilseigner abweicht[474]. In der Literatur wird dagegen eingewendet, dass nach dem Leistungsfähigkeitsprinzip ein unbeschränkter Verlustvortrag die Regel sei, von der § 8c KStG eine Ausnahme anordne und § 8c Abs. 1a KStG eine zur Grundregel zurückführende Rückausnahme[475]. Deutschland hat gegen den Kommissionsbeschluss vor dem EuG Klage erhoben[476]. Diese Klage wurde allerdings wegen Versäumnis der Klagefrist abgelehnt[477]. Es sind aber weitere Verfahren gegen den Kommissionsbeschluss anhängig[478].

Keine klare Abgrenzung, sondern eher eine Beschreibung findet sich deshalb für die Frage, ob eine Differenzierung zwischen vergleichbaren Unternehmen auf einer allgemeinen Regelung beruht oder bestimmte Unternehmen oder Produktionszweige begünstigt. Danach ist eine **allgemeine Regelung** eine solche, die eine Begünstigung unabhängig von der Größe, der Branchenzugehörigkeit und dem Standort des Unternehmens gewährt[479]. Die Maßnahmen müssen tatsächlich allen Unternehmen in gleicher Weise offenstehen. Sie können

[470] Vgl. EuGH vom 22.12.2008, Rs. C-487/06 P, British Aggregates Association, Rn. 82 f.
[471] Beihilfemitteilung (1998), ABl. 1998, C 384/3.
[472] Vgl. EuGH vom 15.11.2011, Rs. C-106 und 107/09 P, Kommission/Gibraltar, Rn. 104.
[473] Vgl. EuGH vom 06.09.2006, Rs. C-88/03 P, Kommission/Portugal, Rn. 54.
[474] Vgl. Europäische Kommission (2011a), ABl. L 235/26.
[475] Vgl. *Breuninger/Ernst* (2010), S. 565; *Hey* (2010), S. 309; *Drüen* (2011), S. 292 f.
[476] Vgl. ABl. 2011, C 186/28.
[477] Vgl. EuG vom 18.12.2012, Rs. T-205/11, Deutschland/Kommission, Rn. 52.
[478] Vgl. ABl. 2012, C 32/33; ABl. 2012 C 49/28.
[479] Vgl. *Kreuschitz/Wernicke* (2012), Rn. 20.

insbesondere die Steuerbelastung so auf die Produktionsfaktoren verteilen, wie sie es für zweckmäßig halten. Typische allgemeine Maßnahmen sind die Festlegung der Steuersätze, Regeln über Wertminderungen und Abschreibungen, Vorschriften zur Vermeidung der Doppelbesteuerung oder zur Vermeidung von Steuerumgehungen. Wirken sich solche Maßnahmen tatsächlich stärker zugunsten eines Wirtschaftszweiges aus, so muss das nicht das Vorliegen einer Beihilfe begründen. So wirkt sich eine Maßnahme, die allgemein Arbeitskosten absenkt, bei lohnintensiven Betrieben stärker aus als bei anderen. Sie stellt deshalb noch keine Beihilfe dar. Eine Regelung, die Investitionen z.B. in Umweltschutzmaßnahmen begünstigt, kommt nur den Unternehmen zugute, die solche Maßnahmen treffen. Das macht sie aber nicht zu einer Beihilfe[480].

Fortsetzung Beispiel:

Akzeptiert man den Standpunkt der Kommission, dass § 8c Abs. 1a KStG eine Begünstigung von Unternehmen enthält, die sich in Bezug auf den mit der Verlustabzugsbeschränkung des § 8c KStG verfolgten Zweck in einer vergleichbaren Situation befinden wie Unternehmen, bei denen der Verlustvortrag nach dieser Regel untergeht, kann der Annahme einer selektiven Regel entgegen gehalten werden, dass allgemein an die schlechte wirtschaftliche Situation eines Unternehmens angeknüpft und nicht nach dessen spezifischen Eigenschaften differenziert wird. Es geht allgemein darum, die Folgen der Finanz- und Wirtschaftskrise abzumildern und nicht darum, spezifische Unternehmen oder Produktionszweige zu begünstigen[481].

Auf der anderen Seite sind die Merkmale zu betrachten, die typischerweise den **selektiven Charakter** einer Maßnahme **begründen** können. Einen selektiven Charakter haben regelmäßig Maßnahmen von nur regionaler oder lokaler Tragweite. Das zweite Selektionskriterium ist eine sektorale Anwendung von Normen nur bei bestimmten Wirtschaftszweigen. Auch steuerliche Regeln, die bestimmte Unternehmensfunktionen wie gruppeninterne Dienstleistungen, Vermittlungs- oder Koordinierungstätigkeiten begünstigen, haben selektiven Charakter[482]. Ebenso nimmt, wie gesehen, die Kommission einen selektiven Charakter an, wenn Regelungen nur Unternehmen in Krisen zugutekommen[483]. Ein selektiver Charakter ist nicht deshalb ausgeschlossen, weil zahlreiche Unternehmen oder bedeutende Wirtschaftszweige von einer Maßnahme profitieren[484].

Liegt nach den genannten Kriterien eine allgemeine Maßnahme vor, kann es sich trotzdem um eine Beihilfe handeln, wenn sich die Begünstigung **faktisch** nur bei bestimmten Unternehmen oder Produktionszweigen auswirkt[485].

---

480   Vgl. Beihilfemitteilung (1998), ABl. 1998, C 384/3, Rn. 13 f.
481   Vgl. *Musil* (2011), S. 20.
482   Vgl. Beihilfemitteilung (1998), ABl. 1998, C 384/3, Rn. 18, 20. Kritisch dazu *Schön* (1999), S. 935 f.
483   Vgl. Beihilfemitteilung (1998), ABl. 1998, C 384/3.
484   Vgl. EuGH vom 17.06.1999, Rs. C-75/97, Belgien/Kommission, Rn. 32 f.
485   Vgl. Europäische Kommission (2004), Rn. 26; *Kreuschitz/Wernicke* (2012), Rn. 21.

> **Beispiel:**
>
> In Finnland wurde eine Steuerbegünstigung für Konzernversicherungsgesellschaften eingeführt (captive insurances). Die Kommission nahm eine Beihilferegelung an, weil sich Konzernversicherungsgesellschaften aufgrund der hohen mit ihnen verbundenen Fixkosten nur für große Unternehmen lohnen[486].

Erweist sich eine Differenzierung hiernach als selektiv, ist zu prüfen, ob sie durch die Natur oder den inneren Aufbau des Steuersystems gerechtfertigt ist. Sie stellt dann keine Beihilfe dar[487]. Auch dieses Merkmal bereitet viele Schwierigkeiten, weil es zuverlässige Aussagen über das innere System eines Steuergesetzes verlangt[488]. Sein Verhältnis zum Allgemeinheitskriterium ist nicht klar[489]. Gleiches gilt für die Unterscheidung von Normen, die lediglich darauf verzichten, eine spezielle Steuerbelastung aufzuerlegen[490] (Besteuerung von Bier, nicht von Wein). Die Kommission scheint bestimmte Vorschriftengruppen im Auge zu haben, deren Zulässigkeit sie nicht in Frage stellen will. Sie erwähnt in ihrer Beihilfemitteilung progressive Tarife, Bewertungsmethoden, Regelungen der Steuererhebung und -vollstreckung, Steuerfreiheit von gemeinnützigen Organisationen, Methoden zur Vermeidung der Doppelbesteuerung, aber auch pauschale Gewinnermittlungsvorschriften für den Bereich der Land- und Forstwirtschaft und der Fischerei. Selbst Steuervorteile für kleine und mittlere Unternehmen hält sie grundsätzlich für Ausprägungen eines Steuersystems[491].

3.2.2 Wettbewerbsverfälschung und Handelsbeeinflussung durch Beihilferegeln

Staatliche Beihilfen sind grundsätzlich verboten, wenn sie den Wettbewerb verfälschen oder drohen ihn zu verfälschen und sie geeignet sind, den Handel zwischen den Mitgliedstaaten zu beeinträchtigen. Eine Wettbewerbsverfälschung tritt ein, wenn die Stellung des begünstigten Unternehmens im innergemeinschaftlichen Handel gegenüber solchen Unternehmen, die keine Beihilfe erhalten, verbessert wird[492]. Situationen, in denen eine Beihilfe den Wettbewerb nicht verfälscht, stellen eine Ausnahme dar[493]. Zu einer Beeinträchtigung des Handels zwischen den Mitgliedstaaten kommt es, wenn die Beihilfe die Ein- oder Ausfuhr von Produkten erleichtert oder erschwert. **Eine bestimmte Schwelle der Beeinträchtigung muss nicht erreicht werden.** Auch bei verhältnismäßig geringer Größe des geförderten Unternehmens und der Höhe der Beihilfe kann eine Beeinträchtigung vorliegen[494]. Die Beeinträchtigung muss nicht feststehen, es genügt schon die **Geeignetheit** für

---

[486]   Vgl. Europäische Kommission (2002), ABl. 2002, L 329/22 Rn. 52.
[487]   Vgl. EuGH vom 02.07.1974, Rs. 173/73, Italien/Kommission (Familienzulagen), Rn. 33/35, wobei dies dort nur erwähnt wird, ohne dass klar ist, wann das der Fall ist.
[488]   Vgl. *Schön* (1999), S. 214.
[489]   Vgl. *Visser* (1999), S. 225.
[490]   Vgl. dazu *Schön* (1999), S. 921 f.
[491]   Vgl. Beihilfemitteilung (1998), ABl. 1998, C 384/3, Rn. 24-27.
[492]   Vgl. EuGH vom 17.09.1980, Rs. 730/79, Philip Morris, Rn. 11.
[493]   Vgl. *Kreuschitz/Wernicke* (2012), Rn. 26.
[494]   Vgl. EuGH vom 21.03.1990, Rs. C-142/87, Belgien/Kommision (SA Tubemeuse), Rn. 43; EuGH vom

eine solche Beeinträchtigung. Denn die Kommission muss dies im Beihilfe-prüfungsverfahren ex ante beurteilen[495]. Das gilt auch, wenn eine unter Verletzung der Notifizierungspflicht eingeführte Beihilfe überprüft wird[496].

Versucht ein Mitgliedstaat, die Wettbewerbsbedingungen eines bestimmten Wirtschafts-sektors denen in anderen Mitgliedstaaten durch einseitige steuerliche Maßnahmen anzu-gleichen, so schließt das nicht das Vorliegen einer verbotenen Beihilfe aus[497]. Man kann daher davon ausgehen, dass dieses Tatbestandsmerkmal stets erfüllt ist, wenn ein im Wett-bewerb stehendes Unternehmen eine Beihilfe erhält[498].

3.2.3   Erlaubnistatbestände

Hinsichtlich der Erlaubnistatbestände unterscheidet Art. 107 AEUV zwei Gruppen. In den Fällen des Art. 107 Abs. 2 AEUV ergibt sich die Erlaubnis unmittelbar aus dem Vertrag. Die Kommission kann nur das Vorliegen des Tatbestandsmerkmals der Erlaubnisgründe prü-fen. Dabei handelt es sich um:

- Beihilfen an einzelne Verbraucher, die ohne Diskriminierung nach der Herkunft der Waren gewährt werden. Dazu gehört z.B. die verbilligte Abgabe von Milch an Schüler.

- Beihilfen zur Beseitigung von Notständen und Katastrophen. Dazu zählen z.B. Steu-ererlasse für die Forstwirtschaft wegen Sturmschäden oder steuerliche Hilfen für die Landwirtschaft zur Bewältigung der BSE-Krise.

- Beihilfen aus Gründen der Teilung Deutschlands.

Die letzte Gruppe ist für Deutschland die wichtigste Ausnahmevorschrift. Früher wurden auf ihrer Grundlage die Zonenrandförderung und die Förderung des Saarlandes durchge-führt. Heute werden davon Beihilfen, die unmittelbar mit den Folgen der Überwindung der Teilung zusammenhängen, gedeckt. Die Kommission und der EuGH sind aber insgesamt sehr zurückhaltend mit der Anwendung dieser Vorschrift. Der EuGH legt sie, weil sie eine Ausnahme zum Beihilfeverbot darstellt, eng aus. Er versteht darunter nur solche Maßnah-men, die Nachteile, die aufgrund der **Einrichtung einer physischen Grenze** entstanden sind, ausgleichen sollen. Es reiche nicht aus, wenn eine Maßnahme den wirtschaftlichen Rückstand der neuen Bundesländer mildern solle. Dieser beruhe nicht auf der räumlichen Teilung, sondern auf den unterschiedlichen Wirtschafts- und Gesellschaftssystemen der Bundesrepublik Deutschland und der ehemaligen DDR[499].

19.09.2000, Rs. C-156/98, Kommission/Deutschland, Rn. 32.

[495] Vgl. *Kreuschitz/Wernicke* (2012), Rn. 28.

[496] Vgl. EuGH vom 14.02.1990, Rs. C-301/87, Kommission/Frankreich (Boussac), Rn. 33.

[497] Vgl. EuGH vom 19.05.1999, Rs. C-6/97, Kommission/Italien, Rn. 21; Europäische Kommission (2004), Rn. 24.

[498] Vgl. *Hakenberg/Tremmel* (1999), S. 170.

[499] Vgl. EuGH vom 19.09.2000, Rs. C-156/98, Kommission/Deutschland, Rn. 55.

Wichtiger als die Erlaubnisgründe des Art. 107 Abs. 2 AEUV sind die des Abs. 3. Denn diese haben einen weiteren Anwendungsbereich. Als mit dem Binnenmarkt vereinbar angesehen werden können Beihilfen

- zur Förderung unterentwickelter Gebiete (solche, deren Bruttosozialprodukt pro Kopf der Bevölkerung 75% des Gemeinschaftsdurchschnitts nicht übersteigt)[500],

- zur Förderung wichtiger Vorhaben im europäischen Interesse,

- zur Förderung der Entwicklung gewisser Wirtschaftszweige oder -gebiete (sektorale oder regionale Beihilfen),

- zur Förderung der Kultur und des kulturellen Erbes und schließlich

- sonstige Beihilfen, die der Rat auf Vorschlag der Kommission bestimmt.

Voraussetzung für die Erlaubnis von Beihilfen nach dieser Vorschrift ist nicht lediglich, dass sie den dort genannten Zielen entsprechen, sondern auch, dass die Marktkräfte ohne die Beihilfe die begünstigten Unternehmen nicht dazu veranlassen würden, durch ihr Verhalten zur Förderung eines der dort genannten Zwecke beizutragen[501]. Die Kommission verfügt bei der Anwendung des Art. 107 Abs. 3 AEUV über ein **weites Ermessen**. Die Ermessensausübung setzt wirtschaftliche und soziale Wertungen voraus, die sich auf die Gemeinschaft als Ganzes beziehen[502]. Die Berücksichtigung der Gemeinschaft als Ganzes bedeutet z.B., dass für das Vorliegen eines Gebietes mit außergewöhnlich niedriger Lebenshaltung oder erheblicher Unterbeschäftigung [Art. 108 Abs. 3 Buchstabe a) AEUV] auf die Verhältnisse in der Gemeinschaft insgesamt und nicht in dem betroffenen Mitgliedstaat abzustellen ist[503].

Die Zulässigkeit von Beihilfen kann sich im Übrigen auch aus anderen Vorschriften ergeben. So erlaubt Art. 106 Abs. 2 AEUV Ausnahmen von der Anwendung der Wettbewerbsregeln des Vertrages bei Unternehmen, die mit Dienstleistungen betraut sind, die von allgemeinem wirtschaftlichen Interesse sind (gebräuchliche Abkürzung: DAWI), wenn durch die Anwendung der Wettbewerbsregeln die Erfüllung ihrer Aufgaben tatsächlich oder rechtlich behindert würde. Aufgrund dieser Vorschrift sind z.B. Steuervergünstigungen für die französische Post in Höhe von rund 200 Mio. € pro Jahr als gemeinschaftskonform angesehen worden[504].

---

[500] Vgl. dazu Europäische Kommission (1998a), ABl. 1998, C 74/9.
[501] Vgl. EuGH vom 17.09.1980, Rs. 730/79, Phillip Morris, Rn. 16.
[502] Vgl. EuGH vom 17.06.1999, Rs. C-75/97, Belgien/Kommission, Rn. 55; EuGH vom 19.09.2000, Rs. C-156/98, Kommission/Deutschland, Rn. 67.
[503] Vgl. EuGH vom 17.09.1980, Rs. 730/79, Philip Morris, Rn. 25; EuGH vom 14.02.1990, Rs. C-301/87, Kommission/Frankreich (Boussac), Rn. 49.
[504] Vgl. EuG vom 27.02.1997, Rs. T-106/95, FFSA, Rn. 167 ff.

3.2.4   Verhältnis des Beihilfeverbots zu den Grundfreiheiten

Der EuGH hat sich mehrfach mit dem Verhältnis des Beihilfeverbots zu den Grundfreiheiten befasst. So hat er z.B. in der Entscheidung Deutschland/Kommission die Unzulässigkeit
der Beihilfe auch auf einen Verstoß gegen Art. 49 AEUV gestützt[505]. Steht eine Steuervergünstigung im Widerspruch zum Beihilfeverbot und verstößt sie gegen eine Grundfreiheit,
stellt sich die Frage, welche Rechtsfolgen greifen. In der Literatur wird angenommen, dass
das Beihilfeverbot regelmäßig für die Abschaffung des Vorteils streite, die Grundfreiheiten
dagegen für ihre Ausdehnung auf den diskriminierten Steuerpflichtigen[506]. In dieser Allgemeinheit ist das nicht richtig, wie das folgende Beispiel zeigt:

> **Beispiel:**
>
> In Sardinien wurde eine Steuer auf Bootsanlandungen ausländischer Unternehmer ein-
> geführt. Der EuGH[507] sah darin sowohl einen Verstoß gegen die Dienstleistungsfreiheit
> als auch gegen das Beihilfeverbot. Zur Beseitigung kann man die Steuer ganz abschaffen
> oder auf inländische Unternehmer ausdehnen.

Die umgekehrte Frage, ob eine formell zulässige, d.h. unter Beachtung der Verfahrensvor-
schriften gewährte Beihilfe einen Verstoß gegen die Grundfreiheiten darstellen kann, ist
ebenfalls zu bejahen[508]. Als formell zulässige, aber gegen Grundfreiheiten verstoßende
Maßnahmen kommen Altbeihilfen, De-minimis-Beihilfen[509] und Beihilfen an kleine und
mittlere Unternehmen (KMU), bei denen eine Genehmigung nicht eingeholt werden muss,
in Betracht.

3.2.5   Beispiele steuerlicher Beihilferegelungen

Beispiele für steuerliche Beihilferegelungen findet man sowohl in Deutschland als auch in
anderen Mitgliedstaaten. Bekannte ausländische Beihilferegime waren die Sonderregeln
zur Wiederbelebung der Custom House Dock Area in Dublin, die belgischen Regeln für
coordination centers und die italienische Sonderzone in Triest[510]. Allesamt sind sie von der
Kommission nicht beanstandet worden[511].

Zu den deutschen Regeln, die möglicherweise steuerliche Beihilfen darstellen, gehören
einige, die zu den Grundstrukturen des deutschen Steuerrechts zählen. Auf die Problematik des steuerlichen Querverbundes hatten wir schon oben hingewiesen[512]. Aber auch die

---

[505] So EuGH vom 19.09.2000, Rs. C-156/98, Deutschland/Kommission, Rn. 72 ff. zu Art. 43 EGV.
[506] Vgl. *Blumenberg/Kring* (2011), S. 19 f.
[507] Vgl. EuGH vom 17.11.2009, Rs. C-169/08, Presidente del Consiglio die Ministri/Regione Sardena,
       Rn. 19 ff.
[508] Vgl. *Vanistendael* (2000), S. 307.
[509] Zum Begriff vgl. De-minimis-Beihilfen-Verordnung (2006), ABl. 2006, L 379/5.
[510] Vgl. dazu *Blumenberg* (2000), S. 1630 ff.; *Dreßler* (2000), S. 99 ff., 121 ff.
[511] Vgl. zu diesen im einzelnen *Koschyk* (1998), S. 219 ff.
[512] Siehe Seite 172.

unterschiedlichen Hebesätze der Gewerbesteuer und die Körperschaft- und Gewerbesteuerfreiheit gemeinnütziger Körperschaften sind in der Diskussion. Diese Befreiung soll im Folgenden vertieft untersucht werden.

Hinsichtlich der körperschaft- und gewerbesteuerlichen Behandlung **gemeinnütziger Körperschaften** unterscheidet man drei Sphären dieser Körperschaften, ihren gemeinnützigen Bereich, den Bereich der Vermögensverwaltung und wirtschaftliche Geschäftsbetriebe. Letztere sind gegeben, wenn die Körperschaft eine Tätigkeit mit Einnahmeerzielungsabsicht ausübt, die weder Vermögensverwaltung ist noch unmittelbar der Verwirklichung ihres gemeinnützigen Zweckes dient. Wirtschaftliche Geschäftsbetriebe unterliegen der Körperschaft- und Gewerbesteuer. Dagegen wird der Bereich Vermögensverwaltung anders behandelt als bei nicht gemeinnützigen Körperschaften, weil die in diesem Bereich erzielten Gewinne nach § 5 Abs. 1 Nr. 9 KStG, § 3 Nr. 6 GewStG steuerfrei sind. Im gemeinnützigen Bereich gibt es Tätigkeiten, bei denen die Körperschaften nur Mittel, die sie als Zuwendungen oder aus ihren anderen Tätigkeitsbereichen erhalten haben, für ihre gemeinnützigen Zwecke verwenden (Beispiel: eine Tafel gibt kostenlos Mahlzeiten an Bedürftige ab), und solche, bei denen sie mit ihren gemeinnützigen Leistungen Einnahmen erzielen[513]. Diese gemeinnützige Tätigkeit mit Einnahmeerzielung wird als Zweckbetrieb bezeichnet. Ein klassisches Beispiel eines Zweckbetriebes ist ein Krankenhaus (vgl. § 67 AO). Zweckbetriebe sind nach § 5 Abs. 1 Nr. 9, § 3 Nr. 6 GewStG steuerbefreit.

Die nicht von der Körperschaft- und Gewerbesteuer befreiten wirtschaftlichen Geschäftsbetriebe sind beihilferechtlich unproblematisch. Im Hinblick auf die steuerlich begünstigten Bereiche Vermögensverwaltung und gemeinnütziger Bereich ist für die Frage der Anwendung des Beihilfeverbots zu unterscheiden. Rein vermögensverwaltende Tätigkeit qualifiziert der EuGH nicht als unternehmerische Tätigkeit i.S.d. Art. 107 Abs. 1 AEUV. Für sie greift das Beihilfeverbot daher nicht. Im Übrigen sieht er aber jede Tätigkeit, die darin besteht Güter oder Dienstleistungen am Markt zu erbringen, als unternehmerisch an[514]. Das umfasst wohl auch den Bereich der Vermietung und Verpachtung, der gemeinnützigkeitsrechtlich dem Bereich der steuerfreien Vermögensverwaltung zuzuordnen ist. Ebenso rechnet nicht zum Unternehmen die rein karitative Tätigkeit (im obigen Beispiel die Speiseabgabe durch eine Tafel), wohl aber die mit Einnahmeerzielungsabsicht unternommene Tätigkeit zur Verwirklichung gemeinnütziger Zwecke (Zweckbetriebe). In diesem Bereich bestehe ein Wettbewerb mit kommerziellen Anbietern[515]. Diese Bereiche müssen sich also am Beihilfeverbot messen lassen.

Für die beihilferechtliche Beurteilung ist zu klären, ob die genannten Steuervergünstigungen selektiv wirken. Das wird in der Literatur bestritten, weil sich gemeinnützige Körperschaften im Hinblick auf das mit der Regelung verfolgte Ziel nicht in einer vergleichbaren

---

[513] Zur fehlenden Einordnung von Spenden und Erbschaften als Einnahmen vgl. *Helios* (2006), S. 110. Schon bei Zuschüssen und Mitgliedsbeiträgen ist die Einordnung aber problematisch, wie die umsatzsteuerliche Beurteilung zeigt (vgl. Tz. 1.4 und 10.2. UStAE).

[514] Vgl. EuGH vom 10.01.2006, Rs. C.222/04, Cassa Risparmio di Firenze, Rn. 108; *Helios* (2006), S. 110 will Bereiche ausnehmen, bei denen mangels Gewinnaussicht kein Privater aktiv wird.

[515] Vgl. EuGH vom 10.01.2006, Rs. C.222/04, Cassa Risparmio di Firenze, Rn. 122 f.

Situation wie die anderen Marktteilnehmer befänden. Das Gemeinnützigkeitsrecht unterwerfe sie Beschränkungen, die sie in Bezug auf ihre Organisation einschränkten und die Erzielung von Synergieeffekten und Outsourcingmöglichkeiten erschwere[516]. Zudem schließe das Gemeinnützigkeitsrecht die Gewinnausschüttung an Anteilseigner aus. Der Hinweis auf diese Nachteile kann wenig überzeugen. Es handelt sich um Modalitäten der Steuerbefreiung. Würden diese dazu führen, dass die Vorteile der Befreiung aufgewogen würden, würde die Befreiung keinen Sinn machen. Die Steuerpflichtigen befinden sich nicht **in Bezug** auf den mit der Regelung verfolgten Zweck in einer unterschiedlichen Situation, sondern **durch** die Regelung. Zudem ist nach der Rechtsprechung des EuGH unerheblich, dass mit der Befreiung die Verfolgung bestimmter Zwecke gefördert werden soll[517].

Allerdings ist der EuGH von seiner Auffassung, dass der Zweck einer Begünstigung unerheblich ist, der Sache nach in seiner **Altmark Trans-Entscheidung** abgewichen. Dort hat er vier Voraussetzungen aufgestellt, unter denen Begünstigungen begrifflich keine Beihilfe darstellen[518]:

- Das Unternehmen muss tatsächlich mit der Erfüllung klar definierter gemeinwirtschaftlicher Pflichten betraut sein (Dienstleistungen von allgemeinem wirtschaftlichen Interesse).

- Die Parameter, mit denen ein Ausgleich für die Erfüllung dieser gemeinwirtschaftlichen Pflichten berechnet wird, müssen objektiv und transparent sein.

- Der Ausgleich darf nicht über das hinaus gehen, was erforderlich ist, um die Kosten der Erfüllung der gemeinwirtschaftlichen Verpflichtungen unter Berücksichtigung der dabei erzielten Einnahmen und eines angemessenen Gewinns aus der Erfüllung dieser Verpflichtungen ganz oder teilweise zu decken.

- Wenn die Wahl des Unternehmens, das mit der Erfüllung gemeinwirtschaftlicher Verpflichtungen betraut werden soll, im konkreten Fall nicht im Rahmen eines Verfahrens zur Vergabe öffentlicher Aufträge erfolgt, das die Auswahl desjenigen Bewerbers ermöglicht, der diese Dienste zu den geringsten Kosten für die Allgemeinheit erbringen kann, so ist die Höhe des erforderlichen Ausgleichs auf der Grundlage einer Analyse der Kosten zu bestimmen, die ein durchschnittliches, gut geführtes Unternehmen, das so angemessen mit Betriebsvermögen ausgestattet ist, dass es den gestellten gemeinwirtschaftlichen Anforderungen genügen kann, bei der Erfüllung der betreffenden Verpflichtungen hätte, wobei die dabei erzielten Einnahmen und ein angemessener Gewinn aus der Erfüllung dieser Verpflichtungen zu berücksichtigen sind.

Von der letzten Voraussetzung entbindet zwar der Beschluss der Kommission vom 20.12.2011 über die Zulässigkeit von Beihilfen an Unternehmen, die mit Dienstleistungen

---

[516] Vgl. *Blumenberg/Kring* (2011), S. 69.
[517] Vgl. EuGH vom 02.07.1974, Rs. 173/73, Italien/Kommission (Familienzulagen), Rn. 26/28.
[518] Vgl. EuGH vom 24.07.2003, Rs. C-280/00, Altmark Trans, Rn. 88 ff.

von allgemeinem wirtschaftlichen Interesse betraut sind[519]. Da aber zwischen der Höhe der Steuerentlastung durch die Steuerbefreiung und den durch die Wahrnehmung der im allgemeinen wirtschaftlichen Interesse liegenden Aufgaben bedingten Kosten keinerlei Beziehung besteht, sichert weder die Altmark Trans-Rechtsprechung noch der Beschluss der Kommission die Zulässigkeit der Steuerbefreiungen gemeinnütziger Körperschaften. Als Zwischenergebnis kann somit festgehalten werden, dass eine staatliche Beihilfe vorliegt.

Im Steuerrecht werden Beihilfen zwar überwiegend durch gesetzliche Vorschriften gewährt. Es gibt aber auch solche, die auf Entscheidungen der Finanzverwaltung beruhen. Wichtigster Anwendungsfall sind **Stundung, Niederschlagung und Erlass von Steuerforderungen**. Auch diese Problematik wird nachfolgend vertieft dargestellt.

Der Erlass einer festgesetzten Steuer (§ 227 AO) oder vorgelagert ihre Festsetzung abweichend von der gesetzlichen Regelung (§ 163 AO) sind möglich, wenn die Erhebung der Steuer nach Lage des Einzelfalls unbillig wäre. Der Erlass oder die abweichende Festsetzung stehen im Ermessen des Finanzamtes. Zudem kann die Finanzverwaltung Steuerforderungen stunden, wenn ihre Einziehung eine erhebliche Härte für den Steuerpflichtigen darstellen würde und durch die Stundung der Anspruch nicht gefährdet wird (§ 222 AO). Die Niederschlagung ist dagegen die verwaltungsinterne Entscheidung, einen Steueranspruch mangels Aussicht auf Erfolg oder wegen zu hoher Aufwendungen nicht zwangsweise durchzusetzen (§ 261 AO). Anknüpfungspunkt für eine Beihilfeprüfung sind nicht diese gesetzlichen Vorschriften, denn diese gelten für Unternehmer und Nichtunternehmer gleichermaßen und stellen damit keine nur noch umzusetzende selektive Maßnahme gegenüber Unternehmen dar. Zu prüfen ist also die konkrete Entscheidung der Finanzverwaltung.

Trifft das Finanzamt eine der genannten Entscheidungen zugunsten eines Unternehmens, ist zunächst zu überlegen, ob eine Begünstigung dieses Unternehmens aus staatlichen Mitteln vorliegt. Das ist deshalb nicht selbstverständlich, weil eine Beihilfe ausscheidet, wenn der Steuerpflichtige den Vorteil auch von einem privaten Marktteilnehmer erhalten hätte (sog. **Private-investor-Test**). Wird die Maßnahme auf eine sog. sachliche Unbilligkeit, d.h. eine vom Gesetzgeber nicht bedachte Härte gestützt, kann dies ausgeschlossen werden. Im Fall der persönlichen Härte, die regelmäßig in einer schlechten wirtschaftlichen Situation begründet liegt, verzichten dagegen auch private Gläubiger u.U. zum Zwecke der Sanierung ganz oder teilweise auf ihre Forderungen oder stunden sie. Dies ist im Einzelfall zu prüfen. Bei der Stundung ist dabei zu überlegen, ob der gesetzliche Zinssatz von 6% p.a. für Stundungszinsen (§ 234 Abs. 1 AO i.V.m. § 238 AO) marktkonform ist. Im Fall der Aussichtslosigkeit einer Vollstreckung oder einer mit unverhältnismäßig hohen Kosten verbundenen Vollstreckung würden auch private Marktteilnehmer keine Vollstreckungsversuche unternehmen und die Forderung ausbuchen[520]. Liegt eine solche Situation vor, fehlt es an einer Begünstigung.

---

[519] Vgl. Europäische Kommission (2011b), ABl. 2011, L 7/3.
[520] Vgl. EuGH vom 24.01.2013, Rs. C-73/11 P, Košice, Rn. 71 f.

Da die vorgenannten Entscheidungen der Verwaltung gegenüber einzelnen Steuerpflichtigen ergehen, ist die Begünstigung regelmäßig auch selektiv. Eine Ausnahme wird für den Fall diskutiert, dass das Ermessen der Verwaltung zur Gewährung einer der genannten Maßnahmen durch eine ermessenslenkende Verwaltungsvorschrift auf null reduziert ist. Hier ist dann aber die Verwaltungsvorschrift zu prüfen[521]. Beruht die Ermessensreduzierung auf der sachlichen Unbilligkeit der Anwendung einer Norm im Einzelfall, sollte die Selektivität dagegen daran scheitern, dass die Gewährung der Begünstigung durch die Natur und den inneren Aufbau des Steuersystems gerechtfertigt ist.

3.3   Verfahren in Beihilfefällen

Die verfahrensrechtlichen Grundregeln zu den Beihilfevorschriften finden sich in Art. 108 AEUV. Für die Kontrolle und die Sanktionierung des Beihilfeverbotes ist die Kommission zuständig. Diese hatte im Laufe der Jahre eine Verfahrenspraxis entwickelt, die durch die Beihilfeverfahrensverordnung[522] kodifiziert und fortentwickelt worden ist.

Die Beihilfeverfahrensverordnung unterscheidet vier Beihilfeverfahren:

- die Genehmigung neuer Maßnahmen

- das Verfahren bei rechtswidrigen Beihilfen

- das Verfahren bei missbräuchlicher Anwendung genehmigter Beihilfen und

- die Überwachung bestehender Beihilfen.

3.3.1   Die Genehmigung neuer Maßnahmen

Das erste Verfahren betrifft **die geplante Einführung neuer Beihilfen** oder die **Umgestaltung bestehender Beihilfen**. Die Mitgliedstaaten sind verpflichtet, die Kommission von jeder beabsichtigten Einführung oder Umgestaltung von Beihilfen rechtzeitig zu unterrichten (Art. 108 Abs. 3 S. 1 AEUV, Art. 2 Abs. 1 Beihilfeverfahrensverordnung). Ist eine neue Beihilfe oder die Umgestaltung einer bestehenden Beihilfe der Kommission mitgeteilt (notifiziert), leitet sie das **vorläufige Prüfungsverfahren** (häufig als „Vorprüfungsverfahren" bezeichnet) ein (Art. 4 Beihilfeverfahrensverordnung). Für dessen Durchführung hat sie mindestens vier Monate Zeit. Am Ende dieser Frist erlässt die Kommission eine Entscheidung. Für diese Entscheidung gibt es drei Möglichkeiten.

- Die Kommission stellt fest, dass eine Maßnahme keine Beihilfe darstellt (Art. 4 Abs. 2 Beihilfeverfahrensverordnung).

---

[521] Vgl. *Reimer* (2011), S. 268.
[522] Beihilfeverfahrensverordnung (1999), ABl. 1999, L 83/1.

■ Die Kommission stellt fest, dass eine Beihilfe vorliegt, diese aber mit dem Gemeinsamen Markt vereinbar ist (Art. 4 Abs. 3 Beihilfeverfahrensverordnung).

■ Die Kommission leitet das **förmliche Prüfungsverfahren** (häufig als „Hauptprüfungsverfahren" bezeichnet) ein, weil eine Beihilfe vorliegt, deren Vereinbarkeit mit dem Gemeinsamen Markt **bedenklich** erscheint (Art. 4 Abs. 4 Beihilfeverfahrensverordnung). Diese Voraussetzung ist erfüllt, wenn die Kommission bei der Prüfung des Vorliegens einer Beihilfe oder der Prüfung ihrer Vereinbarkeit mit dem Gemeinsamen Markt auf ernsthafte Schwierigkeiten stößt[523].

Trifft die Kommission innerhalb von zwei Monaten keine dieser Entscheidungen, gilt die Beihilfe als genehmigt (Art. 4 Abs. 6 Beihilfeverfahrensverordnung). Allerdings beginnt die Frist erst dann zu laufen, wenn die **Anmeldung** der Beihilfe durch den Mitgliedstaat **vollständig** ist. Vollständig ist eine Anmeldung, wenn die Kommission innerhalb von zwei Monaten nach ihrem Eingang keine weiteren Informationen anfordert oder zwei Monate nach dem Eingang von angeforderten Informationen keine weiteren Informationen anfordert (Art. 4 Abs. 5 Beihilfeverfahrensverordnung). Daraus ergibt sich die Mindestfrist von vier Monaten für die Kommissionsentscheidung. Die Mitgliedstaaten sind verpflichtet, der Kommission alle benötigten Informationen innerhalb der von der Kommission gesetzten Frist zu gewähren. Tun sie dies nicht, gilt der Antrag auf Genehmigung der Beihilfe als zurückgezogen (Art. 5 Beihilfeverfahrensverordnung).

Hat die Kommission das förmliche Prüfungsverfahren eingeleitet, geht es darum, ob die Bedenken, die sie gegen eine staatliche Maßnahme hat, ausgeräumt werden können. Dazu haben der betroffene Mitgliedstaat und die anderen Beteiligten die Möglichkeit einer Stellungnahme, die grundsätzlich innerhalb eines Monats abgegeben werden soll. Häufig werden die Bedenken der Kommission nicht durch neue Argumente von Mitgliedstaaten oder Beteiligten, sondern dadurch ausgeräumt, dass der betroffene Mitgliedstaat seine geplanten Maßnahmen an Änderungswünsche der Kommission anpasst.

Am Ende des förmlichen Prüfungsverfahrens hat die Kommission wiederum mehrere Entscheidungsmöglichkeiten (Art. 7 Beihilfeverfahrensverordnung), wobei sie durch Beschluss (Art. 288 AEUV) entscheidet[524]:

■ Sie kann feststellen, dass keine Beihilfe vorliegt.

■ Sie kann die Beihilfe genehmigen. Diese Genehmigung kann mit Bedingungen oder Auflagen verbunden werden, die die Vereinbarkeit mit dem Binnenmarkt sicherstellen oder der Kommission die Überwachung der Beihilfe ermöglichen sollen.

■ Sie kann die Einführung der Beihilfe untersagen.

Die Kommission soll sich bemühen, das Verfahren innerhalb von 18 Monaten durchzuführen. Während der Durchführung des vorläufigen Prüfungsverfahrens und eines sich

---

[523] Vgl. EuGH vom 03.05.2001, Rs. C-204/97, Portugiesische Republik/Kommission, Rn. 33.
[524] In der Beihilfeverfahrensverordnung entsprechend ex-Art. 249 EG noch als „Entscheidung" bezeichnet.

ggf. anschließenden förmlichen Prüfungsverfahrens darf der Mitgliedstaat die Beihilfe nicht einführen (Art. 108 Abs. 3 S. 3 AEUV, Art. 3 Beihilfeverfahrensverordnung). Im Gesetzsatz zum Beihilfeverbot ist dieses **Durchführungsverbot unmittelbar anwendbar.**

Das Gebot des Art. 108 Abs. 3 S. 1 AEUV, Beihilfen bei der Kommission zu notifizieren, und das Durchführungsverbot des Art. 108 Abs. 3 S. 3 AEUV greifen nur, wenn Beihilfen neu eingeführt oder verändert werden. Daraus folgt, dass Beihilferegelungen, die bei In-Kraft-Treten des EWGV am 01.01.1958 schon bestanden, weiter angewendet werden können. Die Kommission kann allerdings solche Altbeihilfen nach Art. 108 Abs. 2 AEUV aufgreifen und ihre Gewährung für die Zukunft untersagen.

Beispiel:

Die oben[525] diskutierten Regelungen zur Steuerbefreiung gemeinnütziger Körperschaften könnten zulässig sein, wenn sie Altbeihilfen darstellen. Sie müssten dann, da die Regelungen nie notifiziert wurden, in Deutschland vor dem 01.01.1958 gegolten haben und nicht verändert worden sein. Das KStG und das GewStG enthielten die auch heute noch bestehenden Befreiungstatbestände, deren nähere Voraussetzungen sich vor dem 01.01.1958 im Steueranpassungsgesetz (§§ 17 – 19 StAnpG) und der Gemeinnützigkeits-VO fanden. Somit lag zunächst eine Altbeihilfe vor. Werden Altbeihilfen geändert, kann das aber zur Notifizierungspflicht führen. Art. 4 der Beihilfeverfahrensverordnung definiert als notifizierungspflichtige Änderung jede Änderung außer einer Änderung rein formaler und verwaltungstechnischer Art, die keinen Einfluss auf die Würdigung der Vereinbarkeit der Beihilfemaßnahme mit dem Gemeinsamen Markt haben kann. Mit einer Änderung wird aber nicht die gesamte Regelung zu einer neuen Beihilfe, sondern es ist nur die Änderung zu prüfen. Die ursprüngliche Regelung wird nur dann insgesamt in eine neue Beihilfe umgewandelt, wenn die Änderung sie in ihrem Kern betrifft. Um eine derartige wesentliche Änderung kann es sich jedoch nicht handeln, wenn sich das neue Element eindeutig von der ursprünglichen Regelung trennen lässt. Das ist z.B. der Fall, wenn neue Vergünstigungen wie eine Steuerbefreiung für von den begünstigten Unternehmen gezahlte Renten eingeführt oder der Kreis der begünstigten Unternehmen ausgeweitet wurde[526]. Die Regelungen des Gemeinnützigkeitsrechts sind seit 1958 vielfach geändert worden. Viele Änderungen betrafen den Kern der Vorschrift, weil sie die Voraussetzungen der Gewährung der Steuerbefreiung erleichtert haben. Andere Regelungen haben selbstständig prüfbare Vorteile eingefügt wie die pauschale Gewinnermittlung beim Sponsoring nach § 64 Abs. 6 AO. Da weder die Neuregelungen noch die Veränderungen des Kerns der Beihilfe notifiziert worden sind, handelt es sich bei den Steuerbefreiungen um unter das Durchführungsverbot nach Art. 108 Abs. 3 S. 3 AEUV fallende Neubeihilfen.

Wenn die Kommission diese Beihilfen einer Überprüfung unterziehen würde, müsste sie sich mit den Erlaubnistatbeständen des Art. 107 Abs. 2 und 3 AEUV auseinandersetzen.

---

[525] Siehe Seite 181 ff.
[526] Vgl. EuG vom 30.04.2002, Rs. T-195, 207/01, Regierung von Gibraltar/Kommission, Rn. 112.

Hier könnten weite Teile des Gemeinnützigkeitsrechts als Vorhaben von gemeinsamem europäischem Interesse vom Verbot ausgenommen sein[527].

Angesichts der Änderungshäufigkeit im Steuerrecht ist es somit nicht verwunderlich, dass der Bestandsschutz für Altbeihilfen selten einschlägig ist. Er spielt aber bei der Diskussion um die Zulässigkeit der durch das Jahresgesetz 2009 eingeführten Vorschriften des § 8 Abs. 7 und 9 KStG eine große Rolle. Der dort geregelte kommunale Querverbund soll zulässig sein, weil die Regelungen lediglich eine seit einem Urteil des BFH vom 20.03.1956[528] faktisch bestehende und nur durch ein von der Finanzverwaltung nicht angewendetes Urteil des BFH vom 27.10.2007[529] anders beurteilte Rechtslage kodifiziere[530].

3.3.2   Das Verfahren bei nicht notifizierten Beihilfen

Erhält die Kommission Informationen, dass staatliche Maßnahmen insgesamt oder in ihrer tatsächlichen Durchführung gegen Art. 107 AEUV verstoßen, so setzt sie ein Verfahren in Gang, um dies zu überprüfen und ggf. zu ändern (Art. 10 Abs. 1 Beihilfeverfahrensverordnung). Dazu ergeht an den betroffenen Mitgliedstaat die Aufforderung, sich zu den Beihilfen zu äußern. Die Kommission kann durch Beschluss Auskünfte anfordern, wenn der Mitgliedstaat sie nicht rechtzeitig liefert (Art. 10 Abs. 2 und 3 Beihilfeverfahrensverordnung). Außerdem kann die Kommission einstweilige Maßnahmen gegen die möglicherweise rechtswidrigen Maßnahmen erlassen:

- Sie kann entscheiden, dass die **Beihilfegewährung** bis zu einer Entscheidung der Kommission **auszusetzen** ist (Art. 11 Abs. 1 Beihilfeverfahrensverordnung).

- Unter besonderen Voraussetzungen kann die Kommission sogar entscheiden, dass der Mitgliedstaat die etwaige **rechtswidrige Beihilfe einstweilen** bis zum Abschluss des Prüfungsverfahrens **zurückfordern** muss (Art. 11 Abs. 2 Beihilfeverfahrensverordnung).

Im Übrigen gleicht das Verfahren dem bei der Einführung neuer Maßnahmen. Es wird ein vorläufiges und ggf. ein förmliches Prüfungsverfahren durchgeführt (Art. 13 Beihilfeverfahrensverordnung). Endet das förmliche Prüfungsverfahren mit der Entscheidung der Kommission, dass die Beihilfe nicht durchgeführt werden darf, so entscheidet sie gleichzeitig, dass der betreffende Staat alle rechtswidrig gewährten Beihilfen einschließlich Zinsen zurückfordern muss[531]. Kommt ein Mitgliedstaat einer Aussetzungs- oder Rückforderungsanordnung nicht nach, kann ihn die Kommission unmittelbar vor dem EuGH ver-

---

[527] Vgl. *Helios* (2006), S. 119 ; *Hüttemann* (2006), S. 920.
[528] Vgl. BFH vom 20.03.1956, I 317/55 U, BStBl. III 1956, 166.
[529] Vgl. BFH vom 27.08.2007, I R 32/06, BStBl. II 2007, 961 mit Nichtanwendungserlass Bundesministerium der Finanzen (2007), BStBl. I 2007, 905.
[530] Vgl. FG Köln vom 09.03.2010, 13 K 3181/08, EFG 2010, 1350; Sächsisches FG vom 15.12.2010, 4 K 635/08, ZKF 2011, 110; Sächsisches FG vom 09.12.2010, 1 K 184/07, Haufe-Index 2742845 (Revision anhängig unter I R 58/11).
[531] Zu den Modalitäten der Rückforderung siehe Seite 194 ff.

klagen. Des Vorverfahrens des Art. 256 AEUV bedarf es dazu nicht (Art. 12 Beihilfeverfahrensverordnung).

3.3.3   Das Verfahren bei missbräuchlicher Anwendung genehmigter Beihilfen

Das Verfahren für die missbräuchliche Anwendung genehmigter Beihilfen entspricht dem bei rechtswidrigen, nicht genehmigten Beihilfen (Art. 16 Beihilfeverfahrensverordnung). Allerdings sieht die 15. Begründungserwägung der Beihilfeverfahrensverordnung vor, dass die Kommission keine Rückforderungsanordnung erlassen sollte, weil die Beihilfegewährung auf einer bestehenden Genehmigung beruht.

3.3.4   Die Überwachung bestehender Beihilfen

Die Überwachung **bestehender Beihilfen** [Art. 1 Buchstabe b) der Beihilfeverfahrensverordnung] betrifft Altbeihilfen, die schon vor Abschluss des EWGV bestanden, von der Kommission genehmigte Beihilfen und solche, die notifiziert, aber nicht untersagt wurden. Die Kommission hat die Aufgabe auch Altbeihilfen ständig zu überwachen. Dafür holt die Kommission von den Mitgliedstaaten die nötigen Auskünfte ein, um zu prüfen, ob Maßnahmen der Mitgliedstaaten (noch) mit dem Binnenmarkt zu vereinbaren sind. Kommt sie zu dem Ergebnis, dass dies nicht der Fall ist, schlägt sie dem Mitgliedstaat Maßnahmen vor, die auf die Herstellung eines vertragskonformen Zustandes abzielen. Stimmt der Mitgliedstaat den Maßnahmen nicht zu und bleibt die Kommission bei ihrem Standpunkt, leitet sie das förmliche Prüfungsverfahren ein. Um der Kommission die Überwachung bestehender Beihilfen zu erleichtern, müssen die Mitgliedstaaten jährlich Berichte über bestehende Beihilferegelungen abgeben (Art. 22 Beihilfeverfahrensverordnung). Bei Zweifeln an der Einhaltung einer Genehmigung einer Beihilfe muss der betroffene Mitgliedstaat es der **Kommission** gestatten, **Nachprüfungen vor Ort** vorzunehmen (Art. 22 Beihilfeverfahrensverordnung).

3.3.5   Stellung von Beteiligten im Beihilfeverfahren

Das Verfahren zur Genehmigung einer Beihilfe ist nicht nur für die Mitgliedstaaten, sondern auch für die Empfänger der geplanten Beihilfe und ihre Konkurrenten von Interesse. Diesem Interesse trägt die Beihilfeverfahrensverordnung Rechnung, indem sie auch die Einbeziehung anderer Beteiligter in den Entscheidungsprozess der Kommission vorsieht. Als mögliche Beteiligte kommen nach Art. 1 Buchstabe h) der Beihilfeverfahrensverordnung Mitgliedstaaten, Personen, Unternehmen oder Unternehmensvereinigungen, deren Interessen aufgrund der Gewährung einer Beihilfe beeinträchtigt sein könnten, in Betracht. Das sind insbesondere der Beihilfeempfänger, Wettbewerber und Berufsverbände.

3.3.5.1 Beteiligung im vorläufigen Prüfungsverfahren

Art. 108 AEUV erwähnt die Beteiligten lediglich in Abs. 2 Unterabs. 1. Diese Vorschrift betrifft das förmliche Prüfungsverfahren. Daraus wurde geschlossen, dass **im vorläufigen Prüfungsverfahren nur die Mitgliedstaaten beteiligt werden müssen**[532]. Die Beihilfeverfahrensverordnung hält daran fest (Art. 20 Abs. 1 Beihilfeverfahrensverordnung). Allerdings können sich Beteiligte unaufgefordert an die Kommission wenden und ihren Standpunkt darlegen. Jeder Beteiligte hat zudem einen Anspruch darauf, auf Antrag eine Kopie der Abschlussentscheidung des vorläufigen Prüfungsverfahrens zu erhalten (Art. 20 Abs. 3 Beihilfeverfahrensverordnung). Das ist deshalb wichtig, weil die Beteiligten i.S.d. Art. 1 Buchstabe h) der Beihilfeverfahrensverordnung die Entscheidung, das förmliche Verfahren nicht einzuleiten, anfechten können. Denn nur so kann sichergestellt werden, dass sie die Rechte, die sie im förmlichen Prüfungsverfahren haben, auch wahrnehmen können[533]. Gegenstand einer solchen Klage ist nicht die Zulässigkeit der geplanten staatlichen Maßnahme, sondern die Frage, ob die Kommission zurecht die Eröffnung eines förmlichen Prüfungsverfahrens abgelehnt hat, **weil ohne ernsthafte Schwierigkeiten** festzustellen ist, dass eine mit dem Binnenmarkt vereinbare Maßnahme vorliegt[534]. Allerdings dürfte es schwierig sein, bei einem allgemeinen Beihilferegime mittels Steuervergünstigungen die nach Art. 263 Abs. 4 AEUV erforderliche unmittelbare und individuelle Betroffenheit durch das Nichteinschreiten gegen eine Beihilfe und damit die Zulässigkeit der Klage zu begründen[535].

Die Klage gegen die Entscheidung der Kommission ist innerhalb von zwei Monaten nach deren Ergehen zu erheben. Der Fristlauf beginnt je nach Lage des Falles mit der Bekanntgabe der Entscheidung, ihrer Mitteilung an den Kläger oder zu dem Zeitpunkt, zu dem der Kläger entsprechende Kenntnis erlangt hat (Art. 263 Abs. 6 AEUV). Die Kommission veröffentlicht kurze Mitteilungen im Amtsblatt Teil C über die Entscheidungen, in denen die Eröffnung eines förmlichen Prüfungsverfahrens abgelehnt wird. Doch reicht das für den Beginn des Fristlaufs nicht aus. Der Kläger muss genaue Kenntnis vom Inhalt der Entscheidung haben, also eine Kopie besitzen. Er ist allerdings dafür verantwortlich, diese Kopie anzufordern, wenn er von der Existenz der Entscheidung Kenntnis erlangt[536].

3.3.5.2 Beteiligung im förmlichen Verfahren

Leitet die Kommission ein förmliches Prüfungsverfahren ein, wird eine Mitteilung mit der Aufforderung an die Beteiligten, sich in einem Prüfungsverfahren zu äußern, im Amtsblatt

---

[532] Vgl. EuGH vom 19.05.1993, Rs. C-198/91, Cook, Rn. 22; EuGH vom 15.06.1993, Rs. C-225/91, Matra, Rn. 16; EuGH vom 02.04.1998, Rs. C-367/95 P, Sytraval, Rn. 38.

[533] Vgl. EuGH vom 19.05.1993, Rs. C-198/91, Cook, Rn. 23; EuGH vom 15.06.1993, Rs. C-225/91, Matra, Rn. 17; EuG vom 11.02.1999, Rs. T-86/96, Arbeitsgemeinschaft Deutscher Luftfahrt-Unternehmen, Rn. 49.

[534] Vgl. EuGH vom 19.05.1999, Rs. C-198/91, Cook, Rn. 30; EuGH vom 15.06.1993, Rs. C-225/91, Matra, Rn. 34 ff.

[535] Vgl. EuG vom 16.09.1998, Rs. T-188/95, Waterleiding, Rn. 61 ff.

[536] Vgl. EuG vom 16.09.1998, Rs. T-188/95, Waterleiding, Rn. 111.

Teil C veröffentlicht[537]. Dadurch wird das jedem Beteiligten zustehende **Recht, nach der Eröffnung des förmlichen Prüfungsverfahrens Stellungnahmen abzugeben,** gesichert. Hat die Kommission das förmliche Verfahren abgeschlossen, erhält jeder Beteiligte und jeder Empfänger einer Einzelbeihilfe auf Antrag eine Kopie von der endgültigen Entscheidung der Kommission (Art. 20 Abs. 3 Beihilfeverfahrensverordnung). Diese Kopie ist aber keine anfechtbare Entscheidung. Diese ergeht nur an den Mitgliedstaat[538]. Dieser kann Entscheidungen der Kommission, die eine Beihilfe nicht oder nur unter Auflagen genehmigt, mit der Nichtigkeitsklage zum EuG gem. Art. 263 Abs. 1 und 2, Art. 256 Abs. 1 AEUV anfechten. **Unternehmen, denen** durch die Entscheidung der Kommission **die Begünstigung verwehrt wird**, haben bei steuerlichen Beihilfen i.d.R. nicht die erforderliche unmittelbare und individuelle Betroffenheit, um ihrerseits vor dem EuG klagen können (vgl. Art. 263 Abs. 4 AEUV). Denn der EuGH fordert dafür, dass die Beihilfe auf einen genau bestimmten Kreis von Begünstigten zielt. Die Betroffenen müssen wegen bestimmter persönlicher Eigenschaften oder besonderer, sie aus dem Kreis aller übrigen Personen heraushebender Umstände berührt sein[539]. Anders ist es, wenn sie die Beihilfe unter Verstoß gegen Art. 108 Abs. 3 S. 3 AEUV bereits erhalten haben und deshalb eine Rückforderung droht[540].

Weil **Wettbewerber** nicht Adressaten der Beihilfeentscheidung sind, können sie gegen den Beschluss der Kommission, der die Beihilfen genehmigt, nur klagen, wenn sie unmittelbar und individuell betroffen sind (Art. 263 Abs. 4 AEUV). Dazu müssen sie eine tatsächlich spürbare Beeinträchtigung ihrer Wettbewerbssituation durch die Beihilfe nachweisen[541]. Das kommt bei einer durch ein **allgemeines Steuerregime** gewährten Beihilfe allerdings nicht in Betracht[542].

Deshalb war die Klage deutscher Luftfahrtunternehmen und ihres Verbandes gegen die Verweigerung einer Genehmigung für Abschreibungserleichterungen nach § 82f EStDV nicht erfolgreich. Ihre Klage wurde vom EuG als unzulässig abgewiesen. Die klagende Hapag-Lloyd Fluggesellschaft mbH sei nur aufgrund ihrer objektiven Eigenschaft als möglicherweise durch den streitigen Abschreibungsmechanismus Begünstigte und damit nicht anders als jeder andere Wirtschaftsteilnehmer, der sich tatsächlich oder potentiell in einer gleich gelagerten Situation befinde, betroffen. Ein Verband sei von Handlungen, die die Interessen seiner Mitglieder berührten, ebenfalls nicht unmittelbar und individuell betroffen[543]. Dagegen haben sich Konkurrenten schon mehrfach mit zulässigen Klagen gegen Steuervorteile gewendet, die einzelnen Unternehmen gewährt wurden[544].

---

[537] Vgl. *Blumenberg* (2000), S. 1644.
[538] Vgl. EuGH vom 19.05.1993, Rs. C-198/91, Cook, Rn. 13 ff.
[539] Vgl. EuGH vom 26.06.1990, Rs. C-152/88, Sofrimport, Rn. 11; EuG vom 08.03.2012 Rs. T-221/10, Iberdrola, Rn. 23.
[540] Vgl. EuGH vom 19.10.2000, Rs. C-15/98 und C-105/99, Sardgena Lines/Kommission, Rn. 34 f.
[541] Vgl. EuGH vom 10.12.1969, Rs. 10/68 und 18/68, Eridania Zuccherifici, Rn. 7/8.
[542] Vgl. EuG vom 16.09.1998, Rs. T-188/95, Waterleiding, Rn. 61.
[543] Vgl. EuG vom 11.02.1999, Rs. T-86/96, Arbeitsgemeinschaft Deutscher Luftfahrt-Unternehmen, Rn. 46 ff.
[544] Vgl. EuGH vom 16.05.2000, Rs. C-83/98 P, Ladbroke Racing, Rn. 1 ff.; EuG vom 27.02.1997, Rs. T-106/95, FFSA, Rn. 1 ff.

3.3.5.3   Jederzeitige Beschwerdemöglichkeit

Ein Beteiligter hat im Übrigen die Möglichkeit, die Kommission von möglichen rechts-widrigen Beihilfen **zu unterrichten**. Die Kommission prüft diese Hinweise. Ergeben sich keine ausreichenden Anhaltspunkte für eine unzulässige Beihilfegewährung, unterrichtet die Kommission den Beteiligten hiervon. Trifft die Kommission in einem von einem Betei-ligten angeregten Verfahren eine Entscheidung, so übermittelt sie dem Beteiligten davon eine Kopie (Art. 20 Abs. 2 Beihilfeverfahrensverordnung).

3.3.6   Kompetenzverteilung bei der Beihilfekontrolle

Die Kommission ist das Organ, das für die Genehmigung von Beihilfen zuständig ist. Ihre Genehmigungsentscheidungen unterliegen aber der Nachprüfung durch das EuG und den EuGH. Bei der Überprüfung der Entscheidungen der Kommission ist Folgendes zu unter-scheiden:

■ Geht es darum, ob eine Beihilfe vorliegt, unterliegt diese Frage der **vollen** Kontrolle durch das EuG und den EuGH. Der Begriff der Beihilfe ist ein Rechtsbegriff und an-hand objektiver Kriterien auszulegen. Der Gemeinschaftsrichter hat das Vorliegen einer Beihilfe grundsätzlich unter Berücksichtigung der konkreten Umstände des Falles und des technischen und komplexen Charakters der von der Kommission vorgenommenen Prüfung **umfassend** zu prüfen[545]. Für die Voraussetzungen des Art. 107 Abs. 2 AEUV gilt Entsprechendes[546].

■ Geht es hingegen um die Ausübung des der Kommission im Rahmen des Art. 107 Abs. 3 AEUV zustehenden **Ermessens**, ist die **Nachprüfung durch das EuG und den EuGH eingeschränkt**. Die Gerichte sind nicht befugt, ihre Würdigung der Tatsachen, insbe-sondere in wirtschaftlicher Hinsicht, an die Stelle der Würdigung der Kommission zu setzen. Die Überprüfung hat sich darauf zu beschränken, ob der Sachverhalt richtig festgestellt wurde, ob Verfahrens- und Begründungsregeln eingehalten worden sind und ob keine offensichtlichen Beurteilungsfehler vorliegen[547].

Die Frage, ob eine Maßnahme eine mit dem Vertrag nicht vereinbare Beihilfe darstellt, kann sich aber auch stellen, wenn die Kommission die fragliche Maßnahme noch keiner Über-prüfung unterzogen hat. Hier können **nationale Gerichte** infolge des der Kommission eingeräumten weiten Ermessens nur prüfen, ob das Genehmigungsverfahren durchgeführt wurde[548].

Mit einem solchen Problem können sie befasst werden, wenn es um die Anwendung des sich aus Art. 108 Abs. 3 S. 3 AEUV ergebenden, unmittelbar anwendbaren **Durchführungs-**

---

[545] Vgl. EuGH vom 16.05.2000, Rs. C-83/98 P, Ladbroke Racing, Rn. 25.
[546] Vgl. EuG vom 27.01.1998, Rs. T-67/94, Ladbroke Racing, Rn. 52.
[547] Vgl. EuGH vom 15.06.1993, Rs. C-225/91, Matra, Rn. 24; EuG vom 27.02.1997, Rs. T-106/95, FFSA, Rn. 101; EuG vom 27.01.1998, Rs. T-67/94, Ladbroke Racing, Rn. 148.
[548] Vgl. *Harings* (1999), S. 286.

verbotes geht. Auf die Einhaltung dieses Verbotes können sich Konkurrenten eines in Aussicht genommenen Beihilfebegünstigten vor nationalen Gerichten berufen[549]. Auch der EuGH kann in solchen Fällen in einem von einem nationalen Gericht eingeleiteten Vorlageverfahren nur untersuchen, ob eine Beihilfe vorliegt, aber nicht, ob sie mit dem Binnenmarkt vereinbar ist[550].

Hat die Kommission eine Beihilfe genehmigt und ist diese Entscheidung bestandskräftig geworden, kommt auch keine implizite Überprüfung dieser Entscheidung in Betracht[551]. Hat die Kommission durch Entscheidung festgestellt, dass keine Beihilfe vorliegt, so ist auch diese Frage nach Eintritt der Bestandskraft der Überprüfung durch das EuG und den EuGH entzogen. Entsprechendes gilt, wenn die Kommission die Beihilfe nicht oder nur verändert genehmigt hat und es um die Rückforderung der Beihilfe oder einen Anspruch auf eine weiter reichende Beihilfe geht[552].

3.3.7   Handhabung steuerlicher Beihilfen vor ihrer Genehmigung in Deutschland

Geplante Beihilfen müssen der Kommission angezeigt werden. Stößt die Kommission bei ihrer Prüfung der Maßnahme auf ernste Schwierigkeiten und leitet sie deshalb ein förmliches Prüfungsverfahren ein, kann dies mehrere Jahre dauern.

Beispiel:

Die durch Gesetz vom 18.07.1997 fortgesetzte Förderung von Investitionen in den neuen Bundesländern durch das Investitionszulagengesetz 1999 wurde von der Kommission im Wesentlichen mit einer Entscheidung vom 28.2.2001 genehmigt.

Es fragt sich, wie in der Zwischenzeit mit einer möglicherweise vertragswidrigen Norm und dem Durchführungsverbot nach Art. 108 Abs. 3 S. 3 AEUV umzugehen ist. Die Praxis ist dabei in Deutschland wechselhaft. Sie führt zu erheblicher Rechtsunsicherheit[553]. Teilweise hat die Finanzverwaltung im Erlasswege die Anwendung der gesetzlichen Vorschrift ausgesetzt oder modifiziert und die Finanzämter angewiesen, zunächst unter dem Vorbehalt der Nachprüfung zu veranlagen[554]. In neuerer Zeit wird dagegen vermehrt das Inkrafttreten gesetzlicher Vorschriften von einer Genehmigung der Steuervergünstigung durch die Kommission abhängig gemacht (vgl. z.B. § 8c Abs. 2 KStG i.d.F. des Gesetzes zur Modernisierung der Rahmenbedingungen für Kapitalbeteiligungen [MoRaKG][555] i.V.m. Art. 8 Abs. 2 MoRaKG). Nach wie vor werden aber gesetzliche Regeln, bei denen zumindest problematisch ist, ob sie verbotene Beihilfen sind, ohne Notifikation und Genehmigungsvorbe-

---

[549] Vgl. EuGH vom 11.12.1973, Rs. 120/73, Lorenz Deutschland, Rn. 8.
[550] Vgl. EuGH vom 15.03.1994, Rs. C-387/92, Banco Exterior de España, Rn. 16.
[551] Anders möglicherweise EuG vom 16.09.1998, Rs. T-188/95, Waterleiding, Rn. 147.
[552] Vgl. BFH vom 12.10.2000, III R 35/95, BStBl. II 2001, 503.
[553] Vgl. *Blumenberg* (2000), S. 1634.
[554] Vgl. BMF Investitionszulage, BStBl. I 1992, S. 97; BMF Jahressteuergesetz 1997, BStBl. I 1997, S. 102.
[555] BGBl. I 2008, 1672.

halt eingeführt. Besonders umstritten ist z.B. die nicht notifizierte sog. Sanierungsklausel in
§ 8c Abs. 1a KStG, die die Kommission anders als Deutschland als unzulässige Beihilfe
beurteilt[556].

Das Beispiel des § 7g EStG zeigt, dass Deutschland zudem der Verpflichtung, Änderungen
bestehender notifizierter Beihilfen ebenfalls zu notifizieren, nicht immer nachkommt. § 7g
EStG erlaubt Unternehmen, die bestimmte Größenmerkmale nicht überschreiten (bei bilan-
zierenden Gewerbetreibenden z.B. ein Betriebsvermögen von nicht mehr als € 235.000), für
eine in den folgenden drei Wirtschaftsjahren beabsichtigte Investition einen gewinnmin-
dernden Abzugsbetrag von 40% der erwarteten Anschaffungs- oder Herstellungskosten zu
bilden. Der Abzug ist auf € 200.000 für das Wirtschaftsjahr der Bildung des Abzugsbetrages
und die drei vorangegangenen Wirtschaftsjahre beschränkt. Für abnutzbare bewegliche
Wirtschaftsgüter des Anlagevermögens sind zudem nach der Anschaffung Sonder-AfA von
20% auf den um den Abzugsbetrag verminderten Buchwert zulässig. Dass es sich bei dieser
Regelung um eine selektiv wirkende Begünstigung von kleineren und mittleren Unternehmen aus staatlichen Mitteln, mithin um eine Beihilfe handelt, ist unproblematisch. In der
Literatur wird allerdings bestritten, dass sie den Wettbewerb verfälscht. Dies wird damit
begründet, dass nur Investitionen in inländisches Betriebsvermögen gefördert werden und
dass die Begünstigten nur einen geringen Einfluss auf den Binnenmarkt hätten[557]. Beide
Argumente überzeugen nicht, weil eine Beeinträchtigungsschwelle nicht erreicht werden
muss und eine Wettbewerbsbeeinträchtigung auch vorliegt, wenn ausländischen Unternehmen der Marktzutritt erschwert wird[558].

Die Kommission hat die ursprüngliche Fassung des § 7g EStG 1993 und auch eine 1996
eingeführte besondere Begünstigung für Existenzgründer als zulässige Beihilfe an kleine
und mittlere Unternehmen genehmigt[559]. Entscheidend ist daher, ob die zuletzt 1998 erfolgte Nichtbeanstandung noch bis heute fortwirkt. Dazu kommt es darauf an, ob eine zur
Notifizierungspflicht führende Änderung gegeben ist. Das ist jede Änderung außer einer
Änderung rein formaler und verwaltungstechnischer Art, die keinen Einfluss auf die Würdigung der Vereinbarkeit der Beihilfemaßnahme mit dem Binnenmarkt haben kann. Seit
der Notifizierung sind aber Änderungen vorgenommen worden, die nicht nur als formal
oder verwaltungstechnisch angesehen werden können. Der Begünstigungsbetrag ist von
€ 154.000 auf € 200.000 erhöht worden. Zudem wird in der aktuellen Gesetzesfassung auch
die Anschaffung gebrauchter Wirtschaftsgüter gefördert. Die erste Änderung betrifft die
Regelung insgesamt, während man die zweite als zusätzliche, isoliert zu prüfende Beihilfe
qualifizieren kann. Im Ergebnis sind die Anwendung des § 7g EStG insgesamt und insbesondere die Begünstigung von gebrauchten Wirtschaftsgütern Verstöße gegen Art. 108 Abs.
3 S. 3 AEUV.

---

[556] Vgl. Europäische Kommission 2011a, ABl. L 235/26. Das BMF 2010 hat nach Einleitung des Hauptprüfungsverfahrens die vorläufige Nichtanwendung der Vorschrift angeordnet (BMF, BStBl. I
2010, S. 488).
[557] Vgl. *Kratzsch* (2013), Rn. 10.
[558] Siehe Seite 177.
[559] Europäische Kommmission (1993), Bulletin der EG 7-8 1993, ,Tz. 1.2.59 S. 32; Europäische Kommission (1998b), ABl. 1998, C 334/6.

3.4 Rückforderung steuerlicher Beihilfen

Die Rückforderung von verbotenen Beihilfen kommt in verschiedenen Situationen in Betracht. Die Verpflichtung des Mitgliedstaates zur Rückforderung kann auf einer entsprechenden Entscheidung der Kommission beruhen, sie kann sich aber auch unmittelbar aus Art. 108 Abs. 3 S. 3 AEUV ergeben.

3.4.1 Rückforderung bei Verstoß gegen Art. 108 Abs. 3 S. 3 AEUV

Solange die Zweimonatsfrist des vorläufigen Prüfungsverfahrens noch nicht verstrichen ist oder das förmliche Prüfungsverfahren der Kommission andauert, darf der Mitgliedstaat die Beihilfemaßnahme nicht durchführen (Art. 108 Abs. 3 S. 3 AEUV). Gewährt der Mitgliedstaat trotzdem Beihilfen, ist zu unterscheiden:

- Genehmigt die Kommission die Beihilfe nicht, entscheidet sie, dass der Mitgliedstaat bereits gewährte Beihilfen zurückfordern muss.

- Genehmigt die Kommission die Beihilfe, spricht sie regelmäßig keine Verpflichtung zur Rückzahlung der unter Verstoß gegen Art. 108 Abs. 3 S. 3 AEUV erhaltenen Beihilfe aus. Dies entspricht der Rechtsprechung des EuGH, die eine nur auf den Verstoß gegen Art. 108 Abs. 3 S. 3 AEUV gestützte Rückforderungsanordnung für unzulässig erachtet hat[560]. Der Vorteil, die Beihilfe vorzeitig erhalten zu haben, kann durch Verzinsung ausgeglichen werden[561].

- Klagen Wettbewerber der Beihilfeempfänger vor nationalen Gerichten gegen die Beihilfegewährung, können sie sich auf Art. 108 Abs. 3 S. 3 AEUV berufen. Eine spätere Genehmigung der Beihilfe heilt den Verstoß gegen Art. 108 Abs. 3 S. 3 AEUV nicht[562].

- Die Kommission kann als vorläufige Maßnahme den Mitgliedstaat ohne Fristsetzung auffordern, die Beihilfegewährung einzustellen und unter besonderen Voraussetzungen die Beihilfe zurückfordern (Art. 11 Beihilfeververfahrensverordnung). Kommt der Mitgliedstaat dem nicht nach, kann die Kommission ihn nach Art. 12 Beihilfeververfahrensverordnung gemäß Art. 258 AEUV vor dem EuGH verklagen. Gegenstand des Verfahrens sind nur die Verletzung der Notifizierungspflicht und das daraus folgende Verbot der Durchführung der Beihilfe nach Art. 108 Abs. 3 S. 3 AEUV.

---

[560] Vgl. EuGH vom 14.02.1990, Rs. C-301/87, Kommission/Frankreich (Boussac), Rn. 20 ff; EuGH vom 21.03.1990, Rs. C-142/87, Belgien/Kommision (SA Tubemeuse), Rn. 20.
[561] Vgl, EuGH vom 12.02.2008, Rs. C-199/06, CELF, Rn. 52.
[562] Vgl. EuGH vom 11.06.1991, Rs. C-149/91 und 150/91 Sanders Adour, Rn. 26; EuGH vom 21.11.1991, Rs. C-354/90, Féderation nationale du commerce extérieur des produits alimentaires, Rn. 16.

3.4.2 Rückforderung nach Abschluss des förmlichen Prüfungsverfahrens

Mit einer Entscheidung der Kommission, dass eine Beihilfe aufzuheben oder umzugestalten ist, ist die Beihilfe vom Empfänger zurückzufordern. Die Anordnung der Kommission, die Beihilfe zurückzufordern, muss mit den allgemeinen Grundsätzen des Gemeinschaftsrechts vereinbar sein (Art. 14 Abs. 1 Beihilfeverfahrensverordnung). Bedenken bestehen hinsichtlich der an den Mitgliedstaat gerichteten Anordnung meist nicht. Der Einwand der Unverhältnismäßigkeit greift nicht[563]. Auch dass sich die Beihilfeempfänger voraussichtlich auf Vertrauensschutz berufen werden, steht der Entscheidung gegenüber dem Mitgliedstaat nicht im Weg[564]. Schließlich wird der Mitgliedstaat mit dem Einwand, dass es ihm nicht möglich sei, die Beihilfe zurückzufordern, nur gehört, wenn dies absolut unmöglich ist[565]. Absolute Unmöglichkeit dürfte in der Praxis wohl nur bei masselosem Konkurs des Beihilfeempfängers in Betracht kommen[566]. Immerhin ist aber eine Rückforderung von Beihilfen nach mehr als zehn Jahren nach ihrer tatsächlichen Gewährung nicht zulässig (Art. 15 Beihilfeverfahrensverordnung).

3.4.3 Die Rückforderungsentscheidung des Mitgliedstaates

Der Mitgliedstaat muss die Rückforderungsentscheidung der Kommission gegenüber dem Beihilfeempfänger durchsetzen. Die Modalitäten der Rückforderung richten sich deshalb nach nationalem Recht, doch darf es die Rückforderung nicht praktisch unmöglich machen[567]. Dabei ist die Rechtsprechung des EuGH sehr streng. So geht er davon aus, dass die Rückforderung einer zu Unrecht gewährten Beihilfe grundsätzlich verhältnismäßig ist[568]. Das gilt selbst dann, wenn die Behörde für den Fehler verantwortlich ist und die Rückforderung einen Verstoß gegen Treu und Glauben darstellt, sofern das Verfahren nach Art. 108 AEUV nicht eingeleitet wurde. Auch auf einen Wegfall der Bereicherung kann sich der Beihilfeempfänger nicht berufen[569]. Dass ein Steuerbescheid, der auf der Anwendung einer Beihilfevorschrift beruht oder eine Beihilfe gewährt (z.B. Erlass), bestandskräftig und Festsetzungsverjährung eingetreten ist, hindert die Rückforderung nicht[570]. Vertrauensschutz des Beihilfeempfängers besteht praktisch nur, wenn die Kommission die Beihilfe genehmigt hat. Schon wenn diese Genehmigung rechtzeitig mit einer Nichtigkeitsklage (Art. 263

---

563 Vgl. EuGH vom 14.01.1997, Rs. C-169/95, Spanien/Kommission, Rn. 47.
564 Vgl. EuG vom 12.11.1998, Rs. T-67/94, Ladbroke Racing, Rn. 183.
565 Vgl. EuGH vom 29.01.1998, Rs. C-280/95, Kommission/Italien, Rn. 13.
566 Vgl. *Hakenberg/Tremmel* (1999), S. 172.
567 Vgl. EuGH vom 21.03.1990, Rs. C-142/87, Belgien/Kommision (SA Tubemeuse), Rn. 61.
568 Vgl. EuGH vom 21.03.1990, Rs. C-142/87, Belgien/Kommision (SA Tubemeuse), Rn. 66.
569 Vgl. EuGH vom 20.03.1997, Rs. C-24/95, Alcan, Rn. 50 f. Anders dagegen, wenn die Beihilfegewährung nicht auf nationalem, sondern auf Gemeinschaftsrecht beruht. Hier kann man sich unter engen Voraussetzungen auf den Wegfall der Bereicherung berufen. Der Unterschied wird damit begründet, dass es in solchen Fällen an dem Wettbewerbsvorteil fehlt, den staatliche Beihilfen verschaffen (EuGH vom 16.07.1998, Rs. C-298/96, Oelmühle und Schmidt Söhne, Rn. 35).
570 Vgl. BFH vom 30.01.2009, VII B 180/08, BFH/NV 2009, 858.

AEUV) angefochten worden ist, entfällt der Vertrauensschutz[571]. Denkbar ist zwar, dass ein Gemeinschaftsorgan sonst durch sein Handeln begründete Erwartungen in sein Verhalten geweckt hat und deshalb Vertrauensschutz besteht. Die Hürden dazu sind aber sehr hoch. So reicht etwa der Beschluss des ECOFIN-Rates, für bisher von einer Beihilfe Begünstigte eine lange Übergangfrist zu gewähren, nicht aus, um tatsächlich auf eine solche Übergangsfrist vertrauen zu können[572].

Im Steuerrecht ergehen Rückforderungsentscheidungen durch geänderte Steuerbescheide, die eine höhere Steuerschuld festsetzen. Welche Änderungsvorschrift herangezogen werden kann, wenn der die Beihilfe gewährende Steuerbescheid nicht gem. § 164 AO unter dem Vorbehalt der Nachprüfung steht, ist allerdings umstritten[573]. In einem Verfahren gegen den Änderungsbescheid kann der Steuerpflichtige keine Einwendungen gegen die Versagung der Genehmigung durch die Kommission vorbringen. Er wird dazu auf die Nichtigkeitsklage gem. Art. 263 Abs. 4 AEUV verwiesen[574].

3.5   Gegenmaßnahmen gegen unliebsame Steuervergünstigungen

Gewährt ein Mitgliedstaat eine Beihilfe, eröffnet das Verfahrensrecht den anderen Mitgliedstaaten verschiedene Möglichkeiten, gegen die Beihilfegewährung vorzugehen. Sie können sich am Hauptprüfungsverfahren durch Stellungnahmen beteiligen (Art. 6 Abs. 1 Beihilfeverfahrensverordnung). Untersagt die Kommission die Beihilfegewährung nicht, können sie diese Entscheidung mit der Nichtigkeitsklage nach Art. 263 AEUV anfechten. Zudem könnten sie auch eine Staatenklage nach Art. 259 AEUV gegen den anderen Mitgliedstaat erheben.

Darüber hinaus wird der Genehmigung einer Beihilfe durch die Kommission von der Literatur auch eine Auswirkung auf das Steuerrecht der anderen Mitgliedstaaten zugeschrieben. Diese seien aufgrund der Pflicht zur Gemeinschaftstreue nach Art. 10 EGV (jetzt weitgehend entsprechend Art. 4 Abs. 3 EUV) gehindert, nationale Maßnahmen gegen die Inanspruchnahme einer ausländischen Beihilfemaßnahme zu ergreifen[575]. In Deutschland ging es dabei insbesondere um die Anwendbarkeit des § 42 AO auf Kapitalanlagen durch International Financial Service Center (IFSC) in der Custom House Dock Area von Dublin. Diese wurden durch Irland mittels von der Kommission nicht beanstandeter steuerlicher Beihilfen gefördert. Das FG Baden-Württemberg hatte § 42 AO angewendet, weil es die in der Custom House Dock Area ansässigen Gesellschaften aufgrund ihrer geringen Substanz als missbräuchlich eingeschaltet ansah. Es sei nicht unzulässig, § 42 AO im Einzelfall auf

---

[571]   Vgl. EuGH vom 14.01.1997, Rs. C-169/95, Spanien/Kommission, Rn. 53. Zweifelnd BGH vom 04.04.2003, V ZR 314/02, EuZW 2003, 446.

[572]   Vgl. EuGH vom 22.06.2006, Rs. C-182, 217/03, Belgien/Kommission, Rn. 148 ff.

[573]   Vgl. *de Weerth* (2009), S. 2677 ff.

[574]   Vgl. BFH vom 30.01.2009, VII B 180/08, BFH/NV 2009, S. 858.

[575]   Vgl. *Rädler/Lausterer/Blumenberg* (1996), S. 6 ff.; a.A. *Wartenburger* (2001), S. 400.

Sachverhalte mit Gemeinschaftsbezug anzuwenden. Auch werde die Beihilfegenehmigung nicht ausgehebelt, weil steuerliche Vorteile durch aktive Tätigkeiten in den Dublin-Docks möglich blieben[576]. Der Bundesfinanzhof hat die Anwendung des § 42 AO abgelehnt, weil die in der IFSC gegründeten Gesellschaften keine nach § 42 AO nicht anzuerkennenden Basisgesellschaften seien, sondern eine eigene, wenn auch passive Tätigkeit entfalteten[577]. In späteren Entscheidungen hat er ergänzend ausgeführt, dass auch die Tatsache, dass in Irland eine von der Kommission genehmigte Beihilfe gewährt wurde, gegen die Anwendung des § 42 AO spreche[578].

Auch die durch die Beihilfegewährung benachteiligten Konkurrenten können gegen die Beihilfe vorgehen. Wie unter 3.3.5.1 und 3.3.5.2 geschildert, können sie sich am Vor- und Hauptprüfungsverfahren beteiligen und bei direkter und unmittelbarer Betroffenheit auch gem. Art 263 Abs. 4 AEUV gegen die Entscheidung der Kommission klagen. Während der Geltung des Durchführungsverbotes nach Art. 108 Abs. 3 S. 3 AEUV kann ein Wettbewerber sich vor nationalen Gerichten unmittelbar auf die Sperrwirkung dieser Vorschrift berufen[579]. Das nationale Gericht muss entsprechend dem nationalen Recht alle geeigneten Folgerungen ziehen[580]. Im Steuerrecht bedeutet das, dass ein durch die gewährte Beihilfe benachteiligter Wettbewerber den die Beihilfe gewährenden Steuerbescheid anfechten kann. Um zu erfahren, ob der Konkurrent die steuerliche Beihilfe überhaupt erhalten hat, steht ihm vorgelagert ein Auskunftsanspruch gegen die Finanzverwaltung zu[581]. Dagegen kann der Konkurrent nicht erreichen, dass er den gleichen Steuervorteil erhält[582]. Zudem kann der Konkurrent in den engen Grenzen der persönlichen und unmittelbaren Betroffenheit Klage gegen die Entscheidung der Kommission, ein Hauptprüfungsverfahren nicht durchzuführen oder die Beihilfe zu genehmigen, erheben (Art. 256 Abs. 1 S. AEUV) (vgl. oben 3.3.5.1 und 3.3.5.2).

---

[576] Vgl. FG Baden-Württemberg vom 17.07.1997 10 K 309/96, EFG 1997, 1444.
[577] Vgl. BFH vom 19.01.2000, I R 94/97, BStBl. II 2001, 225.
[578] Vgl. BFH vom 25.02.2004, I R 42/02, BStBl. II 2005, 16.
[579] Vgl. EuGH vom 21.11.1991, Rs. C-354/90, Fédération nationale du commerce extérieur des produits alimentaires, Rn. 14.
[580] Vgl. EuGH vom 08.11.2001, Rs. C-143/99, Adria-Wien Pipeline GmbH, Rn. 27; EuGH vom 05.10.2006, Rs. C-368/04, Transalpine Ölleitung in Österreich GmbH, Rn. 47.
[581] Vgl. BFH vom 26.01.2012, VII R 4/11, Rn. 13 ff.
[582] Vgl. EuGH vom 05.10.2006, Rs. C-368/04, Transalpine Ölleitung in Österreich GmbH, Rn. 49.

3.6   Zusammenfassung

Abbildung 3.1   Prüfungsschema beihilferechtlicher Sachverhalte in Anlehnung an IDW
PS 700. FN-IDW (2011) 10: 648

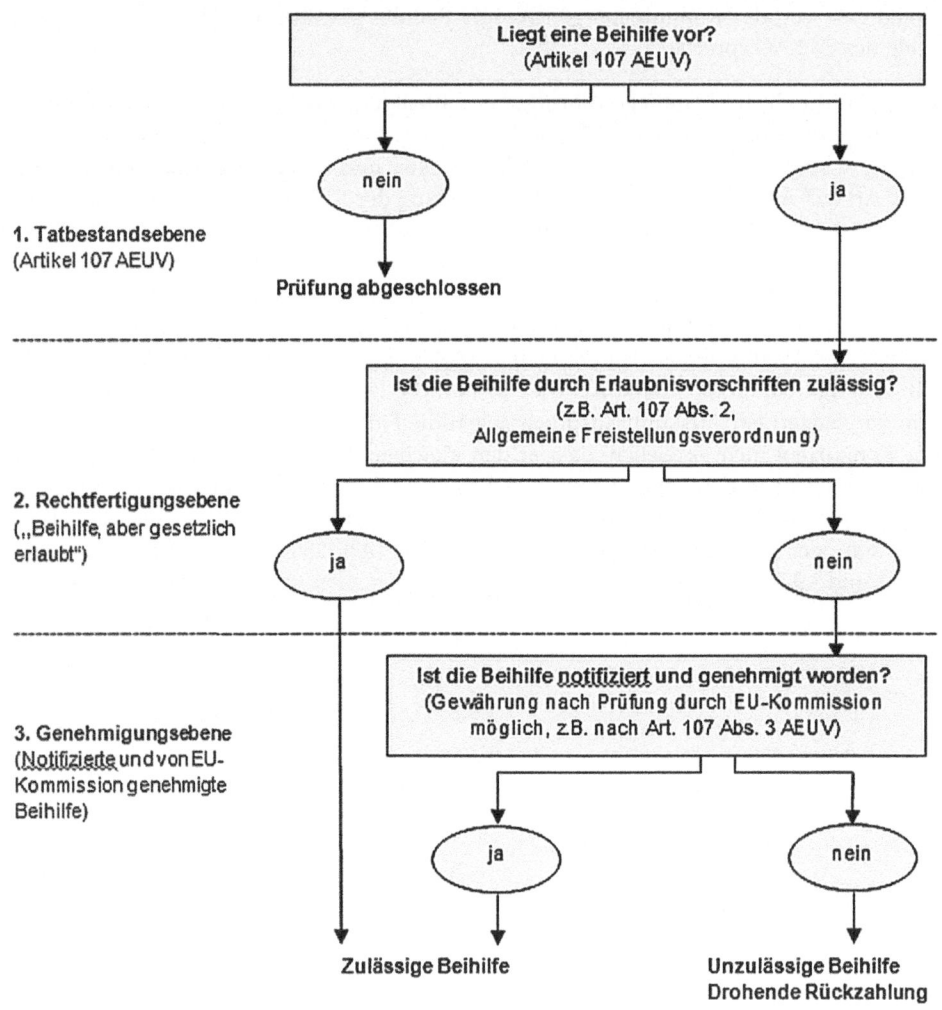

1. Das Verbot nationaler Beihilfen in Art. 107 AEUV ist in den letzten Jahren verstärkt in
    den Blickpunkt gerückt. Die verstärkte Bekämpfung steuerlicher Beihilfen durch die
    Kommission ist Teil des Verhaltenskodex gegen schädlichen Steuerwettbewerb.

2. Bei der Feststellung, dass eine nationale Steuervorschrift eine unerlaubte Beihilfe darstellt, bereitet das Erfordernis der Selektivität die größten Probleme. Wie selektive Maßnahmen von Maßnahmen abzugrenzen sind, die der allgemeinen Konjunktur- und
   Wirtschaftspolitik dienen oder die durch die Natur oder den inneren Aufbau des Steuersystems gerechtfertigt sind, ist unklar.

3. Erfüllt eine Steuervorschrift den Tatbestand der Beihilfe, muss sie vor ihrer Einführung
   der Kommission notifiziert werden. Die Kommission führt dann ein Prüfungsverfahren
   durch, bis zu dessen Abschluss die Beihilfe nicht gewährt werden darf. Dieses vorläufige Durchführungsverbot ist unmittelbar anwendbar. Deshalb können Konkurrenten
   von Beihilfeempfängern in diesem Stadium des Verfahrens vor nationalen Gerichten gegen eine Beihilfegewährung vorgehen.

4. Das Prüfungsverfahren der Kommission ist zweistufig. Stellt die Kommission fest, dass
   eine Maßnahme eindeutig keine Beihilfe darstellt oder eindeutig eine mit dem Binnenmarkt vereinbare Beihilfe ist, schließt das Verfahren mit einer dementsprechenden Entscheidung an den Mitgliedstaat ab. Gegen diese Entscheidung, das Verfahren einzustellen, können potentielle Konkurrenten der Beihilfebegünstigten vor dem EuG Klage erheben. Allerdings wird es ihnen bei steuerlichen Beihilfen meist an der notwendigen
   unmittelbaren und individuellen Betroffenheit fehlen. Ist die Beurteilung der Zulässigkeit einer Maßnahme dagegen schwierig, leitet die Kommission ein förmliches Prüfungsverfahren ein, an dem sich die Mitgliedstaaten, die potentiell Begünstigten, aber
   auch Konkurrenten der Beihilfebegünstigten beteiligen können. Im Rahmen dieses Verfahrens kommt der Kommission ein weites Ermessen zu, ob sie eine Beihilfe aufgrund
   der Tatbestände des Art. 107 Abs. 3 AEUV genehmigt. Die Abschlussentscheidung der
   Kommission kann vom beteiligten Mitgliedstaat und bei unmittelbarer und individuel-
   ler Betroffenheit auch von Konkurrenten der Beihilfeempfänger angefochten werden.

5. Die Kommission wird im Bereich der Beihilfeaufsicht nicht nur aufgrund der Beihil-
   feanzeigen der Mitgliedstaaten tätig. Sie hat vielmehr die Aufgabe, die Mitgliedstaaten
   ständig daraufhin zu kontrollieren, ob sie verbotene Beihilfen gewähren. Stellt die
   Kommission eine solche Gewährung fest, leitet sie ein wiederum zweistufiges Prüfungsverfahren ein. An dessen Ende kann ein Verbot der Beihilfe und die Aufforderung
   an den Mitgliedstaat stehen, die gewährten Beihilfen zurückzufordern. Die Modalitäten
   einer Rückforderung richten sich dann nach nationalem Recht. Dieses muss aber dem
   Äquivalenz- und dem Effektivitätsgrundsatz genügen. Den Effektivitätsgrundsatz versteht der EuGH sehr weit, so dass dem Begünstigten kaum Verteidigungsmöglichkeiten
   gegen eine Rückforderung bleiben.

3.7   Literaturverzeichnis

Bär-Bouyssière (2012) Art. 107 AEUV. In: Schwarze, J (Hrsg) EU-Kommentar, Nomos, Baden-Baden.

Blumenberg J (2000) Steuervergünstigungen als staatliche Beihilfen im Sinne des Europäischen Gemeinschaftsrechts. In: Grotherr S (Hrsg.) Handbuch der internationalen Steuerplanung. NWB Verlag, Herne-Berlin, S 1627-1651.

Blumenberg J , Kring W (2011) Europäisches Beihilferecht und Besteuerung, IFSt-Schrift Nr. 473, Berlin.

Breuninger G E, Ernst M (2010) Der Beitritt eines rettenden Investors als (stiller) Gesellschafter und der "neue" § 8c KStG. GmbH-Rundschau 11/2011: 561-568.

de Weerth J (2000) EG-Recht und direkte Steuern – Jahresrückblick 1999. Recht der Internationalen Wirtschaft 46/2000: 509-518.

de Weerth J (2009) Bestandskraft von deutschen Steuerbescheiden und europäisches Gemeinschaftsrecht. Der Betrieb 50/2009: 2677-2681

Dickertmann D, Leiendecker A (2001) Der Beihilfenbericht der Europäischen Union: Darstellung und Bewertung. In: Söllner F, Wilfert A (Hrsg) Die Zukunft des Sozial- und Steuerstaates. Festschrift zum 65. Geburtstag von Dieter Fricke. Physica 2001, Heidelberg, S 75-130.

Dreßler G (2000) Gewinn- und Vermögensverlagerungen in Niedrigsteuerländer und ihre steuerliche Überprüfung. Luchterhand, Neuwied-Kriftel.

Drüen K-D (2011) Die Sanierungsklausel des § 8c KStG als europarechtswidrige Beihilfe - Anmerkungen zur Beihilfeentscheidung der EU-Kommission vom 26.01.2011. Deutsches Steuerrecht 7/2011: 289-294.

Hakenberg W, Tremmel E (1999) Die Rechtsprechung des EuGH und des EuGeI auf dem Gebiet der staatlichen Beihilfen in den Jahren 1997 und 1998. Europäisches Wirtschafts- und Steuerrecht 10/1999: 167-175.

Harings L (1999) Europäische Beihilfekontrolle zwischen Konkurrentenschutz und Staatenbezogenheit. Europäisches Wirtschafts- und Steuerrecht 10/1999: 286-291.

Helios M (2006) EG-beihilfenrechtliche Vereinbarkeit von gemeinnützigkeitsabhängigen Steuervergünstigungen (Teil 2). Europäisches Wirtschafts- und Steuerrecht 3/2006: 108-120.

Hey J (2010) Umsetzung der Rechtsprechung des Europäischen Gerichtshofs im nationalen Steuerrecht. Steuer und Wirtschaft 4/2010: 301-320.

Hüttemann R (2006) Steuervergünstigungen wergen Gemeinnützigkeit und europäisches Beihilfenverbot. Der Betrieb 17/2006: 914-921.

Koschyk M M (1998) Steuervergünstigungen als Beihilfen nach Art. 92 EG-Vertrag. Nomos, Baden-Baden.

Kratzsch (2013), § 7g EStG. In: Frotscher G (2013) Einkommensteuergesetz, Loseblattkommentar (Stand Januar 2013, inkl. 173. Ergänzungslieferung), Haufe Lexware Freiburg.

Kreuschitz V, Wernicke S (2013) Art. 107 AEUV. In: Lenz C O, Borchert K D (Hrsg) EU-Verträge Kommentar. Bundesanzeiger Verlag, Köln.

Musil A (2011) Warum die Sanierungsklausel keine Beihilfe ist. Der Betrieb 09/2011: 19-20.

Rädler A J, Lausterer M, Blumenberg J (1996) Steuerlicher Mißbrauch und EG-Recht. Der Betrieb 49/1996, Beilage 3.

Reimer P (2011) Stundung, Erlass und Niederschlagung von Forderungen der öffentlichen Hand - sämtlich verbotene Beihilfen? Neue Zeitschrift für Verwaltungsrecht 5/2011: 263-268

Schön W (1999) Taxation and State Aid in the European Union. In: Common Market Law Review (CML Rev.) 36: 911-936.

Schweitzer M, Hummer W (1996) Europarecht, Luchterhand, Neuwied-Kriftel-Berlin.

Vanistendael F (2000) Steuerliche Hilfsmaßnahmen und schädliche Steuerkonkurrenz. In: Pelka J (Hrsg) Europa- und verfassungsrechtliche Grenzen der Unternehmensbesteuerung. Veröffentlichungen der Deutschen Steuerjuristischen Gesellschaft e.V. (DStJG), Band 23, Dr. Otto Schmidt, Köln, S 299-319.

Visser K-J (1999) Commission expresses its view on the relation between state aid and tax measures. EC Tax Review, 8: 224-228.

v. Wallenberg G, Schütte M (2012) Art. 107 AEUV. In: Grabitz E, Hilf M, Nettesheim N (Hrsg) Das Recht der Europäischen Union. Loseblattkommentar (Stand: 2012, inkl. 48. Ergänzungslieferung), C. H. Beck, München.

Wartenburger L (2001) Die Bedeutung des Gemeinschaftsrechts für innergemeinschaftliche Steueroasen. Zeitschrift für Internationales Steuerrecht, 10/2001: 397-402.

Weitemeyer B (2009) Verdeckte Gewinnausschüttungen bei der öffentlichen Hand nach dem JStG 2009 und die Schranken des europäischen Beihilfenrechts. Finanzrundschau 1/2009: 1-15.

3.8   Quellenverzeichnis

[AEUV] Vertrag über die Arbeitsweise der Europäischen Union. In der Fassung der Bekanntmachung vom 09.05.2008 (ABl. C 115/47).

[Allgemeine Freistellungsverordnung (2008)] Verordnung zur Erklärung der Vereinbarkeit bestimmter Gruppen von Beihilfen mit dem Gemeinsamen Markt in Anwendung der Art. 87 und 88 EG- Vertrag. Vom 06.08.2008. 800/2008/EG, ABl. 2008, L 214/3.

[AO] Abgabenordnung. In der Fassung der Bekanntmachung vom 1. Oktober 2002 (BGBl. I S. 3866; 2003 I S. 61), die zuletzt durch Artikel 9 des Gesetzes vom 21. Juli 2012 (BGBl. I S. 1566) geändert worden ist.

[Beihilfemittteilung 1998] Mitteilung der Kommission über die Anwendung der Vorschriften auf Maßnahmen im Bereich der direkten Unternehmensbesteuerung. Vom 10.12.1998. ABl. 1998, C 384/3.

[Beihilfeverfahrensverordnung 1999] Verordnung des Rates über besondere Vorschriften für die Anwendung des Art. 93 des EG-Vertrages. Vom 22.03.1999 (99/659/EG). ABl. 1999, L 83/1.

[BMF Investitionszulage] Bundesministerium der Finanzen, Schreiben betr. Investitionszulage nach dem Investitionszulagengesetz 1991 für Wirtschaftsjahre, die nach dem 31. Dezember 1991 enden; hier: Eröffnung des Hauptprüfungsverfahrens nach Art. 93 Abs. 2 EWG-Vertrag durch die EG-Kommission vom 7. Januar 1992. Vom 10.02.1992. IV B 3-S 2056-3/92, BStBl. I 1992, 97.

[BMF Jahressteuergesetz] Bundesministerium der Finanzen, Schreiben betr. Inkrafttreten der Vorschriften des Jahressteuergesetzes (JStG) 1997 mit EG-Beihilfecharakter. Vom 02.01.1997. IV B 2 – S 2138 – 40/96, BStBl. I 1997, 102.

[BMF Ansparabschreibung] Bundesministerium der Finanzen, Schreiben betr. der Ansparabschreibung zur Förderung von Existenzgründern. Vom 01.03.1999. IV C 2 - S 2139 b - 7/99, BStBl. I 1999, 272.

[BMF (2007)] Bundesministerium der Finanzen, Nichtanwendungserlass betr. Wirtschaftliche Tätigkeit der öffentlichen Hand, defizitärer kommunaler Eigenbetrieb. Vom 07.12.2007. IV B 7 – S 2706/07/0011, BStBl. I 2007, 905.

[BMF (2010)] Bundesministerium der Finanzen, Schreiben betr. Nichtanwendung der Sanierungsklausel. Vom 30.04.2010. IV C 2 – S 2745-a/08/10005:002, BStBl. I 2010, 488.

["De-minimis"-Beihilfen Verordnung (2006)] Verordnung der Kommission über die Anwendung der Art. 87 und 108 EGV auf "De-minimis"-Beihilfen. Vom 28.12.2006. 1998/2006/EG, ABl. 2006, L 379/5.

[EGV] Vertrag zur Gründung der Europäischen Gemeinschaft. In der Fassung der Bekanntmachung vom 24.12.2002 (ABl. C 325/33).

[EStDV] Einkommensteuer-Durchführungsverordnung. In der Fassung der Bekanntmachung vom 10. Mai 2000 (BGBl. I S. 717), die durch Artikel 2 der Verordnung vom 11. Dezember 2012 (BGBl. I S. 2637) geändert worden ist.

[EStG] Einkommensteuergesetz. In der Fassung der Bekanntmachung vom 8. Oktober 2009 (BGBl. I S. 3366, 3862), das zuletzt durch Artikel 3 des Gesetzes vom 8. Mai 2012 (BGBl. I S. 1030) geändert worden ist.

[EUV] Vertrag über die Europäische Union. In der Fassung der Bekanntmachung vom 09.05.2008 (ABl. C 115/13).

[Europäische Kommission (1992)] Mitteilung der Kommission - Gemeinschaftsrahmen für staatliche Beihilfen an kleine und mittlere Unternehmen. Vom 20.05.1992. ABl. 1992, C 213/2.

[Europäische Kommission (1993)] Entscheidung der Kommission über eine Beihilfe in Form steuerfreier Rücklagen für Investitionen kleiner und mittlerer Unternehmen. Vom 13.07.1993. Bulletin der EG 7-8 1993, Tz. 1.2.59 S 32.

[Europäische Kommission (1996)] Mitteilung der Kommission - Gemeinschaftsrahmen für staatliche Beihilfen an kleinere und mittlere Unternehmen. Vom 23.07.1996, ABl. 1996, C 213/4.

[Europäische Kommission (1998a)] Mitteilung der Kommission - Leitlinien für staatliche Beihilfen mit regionaler Zielsetzung. Vom 10.03.1998. ABl. 1998, C 74/9.

[Europäische Kommission (1998b)] Mitteilung der Kommission gemäß Art. 93 Abs. 2 EG-Vertrag an die Mitgliedstaaten und interessierte Parteien betreffend eine Beihilfe für Existenzgründer. Vom 17.08.1998. (56/98). ABl. 1998, C 334/6.

[Europäische Kommission (1998c)] Mitteilung der Kommission über die Anwendung der Vorschriften über staatliche Beihilfen auf Maßnahmen im Bereich der direkten Unternehmensbesteuerung. Vom 11.11.1998. ABl. 1998, C 384/3.

[Europäische Kommission (2002)] Entscheidung der Kommission über die Beihilferegelung, die Finnland zugunsten captiver Versicherungsgesellschaften auf den Åland-Inseln eingeführt hat. K (2002) 2410. Vom 20.07.2002. ABl. 2002, L 329/22.

[Europäische Kommission (2004)] Bericht der Kommission über die Umsetzung der Mitteilung der Kommission über die Anwendung der Vorschriften über staatliche Beihilfen auf Maßnahmen im Bereich der direkten Unternehmensbesteuerung. Vom 09.02.2004. C(2004) 434. http://ec.europa.eu/competition/state_aid/studies_reports/rapportaidesfiscales_de.pdf.

[Europäische Kommission (2011a)] Beschluss der Kommission über die staatliche Beihilfe Deutschlands "KStG, Sanierungsklausel". Vom 26.01.2011. K(2011) 275 endg. corr. ABl. L 235/26.

[Europäische Kommission (2011b)] Beschluss der Kommission über die Anwendung von Artikel 106 Abs. 2 des Vertrags über die Arbeitsweise der Europäischen Union auf staatliche Beihilfen in Form von Ausgleichsleistungen zugunsten bestimmter Unternehmen, die mit der Erbringung von Dienstleistungen von allgemeinem wirtschaftlichen Interesse betraut sind. Vom 20.12.2011. K (2011) 9380). ABl. 2011, L 7/3.

[Europäischer Rat Verhaltenskodex] Entschließung des Rates und der im Rat vereinigten Vertreter der Regierenden der Mitgliedstaaten über einen Verhaltenskodex für die Unternehmensbesteuerung. Vom 01.12.1998. ABl. 1998, C 2/2.

[GewStG] Gewerbesteuergesetz. In der Fassung der Bekanntmachung vom 15. Oktober 2002 (BGBl. I S. 4167), das zuletzt durch Artikel 5 des Gesetzes vom 21. März 2013 (BGBl. I S. 556) geändert worden ist.

[MoRaKG] Gesetz zur Modernisierung der Rahmenbedingungen für Kapitalbeteiligungen. In der Fassung der Bekanntmachung vom 18.08.2008 (BGBl. I S. 1672).

[KStG] Körperschaftsteuergesetz. In der Fassung der Bekanntmachung vom 15. Oktober 2002 (BGBl. I S. 4144), das zuletzt durch Artikel 1 des Gesetzes vom 21. März 2013 (BGBl. I S. 561) geändert worden ist.

[Verordnung betr. horizontale Beihilfen (1998)] Verordnung des Rates über die Anwendung der Art. 92 und 93 des Vertrages zur Gründung der Europäischen Gemeinschaft auf bestimmte Gruppen horizontaler Beihilfen. (994/1998/EG). Vom 07.05.1998. ABl. 1998, L 142/1.

3.9 Rechtsprechungsverzeichnis

Gericht	Datum	Aktenzeichen	Urteilsbezeichnung	Fundstelle
BFH	20.03.1956	I 317/55 U		BStBl. III 1956, 166
BFH	19.01.2000	I R 94/97		BStBl. II 2001, 222
BFH	12.10.2000	III R 35/95		BStBl. II 2001, 499
BFH	25.02.2004	I R 42/02		BStBl. II 2005, 14
BFH	27.08.2007	I R 32/06		BStBl. II 2007, 961
BFH	30.01.2009	VII B 180/08		BFH/NV 2009, 857
BFH	26.01.2012	VII R 4/11		BStBl. II 2012, 541
BGH	04.04.2003	V ZR 314/02		EuZW 2003, 444
EuG	12.12.1996	Rs. T-380/94	AIUFASS	EuGH Slg. 1996, II-2169
EuG	27.02.1997	Rs. T-106/95	FFSA	EuGH Slg. 1997 II, 229
EuG	27.01.1998	Rs. T-67/94	Ladbroke-Racing	EuGH Slg. 1998, II- 1
EuG	16.09.1998	Rs. T- 188/95	Waterleiding	EuGH Slg. 1998, II-3713
EuG	11.02.1999	Rs. T-86/96	Arbeitsgemeinschaft Deutscher Luftfahrt-unternehmen	EuGH Slg. 1999, II-179
EuG	30.04.2002	Rs. T- 195/01 und 207/01	Regierung von Gibraltar / Kommission	EuGH Slg. 2002 II, 2313
EuG	08.03.2012	Rs. T-221/10	Iberdrola	EuZW 2012, 555
EuG	18.12.2012	Rs. T-205/11	Deutschland / Kommission	DStR 2013, 132
EuGH	23.02.1961	Rs. 30/59	Steenkolemijnen Limberg	EuGH Slg. 1961, 3
EuGH	10.12.1969	Rs. 10/68 und 18/68	Eridania Zuccerifici	EuGH Slg. 1969, 459

EuGH	11.12.1973	Rs. 120/73	Lorenz Deutschland	EuGH Slg. 1973, 1471
EuGH	02.07.1974	Rs. 173/73	Italien / Kommission	EuGH Slg. 1974, 709
EuGH	17.09.1980	Rs. 730/79	Philip Morris	EuGH Slg. 1980, 2671
EuGH	14.02.1990	Rs. C-301/87	Frankreich / Kommission	EuGH Slg. 1990, I- 307
EuGH	21.03.1990	Rs. C-142/87	Belgien / Kommission (SA Tubemeuse)	EuGH Slg. 1990, I- 959
EuGH	26.06.1990	Rs. C-152/88	Sofrimport	EuGH Slg. 1990, I-2504
EuGH	11.06.1991	Rs. C-149/91 und 150/91	Sanders Adour	EuGH Slg. 1992, I-3899
EuGH	21.11.1991	Rs. C-354/90	Féderation nationale du commerce extérieur des produits alimentaires	EuGH Slg. 1991, I-5505
EuGH	19.05.1993	Rs. C-198/91	Cook	EuGH Slg. 1993, I-2487
EuGH	15.06.1993	Rs C-225/91	Matra	EuGH Slg. 1993, I-3203
EuGH	15.03.1994	Rs. C-387/92	Banco Exterior de Espana	EuGH Slg. 1994, I- 877
EuGH	14.01.1997	Rs. C 169/95	Spanien / Kommission	EuGH Slg. 1997, I- 135
EuGH	20.03.1997	Rs. C-24/95	Alcan	EuGH Slg. 1997, I-1591
EuGH	29.01.1998	Rs. C-280/95	Kommission / Italien	EuGH Slg. 1998, I- 259
EuGH	02.04.1998	Rs. C-367/95 P	Sytraval	EuGH Slg. 1998, I-1719
EuGH	07.05.1998	Rs. C-52/97, C-53/97 und C-54/97	Viscido u.a.	EuGH Slg. 1998, I-2629

EuGH	16.07.1998	Rs. C-298/96	Oelmühle und Schmidt Söhne	EuGH Slg. 1998, I-4767
EuGH	19.05.1999	Rs. C- 6/97	Italien / Kommission	EuGH Slg. 1999, I-2981
EuGH	17.06.1999	Rs. C-75/97	Belgien / Kommission	EuGH Slg. 1999, I-3671
EuGH	16.05.2000	Rs. C-83/98 P	Ladbroke Racing	EuGH Slg. 2000, I-3271
EuGH	19.09.2000	Rs. C-156/98	Kommission / Deutschland	EuGH Slg. 2000, I-6857
EuGH	19.10.2000	Rs. C-15/98 und C-105/99	Sardgena Lines / Kommission	EuGH Slg. 2000, I-8855
EuGH	03.05.2001	Rs. C-204/97	Portugiesische Republik / Kommission	EuGH Slg. 2001, I-3175
EuGH	08.11.2001	Rs. C-143/99	Adria-Wien-Pipeline GmbH	EuGH Slg. 2001 I, 8384
EuGH	24.07.2003	Rs. C-280/00	Altmark Trans	EuGH Slg. 2003, I-7747
EuGH	10.01.2006	Rs. 222/04	Cassa di Risparmio di Firenze	EuGH Slg. 2006, I- 289
EuGH	22.06.2006	Rs. C-182/03 und C-217/03	Belgien / Kommision	EuGH Slg. 2006, I-5479
EuGH	06.09.2006	Rs. C-88/03 P	Kommission / Portugal	EuGH Slg. 2006, I-7115
EuGH	05.10.2006	Rs. C-368/04	Transalpine Ölleitung in Österreich GmbH	EuGH Slg. 2006, I-9957
EuGH	12.02.2008	Rs. C 199/06	CELF	EuGH Slg. 2008, I- 469
EuGH	22.12.2008	Rs. C-487/06 P	British Aggregates Association	EuGH Slg. 2008, I-10515
EuGH	17.11.2009	Rs. C-169/08	Presidente del Consiglio dei Ministri	EuGH Slg. 2009, I-10821

EuGH	15.11.2011	Rs. C-106/09 und 107/09 P	Kommission / Gibraltar	BeckRS 2011, 81623
EuGH	08.12.2011	Rs. C-81/10 P	France Telekom	BeckRS 2011, 81932
EuGH	21.06.2012	Rs. C-452/10 P	BNP Paribas	BeckRS 2012, 81276
EuGH	24.01.2013	Rs. C-73/11 P	Košice	BeckRS 2013, 80149
FG Baden Württemberg	17.07.1997	10 K 309/96		EFG 1997, 1442
FG Köln	09.03.2010	13 K 3181/05		EFG 2010, 1345
Sächsisches FG	15.12.2010	4K 635/08		ZKF 2011, 109
Sächsisches FG	09.12.2010	1K 184/07		Haufe Index 2742845

Stichwortverzeichnis

The manufacturer's authorised representative in the EU is Springer
Nature Customer Service Centre GmbH, Europaplatz 3, 69115 Heidelberg,
Germany. If you have any concerns regarding our products, please
contact ProductSafety@springernature.com

Printed and bound by CPI Group (UK) Ltd, Croydon, CR0 4YY
28/04/2026
02098491-0013